To B 增长实战

获客、营销、运营与管理

GROWTH
ACTUAL COMBAT

朱　强　鲁　扬　彭罕妮　张陆鹏　加　玮　何　雯
崔希真　丁鹏辉　肖逸珺　高海燕　谷海松　张天宇
汤　彬　田　原　王　桉　刘敏华　周　鑫　郑诗浩　著
赵　岩　马西伯　黄海钧　王　帅　张　艳　王　琤
张辉文　张　朝　汪　丹　谭　彬　任光辉　倪海燕

图书在版编目（CIP）数据

To B 增长实战：获客、营销、运营与管理 / 朱强等著 . -- 北京：机械工业出版社，2022.7
（2024.5 重印）
ISBN 978-7-111-71013-4

I. ① T… II. ① 朱… III. ①企业管理-战略管理-研究 IV. ① F272.1

中国版本图书馆 CIP 数据核字（2022）第 101538 号

To B 增长实战：获客、营销、运营与管理

出版发行：机械工业出版社（北京市西城区百万庄大街 22 号　邮政编码：100037）
责任编辑：孙海亮
责任校对：殷　虹
印　　刷：北京科信印刷有限公司
版　　次：2024 年 5 月第 1 版第 6 次印刷
开　　本：147mm×210mm　1/32
印　　张：13.75
书　　号：ISBN 978-7-111-71013-4
定　　价：109.00 元

客服电话：（010）88361066　68326294

版权所有・侵权必究
封底无防伪标均为盗版

| 前言 |

为什么会有这本书？

作为最早一批 To B 从业者，我一直想为这个行业做点事，因为我爱这个行业，希望看到这个行业在国内获得更大的发展。于是在 2019 年 9 月 6 日，我组建了一个专门针对 To B 企业市场人增长经验交流的微信群——To B CGO，并开始竭尽全力寻找愿意把自己的 To B 增长经验分享出来的人。

2019 年的时候，To B 企业远没有现在这样活跃，这个行业的从业者要么在为让企业生存下去而努力，要么在为获得更大的发展而拼搏，想把一群 To B 市场同行聚到一起都非常难，更何况是找一群愿意分享自己 To B 增长经验的人。那时的我一次又一次碰壁。

坚持，是每一个 To B 市场人必备的特质，何况我已经把这件事当成一个项目甚至一份事业来做了，所以我没放弃，而是继续厚着脸皮逐一游说。功夫不负有心人，我终于找到了几个愿意在我们社群分享的 To B 市场总监。在我最艰难的时候遇到了这几个志同道合的人，这对我而言无异于雪中送炭，所以至今我依然对这几个人心怀感激。

为了把分享做好,这几位朋友利用业余时间撰稿,然后一遍又一遍地改稿,力求把最好的内容通过我们的社群分享给更多的 To B 市场人。因为有了他们的带动,To B CGO 逐渐吸引到更多愿意分享的朋友,也吸引到更多希望学习和成长的伙伴。

转眼间两年的时间过去了,现在的 To B CGO 壮大起来了,社群里云集了很多细分领域 To B 企业市场负责人,而且已经有超过 30 位市场高管在我们社群分享过自己的增长经验了。我把他们的分享稿都沉淀在 To B CGO 的官方公众号上,希望更多的人可以看到、学到自己需要的东西。

To B CGO 的官方公众号上沉淀的这些宝贵的增长经验,全部都是经过实践、被验证能带来增长的 To B 营销打法,是真正可以帮到 To B 市场人的精华内容,若是仅放在我们的公众号里,既不符合我构建这个社群的初心,也对不住众多分享者的付出。这些内容应该被更多人看见。因此,我们决定将其中部分内容汇集成书。在征得所有作者同意后,我联系了出版社,于是这本书面世了。

如何阅读这本书?

本书分为营销、增长、运营、管理四大板块,由 30 位来自 To B 企业一线的营销高手从多个层面对如何做好 To B 营销并最终实现 To B 增长做了全方位阐述,其中既包括战略层面的解读,又包括营销方法论的分享,还包括执行细节层面的指导。无论是 To B 企业市场从业者、市场经理、市场总监、市场副总裁,还是 To B 企业 CEO,在本书中都能学到需要的知识。

营销篇:来自腾讯云、思享营销、销售易、加持科技、美通社、火眼云、径硕科技等 11 家知名企业的创始人、CEO、高管、市场负责人等，包括从战略层面的市场计划到执行层面的内容营销、产品营销、数字营销、体验营销，对To B企业营销进行深入解读。

增长篇：来自广州数说科技、保利威、致趣百川、上海雍熙、令牌云（上海）科技、Convertlab、谷川联行等13家知名企业的创始人、CEO、高管、市场负责人等，对To B增长的本质以及裂变式增长、内容增长等10余种增长方法进行深入解读。

运营篇：这部分只介绍活动运营的相关方法，不涉及其他运营方式。由观远数据市场总监、InfoQ极客传媒总经理、To B CGO创始人兼CEO分别解读客户峰会、开发者大会、To B大会的成功之道。

管理篇：由星环科技市场总监、游戏化管理软件Niceteam创始人、敏捷科技CMO对如何搭建市场部、如何对企业进行游戏化管理、如何构建并管理企业生态进行深入剖析。

另外，本书还以附录的形式提供了一份本书涉及的英文缩略语的对照表。除了极少数需要在正文中给出英文全称的缩略语外，其他大部分缩略语都在此表中给出英文全称和对应的中文释义，为了避免重复，正文中会直接使用英文缩略语。

致谢

首先要感谢本书其他所有作者，你们都是To B领域无私的奉献者，也是我们To B CGO社群的分享者，是你们成就了To B CGO这个平台。也是因为你们的大力支持，才有了这本写给广大To B市场人的书。

其次要感谢机械工业出版社的编辑，没有你们的全力推动，这本书也许几年后才会面世，是你们的辛苦付出让这本书顺利地出现在读者手中。

我还要特别感谢 To B CGO 的所有社群成员，这本书就是为你们准备的。感谢你们一直支持、包容 To B CGO，未来 To B CGO 将用更多的付出来回报你们。

最后，感谢我的爸爸、妈妈、女朋友和各位好友的鼎力支持，爱你们！

朱强

| 目录 |

前言

营销篇

01 To B 企业的年度市场计划指南 / 彭罕妮   2
    一、市场战略计划   4
    二、执行计划   7
    三、营销预算   8
    四、市场部绩效考核   10
    五、容易被忽略的坑   12

02 开启 To B 企业内容营销的 4 个步骤 / 鲁扬   14
    一、什么是内容营销？   14
    二、120 年前的内容营销最佳案例   16
    三、内容营销的 4 个关键步骤   18
    四、内容营销必须注意的 5 个事项   25

03 转化型内容获客实战 / 加玮 27

一、内容三角 27
二、一切内容，围绕转化目标生产 29
三、掌握渠道规则，才能最大化流量和曝光 32
四、控制内容范式，量化 ROI 40

04 To B 企业的内容制作与营销 / 何雯 44

一、如何确定企业需要完成的目标？ 44
二、如何实现高效转化？ 48
三、如何提高客户参与度？ 50
四、如何打造一份具备深度洞察力的白皮书？ 52
五、如何搭建内容体系？ 54
六、要点总结 58

05 美通社的内容营销实践 / 崔希真 59

一、To B 企业营销的两个关键前提 59
二、如何了解 To B 企业的业务本质？ 60
三、内容营销如何从价值需求出发？ 62
四、内容营销有哪些关键？ 66
五、内容传播的渠道分析 68
六、To B 企业内容营销经典案例 69
七、我给大家的几个小建议 73

06 利用 ABM 进行 To B 规模化营销 / 张陆鹏 74

一、To B 企业先进获客方法论——ABM 75

二、拆解一站式 ABM 营销云——火眼云　　　　　　　77
　　三、如何赋能 To B 企业营销？　　　　　　　　　　　80

07　我的产品营销实践 / 丁鹏辉　　　　　　　　　　　86
　　一、如何认识并做好产品营销？　　　　　　　　　　87
　　二、如何与产品生命周期结合开展营销工作？　　　　90
　　三、从产品发布内容准备到营销推广筹划　　　　　　92

08　To B 数字化营销的终局：营收驱动型营销 / 肖逸珺　101
　　一、数字化营销，我们究竟期待它带来什么？　　　　102
　　二、从"成本中心"转为"利润中心"　　　　　　　105
　　三、径硕科技市场部的转型实战　　　　　　　　　　112

09　To B 营销创客时代：客户体验的关键增长时刻 / 高海燕　121
　　一、数据驱动智慧客户体验，营销引领业务持续增长　122
　　二、C2B 体验思维：营销为客户创造终身价值　　　　123
　　三、体验创新：市场营销是企业数字化转型成功的
　　　　关键　　　　　　　　　　　　　　　　　　　　126

10　SEO 的精益优化方法论 / 谷海松　　　　　　　　131
　　一、SEO 还能活多久？　　　　　　　　　　　　　　131
　　二、搜索引擎优化的价值　　　　　　　　　　　　　132
　　三、SEO 的基础方法论　　　　　　　　　　　　　　134
　　四、开展关键词研究的方法　　　　　　　　　　　　144

五、项目管理的细节　　149
　　六、SEO 出海增长策略　　150
　　七、关于 SEO 的常见问题　　156

11　To B 营销数据闭环与执行落地 / 张天宇　　159
　　一、什么是 To B 营销数据闭环？　　160
　　二、To B 市场人进阶原则　　163
　　三、如何做好执行落地？　　167

增　长　篇

12　To B 增长的根源还是 To C / 汤彬　　172
　　一、To B 企业为什么需要 To C？　　172
　　二、To B 企业做好 To C 运营的前提　　176
　　三、To B 企业如何做好 To C？　　178

13　裂变式增长：To B 新品 10 个月做到领域第一 / 田原　　183
　　一、动态破局　　184
　　二、链式结构　　185
　　三、To B 领域的 KOL　　187
　　四、裂变式增长　　189

14　如何打造 To B 业务商业增长闭环？ / 王桉　　192
　　一、AARRR 模型　　193
　　二、AI 技术的引领作用　　196

15 To B 内容体系助力增长实践 / 刘敏华   203

一、内容策略   205

二、内容生产   212

三、内容传播   217

四、数据反馈   220

16 To B 企业用直播实现品效双增 / 周鑫   223

一、用好直播三重属性，推动品牌价值增长   223

二、用好直播两个能力，推动营销效果增强   229

三、保利威品质直播节案例   235

四、关于直播的两个问题   241

17 如何通过迭代官网实现 400% 线索增长？/ 郑诗浩   243

一、找到目标客户，做出正确决策   244

二、做好网站调研分析，通过迭代官网实现线索增长   247

三、推进官网迭代，针对可能的阻碍制定应对方式   250

18 To B 企业官网搭建指南 / 赵岩，马西伯   252

一、To B 企业官网的作用   253

二、To B 企业官网的状态判断及自检   256

三、To B 企业官网的搭建步骤与流程   257

四、网站运营的方法、技巧与工具   274

19 信任生长：To B 品牌之路 / 黄海钧　277

一、关于品牌的基本认知　277
二、To B 品牌的本质　278
三、To B 品牌"可信赖行为"的管理实践　280

20 To B 企业如何通过高效的组织建设驱动业绩增长？ / 王帅　288

一、建立优秀企业文化，企业主每日四问　289
二、To B 企业管理上的痛点　290
三、管理驱动增长的实战方法论　293
四、To B 企业人才孵化　296

21 用品牌突破增长瓶颈的策略与方法 / 张艳　299

一、To B 企业到底要不要建设品牌？　300
二、CEO 的纠结：To B 企业要不要进行品牌投资？　301
三、CEO 的困惑：品牌对 To B 企业到底有什么用？　303
四、CEO 的质疑：为什么之前做的品牌工作没效果？　306
五、关于品牌，请带给你的 CEO 几个正解　308
六、6 个步骤打造属于你的强势品牌　310

22 用 MLG 升级市场职能，带动企业增长 / 王琤　313

一、企业增长模式应按需选择 SLG、MLG 和 PLG　314
二、如何评估 MLG 成熟度？　316
三、为什么是 MLG？　316
四、To B 企业如何做好 MLG？　319

五、MLG 对组织的要求　　　336
六、总结　　　338

23　To G 的市场增长怎么做？/ 张辉文　　　339
一、G 端客户的特点　　　339
二、建立 G 端客户的流量池　　　341
三、打造 G 端客户的增长闭环　　　344

运　营　篇

24　企业品牌峰会策划与实践 / 张朝　　　348
一、前期筹办的核心影响因素　　　349
二、活动调研　　　350
三、活动准备　　　351
四、活动执行　　　354
五、活动后的重点工作　　　356

25　开发者大会的实战方法论 / 汪丹　　　357
一、选择时机　　　358
二、保持初心　　　359
三、吸引关注　　　359
四、成功因素——InfoQ 北斗七星　　　365

26　To B 大会的传播方法论 / 朱强　　　369
一、人们接收信息的习惯　　　369

二、我的信息打磨方法论　　370
　　三、让大会的每个环节都成为内容　　375
　　四、让大会的每个人都愿意传播内容　　377

管 理 篇

27 中小 To B 企业市场部搭建指南 / 谭彬　　382
　　一、组织架构　　383
　　二、市场活动　　384
　　三、品牌建设与内容　　389
　　四、技术市场　　395

28 To B 企业的游戏化管理 / 任光辉　　398
　　一、团队管理存在的问题　　398
　　二、什么是游戏化管理？　　400
　　三、游戏化管理的设计应用　　406

29 中小 To B 企业生态体系建设实践 / 倪海燕　　415
　　一、企业规模与生态体系的关系　　416
　　二、生态伙伴的选择　　417
　　三、生态合作实践及具体成效　　419
　　四、生态发展的核心竞争力　　421

附录　本书英文缩略语对照表　　424

营 销 篇

01

To B 企业的年度市场计划指南

——彭罕妮

彭罕妮 曾在诺基亚、IBM、Cisco 市场部工作多年;思享营销咨询创始人,专注于服务成长型科技公司的品牌战略升级、数字营销顶层设计以及市场部门组织能力提升;"人人都是产品经理"专栏作者,公众号"时光笔记簿"主笔。

提起年度市场计划,很多人都五味杂陈,但大多数人肯定是不喜欢的,我也是这样。我们常常会用复杂的 Excel 表格统计计划要覆盖的人数、全年要做的活动场次、全年各项预算、ROI(投资回报率)等。很多公司还需要提供花式 PPT,以方便在各种大会小会上以图文并茂的形式对计划进行讨论。有时候我们心知肚明:做计划就是走形式,到了具体要执行的时候,不是没费用,就是"计划不如变化快"。

我当年在 IBM 市场部工作的时候,曾连续 7 天每天 12 小时开电话会议,目的就是全方位、立体式做计划,先战略后战术,然后接受来自总部、区域分公司、各项目组的审核。后来去了其他公司，终于不用靠体力打持久战了，起码形式上简化很多。

一般来说，计划包括上一年重点项目的简单总结与分析，然后把下一年想做的和可以做的活动与项目等统统罗列出来，加上考核指标和执行时间，分配好预算费用后就等着各级领导审批了。这样的计划大而全，和品、效有关的内容一样都不能少。比如"品"里面少不了利用时下热门的抖音和直播，也不能漏掉传统的行业媒体投放、公关活动、品牌联合、与 KOL 合作等。"效"里面要包括能挖商机的路演、展会、SEM（搜索引擎营销）等。

计划做完交给 CEO、CFO 后，如果被认为涉及太广、投入太大，预算经费不够，那就需要砍掉一些内容或降低投放频率，这时计划制作人员就需要重新核算费用后再提交。

对于年度市场计划来说，不管是从战略到战术的计划，还是直接列具体执行项目的计划，都需要花费不少精力和时间。最让人痛心的是，做好了计划却发现很多文档、表格在汇报后就不再被打开了。具体落地时，市场部门该怎么做还怎么做，要么临时做计划、报审批，要么直接听领导和销售负责人的建议，甚至临时发起赞助或参加活动也是常有的事。这就成了典型的为计划而计划。

那么不做计划是不是可行呢？不行！特别是市场总监，一定要有明确的工作目标，给团队一个方向，在支出预算和回报率方面给管理层一个预估，这些都需要利用年度计划来实现。所以，对于年度计划来说，主要不是做不做的问题，而是"计划年年做，却总是无法落地"的问题。

在近 20 年的市场营销经历中，在做计划方面，我受过各种煎熬。但这几年在和很多优秀的初创公司创始人、CEO 沟通交流中学到了不少之前没有关注的东西，也总结出了一套让市场人的年度计划工作更加务实并有价值的方法论。本文就是这套方法论的完整呈现。

下面将先跟大家从市场计划需不需要做战略计划谈起，然后探讨执行计划以及 ROI 的设立方法，接着探讨市场费用预算以及市场部的考核机制，最后介绍一个非常容易被忽视的坑。

一、市场战略计划

看到"市场战略计划"，大家是不是认为我会跟大家分享 IBM 著名的 BLM 模型？不是的。我虽然非常赞同 BLM 的思路，但是在年度市场计划中，我认为不需要从零开始做市场环境、竞争分析等。虽然这些内容都要有，但只是市场人日常业务中的一部分，不需要再用年度计划的形式来补功课，不然就成形式主义了。

另外，如果大家所在的企业之前已经做过年度市场计划，也有明确的企业战略，并且新的一年里公司的产品与市场环境都没有太大变动，那只需要对之前的计划进行简单更新即可。比如做人力资源 SaaS 服务软件的企业，市场在一两年内都没有太大的变化，所以就没必要每年都兴师动众地重新做战略计划。但是，如果从来没有做过战略计划或者想重新定义战略方向，那么就要从以下几个角度综合考虑战略计划。

（1）**业务能力与市场潜力，并据此与 CEO、销售负责人达成共识，重点投入。**

图 1-1 所示是市场投入的一个参考指标，其中标注了哪个细分市场属于高增长型市场，哪个细分市场属于保持型市场。这些指标是后续投资的重要参考因素。

优先级是在确定市场战略时需要考虑的问题。企业往往都会把资源优先投在产出可能最高的领域上。比如经过分析得出这样的结论——为现有的客户提供"优惠置换新品活动"的效果最好，那么年度市场计划中就应该把资源重点放在现有客户身上，通过口碑让更多的潜在客户了解产品，进而有效打开局面。

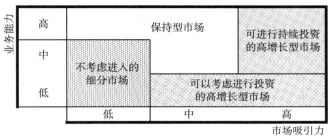

图 1-1 市场投入参考指标示意图

（2）**结合市场大环境以及竞争优势，及时更新现阶段自家的优势定位。**

比如一家国内的 IT 企业，之前都是和国外几个大的 IT 厂家竞争。国内市场虽然竞争也很激烈，但是自家的销售人员勤快，渠道铺得好，产品也不错，所以业务发展不错。

近几年，国外竞争对手在产品研发与制造的速度上已经跟不上国内企业，再加上国际竞争关系的变化，加快国内市场业务的增长成为企业的主要目标，所以该 IT 企业的主要竞争对手转为国内的同业企业。现阶段 IT 企业间的竞争，主要是在灵活应对各种业务场景、快速响应客户需求等方面构建优势，而不是在性价比、质量可靠等企业发展第一阶段的诉求方面。市场的推广目的、节奏以及具体的打法也要因此而变化。

（3）**明确市场营销目标并制定发展规划。**

下面我会以软件企业为案例（纯属虚构，仅供参考）跟大家谈谈到底怎么做年度市场计划。该案例主的 2021 年市场营销目标如图 1-2 所示。

为了实现图 1-2 所示的目标，营销战略计划可以分步骤、分阶段、有重点地落实，如图 1-3 所示。

图1-2 市场营销目标(2021年)

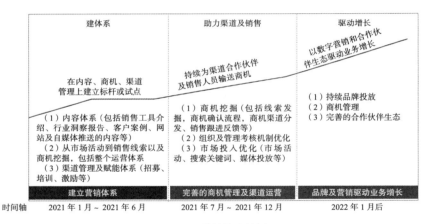

图1-3 营销战略计划

(4)**有了方向和执行步骤,接下来就可以利用营销的方式把公司的定位传播出去。**

把公司定位传播出去的关键是,对内和对外传播时要保持信息一致。比如我们案例中这家软件企业,品牌传播相关信息如图1-4所示,这种信息表达方式称为信息屋。

品牌传播信息屋对于制定年度市场计划非常重要,可以说年度市场计划中所有的活动主题、内容营销形式都要围绕这个信息屋中的内容来确定。当然，图 1-4 所示的信息屋还能再细分。每个活动都可以有自己的信息屋，这部分内容我们后面会细讲。

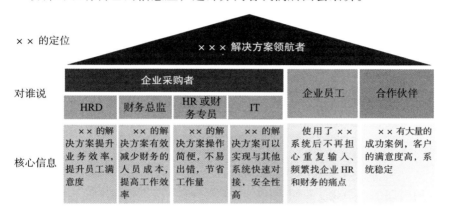

图 1-4　品牌传播信息屋

二、执行计划

有了目标、落地路径以及统一传播的内容框架，接下来就是把各项规划落实到执行计划中。比如将目标细化，罗列适合的营销手段，如图 1-5 所示。

当计划中内容很多时，可以先排定优先级，再进行细化，即对重点内容进行充分细化，对非重点内容进行少量细化甚至不细化。

（1）**先处理大项目，重要活动做好计划与方案**。

这就好比要把石头和沙子全部放到瓶子里，装得最多的方法就是先把大的石头放进去，然后再填沙子。这样做还能提前敲定重点项目的预算。

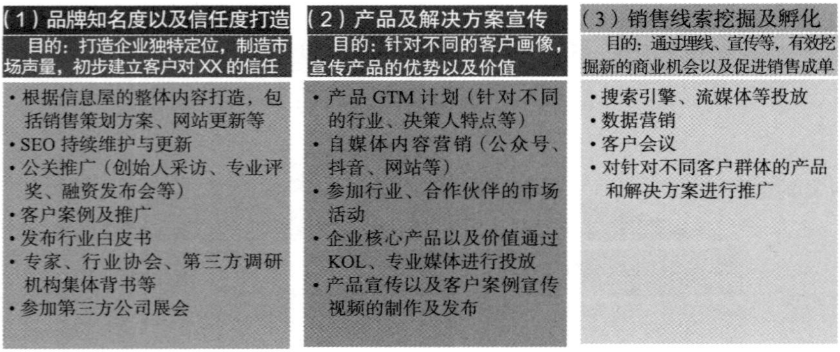

(1) 品牌知名度以及信任度打造	(2) 产品及解决方案宣传	(3) 销售线索挖掘及孵化
目的：打造企业独特定位，制造市场声量，初步建立客户对XX的信任	目的：针对不同的客户画像，宣传产品的优势以及价值	目的：通过埋线、宣传等，有效挖掘新的商业机会以及促进销售成单
· 根据信息屋的整体内容打造，包括销售策划方案、网站更新等 · SEO持续维护与更新 · 公关推广（创始人采访、专业评奖、融资发布会等） · 客户案例及推广 · 发布行业白皮书 · 专家、行业协会、第三方调研机构集体背书等 · 参加第三方公司展会	· 产品GTM计划（针对不同的行业、决策人特点等） · 自媒体内容营销（公众号、抖音、网站等） · 参加行业、合作伙伴的市场活动 · 企业核心产品以及价值通过KOL、专业媒体进行投放 · 产品宣传以及客户案例宣传视频的制作及发布	· 搜索引擎、流媒体等投放 · 数据营销 · 客户会议 · 对针对不同客户群体的产品和解决方案进行推广

图1-5　年度市场计划细化示意

比如公司有新的产品要发布，因此新品发布巡展将是未来一段时间的重头戏。我们要把巡展活动当成一个大项目来做计划。巡展活动计划的关键是时间规划以及责任人分工。如果整个活动要外包给乙方公司，则可以与乙方共同制定并完善计划。

（2）确定其他项目的执行计划、预算及衡量指标等。

重点项目计划完善后，就可以开始规划其他项目了。一份可执行的市场计划需要包括执行目标、营销类别、落地方式、项目优先级、执行时间、预算、考核标准等内容，其中执行目标和考核标准最为重要。

要想使营销更有效，需要打组合拳。合理的组合拳可以让客户在不同的触点（Touch Point）接触品牌，并对品牌产生关注和信任，最终完成交易。这也是对全周期客户体验进行整体规划的一种体现。是的，To B领域也有客户生命周期管理。

三、营销预算

年度市场计划预算的具体执行方式主要有两种：从上到下和从下到上。

（1）从上到下：财务部门从业务发展的角度，分给市场部门一定比例的市场预算，"看菜吃饭"，层层分解。

说到这，先谈谈很多企业 CEO 关注的话题：营销费用占营业额的多少才算比较合理？这个题目放在传统营销年代，是有经验值可参考的。比如 10 年前有一条不成文的行规（至少在外企内部是这样）：To B 类企业市场营销费用应占公司营业额的 2%～5%，To C 类企业市场营销费用应占营业额的 10%～15%。

具体到某家企业，因为所处行业、销售收入等具体情况都不一样，所以除了销售额，还要考虑公司营业状况、利润变动情况，以及往年市场营销产出等。数字时代，我们有了更多的数据作为决策依据。比如可针对上一年的市场执行结果进行归因分析，还可通过模型结合财务数据、销售渠道、客户类别做综合预算。

市场预算也与企业所处的阶段有非常大的关系。比如企业正在起步期，并且拿到了大笔融资，那么砸钱来做市场声量就是合情合理的。如果企业到了稳定发展期，品牌知名度已经很高了，那么市场的投入可以更多集中在有产出的商机挖掘上，其他方面的投入应少一些。

拿到了财务预算，可以按照前面说的，先把一定要做的产品 GTM、活动计划所需费用算进去，然后根据业务 ROI 要求，选择合适的营销手段。

如果企业有多个分公司，或者针对行业或大客户类别进行了细分，那还需要在筹划完公司大活动之后，按照各个分公司或者负责不同业务线、客户的部门所占销售份额等，把预算分配下去，并拟定详细的执行计划。

（2）从下到上：把想做的列出来，从 ROI 出发，从各个区域或者业务角度出发，提需求，报预算。

这也是大多数公司做市场费用预算的方法，在使用这种方法时最让人痛苦的就是费用屡次被"砍"。我们必须在做预算的时候想清楚，哪些费用是为了带来品牌知名度，没有快速回报的，哪些是快速产出商机的。对于后一种情况，我们还需要证明这种投入为什么可以获得预期回报，尽量做到有备而来，这样即便因为各种因素我们不得不面临费用被"砍"，也可以按照业务需要快速调整，避免被"砍"太多。

图 1-6 所示是按照前面的执行计划做的费用预算。

从上到下和从下到上，到底哪种方式更好？这个不能一概而论。从上到下的优点是减少了来来回回沟通交流的时间，缺点是限制了创新；从下到上的优点是有更多的想象空间，但是会带来拉锯战和博弈战。最好两种方法都采用，互相结合与平衡。

预算管理是整个市场计划中最难的一部分，"有投入才有回报"是真理，没有投入做基础，营销肯定是做不好的。但是以较少的投入获得较高的销售收入是优秀市场总监的价值所在。

四、市场部绩效考核

在制订执行计划的时候，每一个执行项目都要有明确的产出预估并考虑 SMART 原则。SMART 是指 Specific（具体的）、Measurable（可量化的）、Attainable（有机会达到的）、Relevant（相关的）、Time-bound（有时间限制的）。

下面简单列一下与产品推广、品牌公关、商机管理有关的可用的定性与定量指标，见表 1-1。

除了目标外，市场部也需要做绩效考核。建议从工作完成度、商机（间接销售）绩效和奖金（销售认可的市场贡献）等几个维度来激励员工。

❑ **工作完成度**：这是基本的工作考核指标，主要从每个项目是不是达到了目标、完成质量如何以及同事们的反馈如何等维度来评估。

目标	种类	项目	2021 Q1	Q2	Q3	Q4	预算	产出预估 MQL	SQL	实际销售额
加强品牌影响力	品牌公关	媒体发布会	Y							
		创始人采访	Y	Y						
		成功案例		Y	Y	Y				
		新媒体运营	Y	Y	Y	Y				
		行业公众号		Y	Y					
	媒体投放	市场调研公司	Y							
		IT类传统媒体			Y					
		信息流媒体				Y				
发掘销售机会	搜索引擎	关键词投放		Y						
	市场活动	客户活动		Y	Y	Y				
		行业展会	Y							
建立业务生态	渠道活动	招募及培训		Y	Y	Y				
	用户社群	用户大会		Y	Y	Y				
投入产出预估						总计				
						ROI				

图1-6 费用预算

表 1-1　可用的定性与定量指标示例

考核标准	产品推广	品牌公关	商机管理
定性	内部的产品部、销售部、管理团队，外部的合作伙伴的反馈	品牌曝光度、知名度等，第三方媒体评价	各类传播内容的质量
	销售策划方案的质量	百度 SEO 质量	社群活跃度等
定量	产品销售数量以及销售额	新闻发布数量，媒体覆盖量，深度专访数量等	自媒体粉丝数、平均阅读量
	市场活动参与人数、参加内外部培训的人数等	公司对外获奖数量以及质量	每月销售确认的商机数量、成单转化率
	新产品推广商机数量以及预估销售额	大型活动的总体效果评分	市场投入 ROI

- ❑ **商机绩效**：商机绩效是数字营销的一个重要考核标准。市场人员通过策划各种活动来挖掘有效的销售线索，这些销售线索经过销售人员认可后就可变成商机。根据商机的完成率考核绩效。
- ❑ **奖金**：奖金往往直接和销售转化相关目标挂钩，比如公司、区域、所负责行业的销售完成情况。有的企业还为市场人员带来的销售转化预留一部分奖金额度。

不同的公司可根据业务重点为上述 3 个考核维度制定不同的权重。有了目标与激励机制，市场营销团队的工作就会更加有目标性、主动性与高效性。

五、容易被忽略的坑

年度市场计划肯定会包括第一季度计划。在制订市场战略计划部分的时候，必须考虑到第一季度就要落地的内容。在我国，因为第一季度包含春节，所以有效工作时间缩短，如果没有针对第一季度制订快速落地计划，企业往往会错失第一季度的营销推广工作。

虽然客户在第一季度的采购需求不旺盛，但是营销工作不能停。注意，大型的市场活动、公关活动、路演等最好都不要安排在这个阶段。第一季度的市场费用在4个季度中一般是最少的，所以这个阶段可以重点考虑做客户关怀与反馈、KOL推广、自媒体推广等，也可以尝试做一些小范围的创新。

要想做出一份好的年度市场计划，需要对销售人员的现状非常了解，需要对市场进行充分观察与分析，需要对客户需求有深入了解。所以，在做年度市场计划的整个过程中，需要紧密地与销售部门沟通，共同探讨战略方向，确认这份计划是否能够帮助销售人员实现业务目标，以及其在时效性与可执行性方面如何等。

脱离销售谈市场计划就是闭门造车。多花点时间去一线见客户，会让计划更容易落地。

好了，说了这么多，简单做个总结。

- 年度市场计划需要有战略高度，但是不能太形式主义。可以重点考虑目标市场并根据公司或产品定位来做传播计划。
- 有了战略方向，就可以对年度市场计划做整合了，在这个过程中要考虑如何有效地分配市场资源。
- 市场营销的各项计划都必须是可衡量、可复制的，团队的绩效考核同样不能忽视。
- 在做年度市场计划的时候别忘了针对第一季度重点规划可落地的内容。

02

开启 To B 企业内容营销的 4 个步骤

——鲁扬

鲁扬 销售易市场副总裁。毕业于清华大学中文系,曾在 IBM、联想、京东等企业担任市场公关部总经理、市场总监、产品经理等职,拥有近 20 年市场营销经验。熟谙 To B 企业的市场体系搭建,对企业级市场营销具有深刻洞察,在品牌传播、数字营销、营销自动化等领域具有丰富的经验。

对于 To B 企业来说,"内容营销"的概念近两年异常火爆。内容营销究竟能给企业带来什么样的回报? To B 企业又当如何快速而有成效地开展内容营销?本文就来一探究竟。

一、什么是内容营销?

什么是内容营销?我先从"内、容、营、销"这四个字的字面上来解读一下。

- ❏ "内"指内容营销要生产的是"内涵干货",而不是对观众无用的东西。
- ❏ "容"代表要有形式上的创新,观感新颖、颜值在线。
- ❏ "营"指内容营销只有持续经营、长期坚持才能见效。
- ❏ "销"指内容营销的终极目的是带来销售转化。

美国内容营销协会也曾给出相关定义:内容营销是一种战略营销方法,通过生产和发布有价值的、有关联的、持续性的内容,来吸引、获取和聚集匹配度高的目标人群,最终改变或强化目标人群行为,推动商业转化并带来收益。

可以看到,企业做内容营销最主要的目的是:**提升品牌认知,获取潜在客户**。如果你的企业也面临着类似诉求,那么或许是时候尝试内容营销了!

但是,并非所有企业都适合做内容营销。因为内容营销需要相应的资源投入,并且见效周期长,收割的更多是长期关注和长尾的流量,因此往往具备以下 4 个前提条件的企业,才适合做内容营销。

- ❏ **已度过生存期**。企业在初创期,资源短缺,人手匮乏,此时应当集中资源和精力快速解决生存问题。度过了生存期,才有精力和定力在持久的内容营销上投入。
- ❏ **具备一两个有效的获客渠道**。内容营销的见效周期长,因此不适合作为企业冷启动时唯一的获客途径。内容营销能够帮助企业的更多是从 10 到 100 的增长,而不是从 0 到 1 的质变。如果希望靠内容营销解决企业的全部获客问题,那是非常危险的。比较合理的方式是先建立起一两个快速见效的获客渠道,比如 SEM、会议营销、销售自拓等,再同步培养内容营销能力,用内容营销反哺其他渠道,直至将其打造成为更重要的获客方式。
- ❏ **企业寻求长期增长**。不可否认,在创业大潮风起云涌的今天，不同企业有着不同的发展诉求。对于追求短期增长或快速变现的企业，内容营销并不是一个好的投资方向；只有以长期增长为发展策略的企业，内容营销才能为其提供强有力的支持。

❏ **公司管理层认同，或者对市场团队有足够信任。**正是由于内容营销的见效周期长，所以在实践中经常受到来自公司管理团队的质疑。此时 CMO 要想坚持下去，要么让 CEO 了解并认可内容营销，要么让 CEO 对市场团队充分信任。如果这两者都不具备，那么 CMO 应当先获得公司管理层的信任（比如先着手解决企业当前最棘手的问题），再推行内容营销这类需要长期投入的项目。

二、120 年前的内容营销最佳案例

下面跟大家分享一个案例。很多人以为内容营销是近几年的产物，实则不然。一个 120 年前的案例，在我看来，是整个人类商业历史上最成功的内容营销案例，那就是米其林公司推出的《米其林指南》。

米其林是一家法国汽车轮胎制造商，是全球知名品牌，但在一百多年前初创时，它的创始人米其林兄弟一直为如何能够提升轮胎的销量而发愁。后来他们开始分析客户。当时拥有汽车的都是上流社会的家庭，而汽车旅行作为新的时尚正在客户中悄然兴起。于是在 1900 年的巴黎万国博览会上，米其林推出了第一本《米其林指南》，里面包含了全法国（后来扩大至欧洲乃至全球）的旅行景点规划、路线导引、餐厅和旅店推荐以及加油站和维修厂等信息，同时植入了如何更换轮胎等内容。这本手册在修车厂和轮胎经销店免费发放，时至今日，已经成为旅行及美食爱好者心中的宝典。

从这个案例中，我们看到了一个成功的内容营销应该包含的

几大要素。

- **洞察客户行为**。米其林当时的痛点是如何提升轮胎销量。面对这个问题,现今的企业会如何做?可能很多企业会从自己的产品出发,写一堆描述产品优势的文章,去宣传自己的卖点。但是米其林兄弟当时做的第一件事是去洞察客户。他们通过分析发现自己的客户有一个共同点——爱好汽车旅行。
- **提供有用的内容**。米其林为其客户提供了非常有用的内容,即汽车旅行必备的信息。做内容营销,经常会陷入的困局是:辛辛苦苦生产的内容,对客户并无用处。一些企业生产的文章、报告、白皮书等,既缺少观点又没有数据,只是换了个形式的产品宣传册。这些内容对于客户来说没有用处,甚至是垃圾信息,自然无法得到应有的效果。
- **有效的分发渠道**。米其林兄弟为《米其林指南》选择了非常有效的分发渠道:手册在首届万国博览会上亮相,有效扩大了影响力;选择跟修车厂合作并免费发放,做到了对客户的精准触达;在所有米其林经销店可以免费领取,这为经销店带来了客户。

所以我们看到,120年前的成功营销理念,放到今天依然是这么前沿,丝毫不过时。

《米其林指南》是一个 To C 内容营销的成功案例。然而对于 To B 企业,往往会遇到比 To C 企业更多的难题,导致其内容营销难以落地,比如下面这些问题。

- 来自公司内部的质疑或阻力。
- 缺乏清晰的内容营销策略和执行方法。
- 产品枯燥,生产出来的内容缺乏吸引力。
- 缺少预算资源。
- 效果难以衡量。

三、内容营销的 4 个关键步骤

下面我们就从开展内容营销的 4 个步骤——策略规划、内容生产、内容分发、效果优化来探究如何克服上一节提到的困难。

(一) 策略规划

做内容营销要实现两方面的平衡：一是以商业经营为导向的厂商需求；二是以客户价值为导向的客户需求。而在内容营销的策略规划阶段，核心是要建立以客户为中心而非以产品功能为中心的内容营销策略。强烈建议大家在开始做内容营销之前，先问自己如下几个问题。

- ❏ 我的目标受众是谁？他们希望看到什么样的内容？
- ❏ 我生产该内容的目的是什么？我希望向客户传达什么信息？
- ❏ 这篇内容是客户期待的吗？能给他们带来什么价值？

这几个问题想清楚了，基本就能搞清楚客户需求是什么了，然后围绕客户需求进行内容的策划和生产，这样才不会跑偏。

同时，还应该针对客户的各项属性，包括所处行业、职位角色、企业性质和规模以及决策阶段等，来制定不同的内容。而其中的"决策阶段"是内容营销必须考虑，但又经常被忽略的一个关键要素。

一般来讲，To B 企业的客户做出购买决策的过程主要分为以下几个阶段，这就是我们所说的客户购买旅程（见图 2-1）。因为每个阶段客户的关注点不同，所以适合生产的内容也不尽相同。

- ❏ **认知阶段**：处于此阶段的客户，典型行为是正在发现自身的痛点、总结需求，并对后续的项目做论证。针对处于此阶段的客户，比较适合的内容类型包括行业趋势研究、新闻稿、与客户痛点相关的文章等。

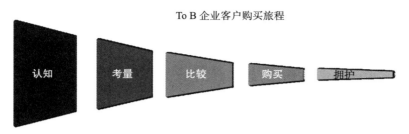

图 2-1　To B 企业客户购买旅程

- **考量阶段**：处于此阶段的客户开始有目的地搜索跟业务相关的内容、行业前瞻性观点、解决方案以及部分厂商的信息。对于处于此阶段的客户，适合推荐的内容类型包括行业白皮书、研究报告、KOL 的观点文章、行业峰会的演讲内容等。
- **比较阶段**：处于此阶段的客户已开始正式选型，有了较强的风险意识，项目需求也基本明确，相关动作已经从个人行为上升到企业行为，会对不同的厂商进行详细比较，比如比较厂商口碑、行业案例、大咖背书、后期的服务质量等，同时还会考虑项目决策是否会影响到本人的职业发展。此阶段可以推荐的内容类型包括产品价值文章、产品评测报告、竞品分析报告、产品的演示文档以及成功案例等。
- **购买阶段**：处于此阶段的客户已经进入项目的招投标流程，会考虑成本以及具体需求的对接，做可行性演示，对选择标品或定制化进行论证，开展商务流程。此阶段适合推荐的内容类型包括产品手册、购买指南、试用报告、企业资质奖项介绍、ROI 计算器、标杆客户案例等。
- **拥护阶段**：处于此阶段的客户是已经成单的客户。他们会关注产品的实际使用体验、服务的响应效率、产品的升级迭代频次、是否会提供增值服务等，从而考虑是否续约、增购、升级，同时还会参与到品牌的口碑传播中。对于这部分客户，适合的推荐内容类型有产品使用文档、使用技巧文章、使用案例、新功能介绍、知识库、培训课件等。

好的内容营销是一个先搔痒再解痒的过程。但很多企业做内容营销时，会生产一堆素材，一股脑儿且无差别地推送给客户。这样的操作非但搔不到客户痒处，反而会变成骚扰。合理的做法应当是根据客户的属性，结合其购买旅程，洞察客户兴趣点，针对不同阶段设计不同的推送内容，进而搭建起完整的内容矩阵。

（二）内容生产

内容生产是一份量大且繁重的工作，这里的诀窍就是要尽可能形成一套内容生产机制，把内容生产变成一套流程。我们知道内容生产有多种形式，包括 PGC、OGC、UGC 等。常见的生产方式有以下几种。

- ❑ **撰写**。由本公司市场部人员独立完成。
- ❑ **约稿**。可以由公司其他部门的同事或者外部专家、客户来撰稿。
- ❑ **采访**。当撰稿人工作繁忙，无法自行执笔时，可以由市场部人员对其进行采访，再整理成稿。
- ❑ **转载**。可以跟相关的媒体、自媒体建立合作关系，转载其相关内容。
- ❑ **翻译**。可以将国外的优质内容翻译成中文，这里要重点关注版权问题。

上述这些生产方式的效率和成本都不相同，适用的场景和内容题材也各异，需要大家灵活搭配。

内容营销的一个误区是一上来就搞高投入、大手笔的"重磅内容"，导致整体制作周期过长、成本居高不下、产出数量有限，这样即使生产出的作品很精彩，也难以长期持续。正确的做法是选择上述不同的内容生产方式，针对自身情况形成最优的搭配组合，再将相关动作固定成流程，把内容生产变成标准化的流水线，先保证有源源不断、质量过关、成本可控的内容产出，再在此基础之上，视资源情况选择性地制作高端精品内容。

另外一个诀窍是，要尽可能多地复用每一个内容，将其制作成不同的形式。比如，同一个内容，可以以微信图文消息、微海报、白皮书、H5、线上课程、线下课件、视频、音频、印刷资料等多种形式进行呈现，把每一个优质内容的价值最大化。

另外内容生产过程中还有几个核心环节需要重视。

1. CTA

所谓 CTA，就是在内容中要设置具有"行动召唤"作用的文字，即你希望读者阅读内容后采取一个什么样的动作从而满足你的商业需求。这个动作可以是下载资料、报名参会、关注公众号、下载 APP 等，并且往往需要读者中有可能成为客户的人填表注册，以实现留资获客的目的。设置什么样的 CTA、如何设置，直接影响了内容营销的引流获客效果。

这里有几点经验跟大家分享。

- 无须在一篇文章中给出所有内容，可以把文章作为引子，把更多的内容（或者关联内容）打包做成 CTA 素材，从而吸引客户留资（留下个人资料、信息）。比如我们要撰写一篇"××××产业报告解读"的文章，如果篇幅较长，可以只在文章中解读报告的前半部分，有兴趣的观众可以点击或扫码（需要留资）来下载后半部分和报告原文。
- CTA 可以在文章中多处埋入，而不只放在文章末尾。因为有些客户并没有耐心看到结尾，而分段落、多处埋入的 CTA 可以有效提升客户留资的概率。
- 可以把文章中的金句编辑成图片，配上 CTA 二维码，作为文章插图。因为在后期进行内容分发时，很多第三方媒体不允许文章带外链，但允许文章有配图，此时通过配图上的二维码可以实现导流的效果。

除了 CTA 之外，标题的写作也是一大重要因素。虽然我并不建议大家做标题党，但是这并不意味着不需要一个好标题。对于拟定标题，这里也有一个诀窍，即在标题中尽可能包含**数字**、**形容词**、**关键目标**这几个元素。下面看几个例子。

- "企业如何做好内容营销"是一个差标题，而"5 个关键步骤做好内容营销"是一个好标题。
- "做好营销自动化的若干注意事项"是一个差标题，而"营销自动化的 7 大陷阱，你入坑了吗？"是一个好标题。
- "To B 市场营销的线索打分与商机培育"是一个差标题，而"10 个诀窍，让你迅速提升线索转化率"是一个好标题。

2. 视觉系列化

另外，视觉上的系列化也能强化内容营销的效果。我们可以将同一类型的内容做成系列，使用同一风格的头图、配图、标题、导语，将优质内容打造成 IP；在公众号的文章末尾加入"往期回顾""更多阅读"等链接，甚至在文章内进行引用（加上短链接），让每一篇文章为之前的同系列内容进行导流。

好的内容可以定期更新、反复利用，比如一本白皮书可以持续出 1.0、2.0 版本，哪怕每次更新的内容不多，也可以借助版本更新的机会再次推广一波，对高价值的内容进行多次利用。

（三）内容分发

内容生产出来之后，就要进行分发了。常见的内容分发渠道有如下 4 类。

- **自有媒体**。包括企业自己的官网、社交媒体账号、邮件群组、社区社群、企业微信等，这类媒体的优点是成本低、可控性强、触达人群精准，缺点是触达面较窄。
- **付费媒体**。包括传统的媒体、自媒体、搜索引擎广告、其他各种付费投放渠道等，优点是触达面广且较为精准，客户信任度高，缺点是成本高。
- **赢得媒体**，指免费的媒体露出，如媒体组稿、邀约采访、话题参与等，此类渠道成本低、性价比高，但对企业媒介能力要求较高，且企业对传播露出的可控性较弱。
- **共享媒体**，这是近几年出现的新兴传播渠道，包括网络口碑、客户分享平台、客户评论平台等。这类渠道的优点是客户信任度高、容易裂变，用好了往往能产生事半功倍的效果，但是对相应的营销把控能力要求较高。

针对以上4类内容分发渠道，大家可以根据自身企业的条件和资源状况，选择适合自己的组合。

除了分发渠道之外，一篇内容触达客户的方式有如下2种。
- **主动推送**。指企业通过营销动作，主动将内容推送至客户端，比如微信公众号发文、邮件推送、付费广告等。
- **搜索呈现**。指将相关内容铺陈到各个平台，如官网、网络媒体、口碑平台，也包括社交媒体公众号等，并做好SEO优化。当客户搜索相应内容时，我们的内容有较高的概率被搜索出来。

很多企业营销人员都将注意力放在"主动推送"上，忽略了"搜索呈现"的展现力量。这类企业花了大量的精力和预算，企图在内容生产出来的第一时间就将其尽可能多地推送给客户，甚至设置的KPI都是短期内的阅读量。针对这样的情况我要提醒大家，内容营销作为长期影响最大的营销模式，其主要价值在于优质内容的长期影响力。"互联网是有记忆的"，所有内容在被分发到网络平台上后，其影响力是持续在线的，尤其是优质内容在经过一定量的转发、裂变之后，在互联网上几乎是永久存在的，无论客户什么时候搜索相关关键词，都有可能搜索到之前的优质内容。所以在获客方面，除了一些短期内会产生大流量的爆款内容之外，可对长尾流量进行长期收割的优质内容也是不可忽略的一部分。

因此，内容营销人员不仅要善用推广资源，做好内容的主动推送，还要打造自身内容的"集散地"，比如官网+社交媒体公众号，将所有的内容都上传至相应的内容阵地（上传前，建议对内容进行 SEO，比如标题和关键词的调整和补充，从而保证足够高的搜索呈现率），形成内容汇聚池，源源不断地吸收搜索流量。基于官网的内容池会反哺 SEO，提升官网权重，为官网带来更多流量。

我见过一些企业，一方面内容营销人员抱怨内容传播效果不好、（短期）阅读量低，另一方面其 SEO 人员又在抱怨因为缺少原创内容所以网站权重难以提升、流量少。这就是典型的内容营销和 SEO 人员工作割裂的结果。

（四）效果优化

在内容分发之后，我们还需要不断地对内容营销的效果进行监测和优化。这里涉及如下 3 个方面的分析。

- ❏ **内容有效性验证**：内容选题好不好？内容形式是否吸引人？内容的呈现格式是否恰当？
- ❏ **渠道有效性验证**：投放渠道是否对路？针对不同的内容选题和形式应当匹配何种渠道？
- ❏ **ROI 证明**：花了多少钱？带来多少回报？

这里需要有相应的 Martech 和 CRM 工具支持。同时，还要勤于做 A/B 测试，针对内容营销的各个要素，包括题材、格式、长度、标题、配图、CTA 设置、投放渠道等，都要做测试，在长期的测试和总结中摸索出适合自身业务的最佳组合。

ROI 也是每个营销人绕不过去的话题。对于内容营销来说，我们常见的可衡量指标有两类——流量指标和获利指标。

- 流量指标包括阅读量、转发量、评论量、收藏量、在看量、点击量、PV、UV、关注量、粉丝数等。
- 获利指标包括注册量、下载量、试用量、购买量等。

其中，流量指标具有显性、易见、便于统计的特点；获利指标直达商业目标，更利于管理层进行投资衡量。那么我们应当设置什么样的 KPI 来衡量和管理内容营销？最好的方式是将这两类指标进行组合，既看过程，又看结果。

四、内容营销必须注意的 5 个事项

To B 企业做内容营销时要注意以下几点。

- **避免"自嗨"**。很多时候一个内容生产出来，都是市场部和公司自己的人在转发。这时要问：自己人"嗨"了，客户"嗨"了吗？老板点赞了，客户点赞了吗？
- **不要用产品的专业性来掩盖营销内容的无趣**。对于 To B 类内容，要说客户听得懂的话，不要把营销内容写成产品说明书。
- **不要忽视官网**。官网是最好的内容承载平台，脱离官网的内容营销是对资源的严重浪费，也会让内容最终的整体效果大打折扣。
- **蹭热点别太牵强**。真正吸引客户的永远是内容本身，虽然我们可以通过蹭热点、标题党之类的方法吸引客户点击，但仍须用优质内容本身来留住客户。须知骗得了点击，骗不来留资。
- **再好的内容没有执行到位也是无意义的**。内容营销成功的关键点是执行力！很多企业内容营销没做起来，不是因为缺乏策略、人手或者预算，而是因为执行力不够。

内容营销是一个很庞大的体系,也是一个很丰满的话题,本文探讨的只是一些框架性的概念。内容营销要真正落地,需要企业营销人员不断地更新和迭代相关理论知识,并且在实践中积极探索,最终摸索出适合自身的内容营销之路,实现品牌和获客的双增长。

03

转化型内容获客实战

——加玮

加玮 加持科技联合创始人,前短书市场兼运营负责人,灼识咨询、高临咨询、六度智囊、脉脉等知名咨询公司顾问。36氪特邀作者,知乎特邀分享嘉宾,"甲子光年""人人都是产品经理""鸟哥笔记"等20多个互联网平台专栏作者。拥有超过8年数字营销实战经验,为华润999、创维RGB及20余家行业头部SaaS企业提供过培训与顾问服务。擅长线上营销,特别是内容营销、SEM、SEO、社区营销。

一、内容三角

从还是实习生的时候开始,我就在各个渠道发布被我戏称为"牛皮癣"的内容营销类广告,那时候也不明白什么是IWOM(Internet Word Of Mouth,网络口碑),什么是内容营销。但是我发现,在同样只有一个人的情况下,用内容来引流,效果会比用其他形式好很多。后来经过多年的系统学习、探索和思考，我把线上所有以获客为核心目的的内容营销整合成了"内容三角"模型，如图3-1所示。

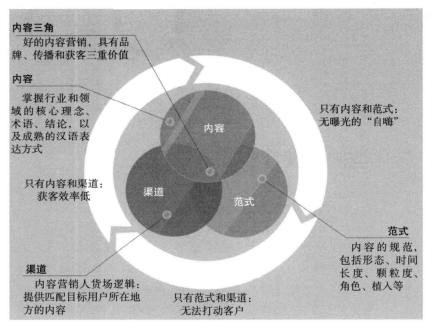

图3-1　内容三角模型

本文就是围绕这个模型展开的。为了让本文所讲内容更容易落地，我会结合知乎、SEO以及自己实践的案例来写。

我们先明确几个认知。

（1）**内容决定转化率**。好的内容会给阅读者留下深刻印象，在此基础上才会产生收藏、点赞、转发等行为，或者直接发生转化。

（2）**渠道决定了触达**。不同的渠道，其特点也不一样，我们只有遵从渠道的规律，才能让曝光量和流量最大化。SEO就是典型例子——找不到 SEO 的技巧，内容再好也白搭。

（3）范式是指内容的形式与规范。软文、白皮书、案例、问答等都可以是内容的展现形式，而规范是内容生产的 SOP。形式和规范直接影响着内容获客的 ROI。

二、一切内容，围绕转化目标生产

显而易见，在内容获客中内容是核心。内容决定的转化一定会即时体现在转化线索中，通常又会在 3 个月内体现为品牌的搜索词，或直接体现为访问网站的客户等。下面我从内容获客转化的角度，谈 3 个内容营销要特别注意的部分。

1. 内容要有独特价值

为客户创造独特价值是商业上的根本性原则。不要为了表达某事而强行生产软文，或者为了体现专业性生产许多客户难以理解的内容。比如我今天在 To B CGO 分享的内容，在其他所有地方都没有涉及，那我今天分享的内容就是独特的。而今天的分享帮助企业实现了最重要的目标——获客，这就是价值。当然，具有独特价值的内容不一定都是原创的，搜集、整理的内容也可以。另外还要注意，价值是多元的，获客是一种价值，有趣也是一种价值。

在 To B 领域，某些理念（例如 GrowingIO 天天都在谈的增长、短书主推的私域流量）、某些术语（例如 SCRM、流量池）、某些观点（例如 To B 数字化的重要性、私域流量的价值）都是产出具有独特价值内容的核心逻辑。To B 内容没有逻辑支撑就如同无根之木。建议企业或团队定期更新、梳理核心逻辑，并分享给所有从事内容工作的同事。

看一个小例子。

在线青少儿英语×××，2020 年 Q1 营收近 6 亿元，单季度活跃人数增长 26%，其中青少一对一主营业务收入达到 4.042 亿元，同比增加 76.7%。

即便是上述这样一条简短的新闻，我们都不应直接转发，因为这种形式缺少显性的价值露出。这里所列的数据代表什么？和同类企业比如何？这样的业绩是如何实现的？我们的客户毕竟不是这方面的专家，他们对这些数据没有概念。因此，我们应做成下面这样。

×××表示，营收增长主要来源于单体活跃学员的平均收入增加和活跃学生数目的增加。×××在微信群里很受欢迎，每天点开率甚至超过 10%。

2. 内容要有观点，有引导性

观点本身也是一种独特价值。很多软文结构是这样的：描述背景，描述痛点，加入广告。这样的文章效果往往不好，因为缺乏一个核心观点和对应的支撑逻辑。

任何一篇软文，速读下来，阅读者要能够明显感知作者的观点。软文中每一个段落最好都能体现一个明确的观点。比如说，第一部分说明在线教育前景大好，第二部分说明在线教育也遇到了颇多问题，第三部分分享利用私域流量如何解决这些难题，第四部分将短书的解决方案植入。这样的结构是优秀的。

仅有观点还不够，内容是要为商业目标服务的，因此内容必须要有引导性，无论是写 20 字的简介、200 字的回答，还是写 2000 字的软文，都要问自己几个问题：我的潜在客户看到内容后，会得到什么样的结论？这个结论是否对我的产品有利？若非直接对我的产品有利，那么是否对行业有利？

千万不要采用"疲于奔命"的工作方式，比如去知乎把所有与产品相关的问题都回答了，然后在答案底下加入广告，这样做会有很多问题。**合理的 To B 内容创作过程是先设计好切入点，再找**

场景，最后补充话题和背景。

比如运营人员写推广文章时，就可以先写 30 ～ 50 个字的核心段落。其中包含 2 个部分：第一，文章核心切入点和逻辑是什么？这决定了是否能给客户带来价值。第二，文章的结论是什么？文章要有引导性。

3. 关注客户需求

此之蜜糖，彼之砒霜。没有绝对好或差的内容，内容的好坏是相对客户而言的。有一次同事问我："我们 ××× 内容是不是太浅了？讲的东西好像都是常识，违反了价值原则吧？"我说："这些内容对于我们互联网人来说是常识，对于教培机构中的人来说很可能不是。"

因为信息不对称的存在，我们这些做内容的人要具有这样的能力：可以发现哪些信息是别人不了解同时又是我们能提供的。

很多时候，对于 To B 业务来说，输出大量的内容其实就是在做教育市场的工作。因此，任何客户希望了解的内容，我们都可以生产，都可以植入。那么，对于人人都有需求的内容，怎么精准切中客户痛点呢？我有一个公式：**需求 = 关键词**。作为市场部内容运营人员，要能做到针对自己负责的领域，随口就说出不少于 20 个时下的关键词，不然就说明他不了解客户需求。因为在线上，无论是信息流（信息找人），还是搜索（人找信息），整个 IR（信息检索）的逻辑 60 年来都没有变过，都是基于关键词的。

那么怎么去了解客户需求？这里提供 2 个技巧：第一，利用百度的下拉框和底部的联想，如图 3-2 所示；第二，利用 5118 的关键词挖掘，从大词、行业词、环节词，到小词、品牌词、功能词，循序渐进，不断重复上述关联词的过程。

限于篇幅，关于内容创作先说这么多，下面说说渠道。

图 3-2　百度搜索下拉框

三、掌握渠道规则，才能最大化流量和曝光

在小区门口发传单与在高速公路牌上投广告，两者的价值和具体玩法是完全不同的，对于线上获客而言也是一样的道理。如果渠道建设不行，就算你能产出价值爆表、转化率 100%、客户一看就买单的内容，也不能触及客户，也是没有意义的。内容决定转化，渠道决定曝光。每一个渠道想要运营好都需要大量的技巧。下面我会重点介绍 SEO 和社区这两个价值最高的渠道如何运营。

（一）线上渠道推广七脉神剑

在开始介绍 SEO 和社区之前，先来介绍一下我整理的线上渠道推广七脉神剑，如图 3-3 所示。同样限于篇幅，无法对七脉神剑全部内容进行分享，这里仅介绍我认为最重要的几个部分。

1. 流量入口

我们要掌握流量入口，因为流量的来源是最重要的。不同来源的流量，可能玩法也不一样。下面分析几个主流来源。

（1）**抖音**的流量非常依赖推送，所以理解抖音是如何给客户、视频打标签的，如何根据标签来进行推送的，对于内容生产者来说是非常重要的工作。

03 转化型内容获客实战   33

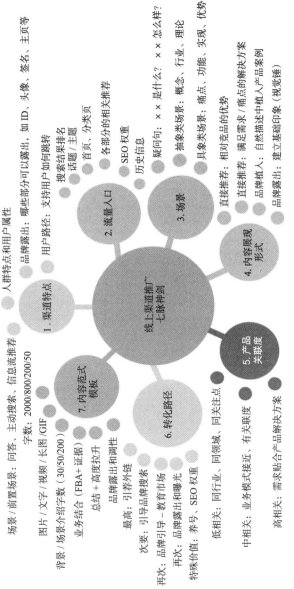

图3-3 七脉神剑

（2）**豆瓣**是相对去中心化的，我们不需要了解整个豆瓣运作的机制，只要挖掘出豆瓣的哪些小组中有我们的潜在客户就行了。

（3）**知乎**的流量一方面取决于搜索的权重，一方面来源于站内。因此对于知乎中的内容，我们不仅要注意可搜索性，还要关注站内的内容展现形式。知乎上的内容以搜索、问答、文章为主，所以核心流量都来自这几个方面。另外，知乎正在逐渐向移动端和话题方向（包括热点）转移，所以我们要特别注意话题的运营。

（4）**微信公众号**的流量几乎都来自二次传播，因此二次传播量是要关注的核心指标。

2. 场景

场景不仅是渠道和内容的结合点，也是转化率的抓手。对于内容获客，人货场就是客户、内容和场景。那么场景怎么做？首先，优先找到明确的场景，提供明确引导性的内容。例如，任何一个新兴行业，第一个要做的场景是"×××是什么"，第二个要做的场景是"×××哪家好"，第三个要做的场景是"×××（你的品牌）怎么样"。

把这些场景转换成一系列的关键词、短语、短句，然后找到每一个渠道上这些关键词的内容形态，可能是问答（百度知道）、话题（知乎）、搜索关键词（搜索引擎）、测评，再用明确的带有引导性的内容抓住这些场景。

那么，没有合适的场景怎么办？或者行业已经到了成熟期，这些场景已经被做了很多遍了，怎么办？这时就要创造场景。创造场景的第一步是深挖痛点。把客户的业务地图绘制出来，找到每一个环节的所有痛点并进行强化。

3. 转化路径

渠道的规则要摸清楚，掌握能不能放外链、能不能呼叫电话、能不能放二维码、能不能关注等要求。转化路径直接影响渠道本身的运营价值。为什么 SEO 的价值非常高？因为客户只要进来了，一步就可以转化成销售线索。除了广告投放，所有内容渠道都做不到这一点。

公关稿、新闻稿基本没有转化路径；抖音，从获客转化来看路径很长；豆瓣、知乎，可以在一定程度上允许外链接和二维码……但是仅知道这些还不够，还要知道如下内容。

（1）百度知道通常不能够带外链接，但是百度知道可以点击头像进入官方号首页，这个首页是可以带外链接的。如果我们不知道这一点，就不可能做好百度知道的获客。

（2）知乎通过首页介绍的外链接所获得的客户数量，占通过知乎获取的总客户数量的 40% 左右。这很容易理解，客户从回答中了解并注意到你，所以会想看看你是谁。如果不了解这一点，就不会重视知乎机构号首页的装修、置顶，首页浏览次数就上不去。

许多渠道不允许直接放站外的链接，或者对站外链接要求比较严，会经常删除相关内容或封掉链接，此时我们可以选择把所有流量引流到一个站内链接，而这个站内链接是带有站外二维码、联系方式或链接的，这样就可以实现更高效的转化了。

（二）SEO

上面对线上渠道推广七脉神剑的重点部分进行了简单介绍，下面正式介绍 SEO。同样限于篇幅，这里不会过多展开，仅介绍我认为最重要的内容。

1. 与 SEO 有关的误区

这里主要分享几个常见的与 SEO 有关的误区，具体如下。

（1）**要先有收录再有排名**。站点的收录与排名没有任何关系。要先有收录再有排名的认知是完全错误的。

（2）**权重决定了排名，所以权重非常重要**。其实是排名决定了权重，而非权重决定了排名。因此有排名的链接就是好链接，而不一定要求其权重有多高。To C 站点的权重往往远远超出 To B 站点的，这是因为 To C 的关键词搜索量大，但对于 To B 站点来说这类权重没有太多的意义，因为站点类型不同。

（3）**一个页面简单分为 Hub 页和 Article 页，这两部分的得分方式是不同的**。其实一个页面可以兼具两部分的得分。

（4）**网站架构不重要**。To B 企业一定要重视网站架构，尤其是动态页面生成的站点，要检查 URL 是否唯一。

（5）**要提高关键词密度**。"关键词密度"是伪命题，用"关键词布局"更准确。不仅要有关键词，还要有与关键词相关的延伸词和长尾词。

2. SEO 的基本流程

介绍完常见误区，我们回到内容获客的渠道部分。怎样才能拿到流量呢？因为是基于搜索的，所以我们首先要找到目标客户会搜索的词，而且这些词的搜索量不能太小，否则渠道的意义就不存在了。另外，我们要对这些词进行排名。思路确定了，SEO 的基本流程也就确定了。

第一步：关键词分级。

我通常把关键词分为 3 级。一级关键词更多的是一个方向，比如围绕客户的每个业务环节划分出的业务方向。如果是通用型 SaaS，一级词可以按照具体的行业来划分，还可以围绕客户的关注点来划分，比如 B 端客户可能关注团队管理等非直接业务部分。划分后，将该业务方向拆成 10～20 个细分方向，就得到了我们需要的关键词。

二级关键词则是核心 KPI，这是要抢占的核心关键词，可以通过 5118 或者关键词规划师来辅助确定。二级关键词通常是通过为一级关键词加前缀、后缀、形容词得到的，是指向性更明确的关键词。比如一级关键词是"四级考试"，那么"2020年四级考试"就是一个二级关键词；再比如一级关键词是"电话客服系统"，那么"电话智能客服"就是一个二级关键词。二级关键词需要有一定的搜索量，通常不低于500。同时这个词代表的需求必须是我们的产品能够满足的。

三级关键词是二级关键词的延伸，通常搜索量会小于100，以短语、短句的形式出现。此类关键词指向性更加明确，不仅可以做站内SEO，还可以做站外SEO，比如知乎、百度知道、百家号等。

可以利用5118、关键词规划师以及百度的联想框获取延伸词。衡量延伸词价值的方法：一看周均搜索量，二看关键词与产品需求是否匹配，三看搜索结果竞争难度。

为什么要对关键词进行分级？有两个原因。

（1）如果不按照从大类到小类的方式进行延伸，则很容易遗漏许多有价值的关键词。

（2）如果不分级，排名上不去。任何排名都是先有小词、长尾词的排名，经过客户的验证和积累后，逐渐在大词、短词、核心词上拿到排名。举个例子，假如想要做短信平台的排名，可以先围绕"106短信平台"及其前缀、后缀长尾词（三级词）布局，在"106短信平台"有排名后，可以慢慢在"短信平台"拿到排名。二级关键词拿到排名通常是不难的。

第二步：策划SEO。

首先把官网的架构梳理清楚。官网上有大量的细节需要梳理，如图片大小、网页加载速度、sitemap、导航关系、锚文本数量、H标签的使用、关键词的布局等。有的企业的站点跳转通过js而非<a>标签实现，这是很致命的，一定要检查。然后根据网站的内容，策划哪个页面对应哪个关键词。我建议落地页/解决方案页面对应1～2个二级关键词和3～5个三级关键词，一个内容页面对应 1 个二级关键词或者 1 个三级关键词。

第三步：内容发布与监控优化。

在 Hub 页，要保持内容的更新频率，而不是一直不修改（图片更新不算更新）。同时要保证有大量的包含目标关键词的锚文本，持续做友链交换。在 Article 页，也就是平时发布的内容页，目标关键词布局要均匀，前期不要放太多的外链接，可以多放一些反链接。等有排名后，可以带上外链接与反链接，与 Hub 页和其他 Article 页互相跳转。

举个例子。如果一个 Hub 页核心词是"加拿大留学"，那么里面应该有大量关于"2020 年加拿大留学"和"留学北美加拿大"等的链接，且均指向 Article 页面。每一个具体的 Article 页应围绕目标关键词均匀布局。等"2020 年加拿大留学"有排名以后，可用该页面指向其他"2020 年出国留学"的 Hub 页和 Article 页。每天检查排名，持续找站点做友链，通过社群、公众号、知乎等支持外链接的渠道发布外链接。

检查排名的方式：搜索页面标题，如果能够出现，则搜索标题中包含的长尾词，如果依旧能够出现，则搜索核心词并记录排名。

再说说知乎。对 To B 领域来说，要想获取知乎的流量，核心是抓住站内搜索、话题、问答。站内搜索做得好，站外搜索不会差；文章和专栏的价值更多以"知乎站内落地页"的形式体现，其本身难以带来客户增量；想法多用于发布同步性的内容；热点、专题是 To C 的主战场，竞争过于激烈，流量获取成本过高，不建议重点做。

搜索具体该怎么做？挖词当然是必备的，这个上面已经讲过了，这里就不说了。搜索结果有文章、专栏、回答、Live、电子书、客户以及话题，还有一个专门聚合热点内容的板块。下面说说搜索的具体做法。

（1）把所有的搜索结果用产品内容进行全覆盖，包括文章和专栏下面的评论（不要带广告，客观评论并且让产品 ID 头像露出即可）、问题里面的回答等。

（2）创造搜索结果，如果某一个问题在搜索结果中有好的排名，那么这个问题里面的回答就可参考 SEO 的玩法，控制关键词布局，这样在搜索结果中，客户看到的就会是我们的回答，点进去优先加载的也会是我们的回答，这样才能抓住流量。

（3）话题的部分，首先要知道知乎有父话题和子话题之分，即可以通过某一个话题找到更多类似的话题（这和挖词有点像）。重点话题和活跃话题要经常关注，确保最顶上的答案是我们的。如果可以，还要控制关键词的布局。

（4）问答的部分，运营的重点一个是"选"，一个是"提"。

- 选问题：可以通过不断细分的关键词搜索来找问题，也可以通过不断联想的话题来找，核心是看浏览量、回答数、评论数。浏览量高、回答量低，做回答；浏览量高、回答量高、评论量低，做评论。
- 提问题：核心是要切中一个具体的场景，要有详细的描述，一方面让阅读者更有代入感，另一方面让回答更有针对性，提的问题更有独到性。提问时还需要注意，这个问题的核心关键词是什么，客户会不会搜索。

（5）要注意转化路径的设计。不建议在每条内容下都带二维码和外链接，可以带上专栏和文章的链接，以及其他优质回答的链接，并且引导客户点赞和分享。机构号的首页是可以带外链接并跳转到官网的，这是一个核心路径；其次是链接跳转到文章和专栏后，再通过活动或者领取资料的方式，引导客户跳转到官网。

（6）建议开通机构号。这样可以减少很多风险，并且机构号有强大的数据分析功能，会使 ROI 的管理更友好。

四、控制内容范式，量化 ROI

首先说说内容生产的形式，这里主要聊聊普通图文内容的重要性。图文内容易索引、易浏览、易二次编辑的特点决定了其具有很高的长期价值。图文内容是能快速检索到从而给客户留下印象的，在通勤场景、资料检索场景中客户更愿意看这类内容，因为客户可以快速提取里面的关键信息；图文易索引、易搜索，因此无论是站内搜索、站外搜索，还是信息流的推荐，都容易覆盖更多的客户和曝光；图文易二次编辑，能够让一篇内容经过 SOP 加工后，以最适合的形态输出到各种不同的渠道。因此，图文内容的获客效率是其他内容形式难以达到的，建议投入 70% 以上的资源在图文内容中。

再说内容的颗粒度。我将内容大概分成 3 个层级——有听过、有认知、有行动，我将其总结为内容生产层级金字塔，如图 3-4 所示。

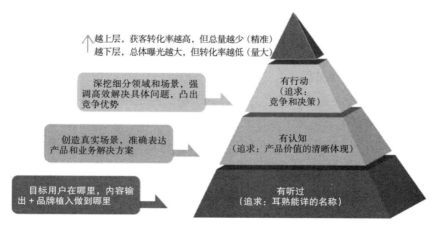

图 3-4　内容生产层级金字塔

1. 有听过

"有听过"类内容追求的是让客户耳熟能详。我们通常面对的是非精准潜在客户，相对于获客转化，对于这部分客户进行营销，品牌价值更大一些。尽管这部分客户转化率比较低，但是通过他们更容易获取大的曝光。在微博、知乎加入行业热点的讨论，或者用SEO抢占一些行业热点的排名，目的都是实现"有听过"。由于本文主要探讨的是获客，因此对于这部分内容就不详细展开了。

2. 有认知

"有认知"类内容追求的是产品价值的展现。从获客的角度看，此类内容的多少、覆盖的渠道如何、能否批量快速生产以应对行业和渠道的变化，是直接影响内容获客效果的主要因素。

"有认知"是让阅读的客户对产品解决什么样的问题产生认知，也就是知道产品有什么用。这其实是一个不低的要求。有时候，我们的内容容易基于产品而不是基于场景去写，这样的内容只适合发布到我们自己的公众号或官网。对于获客而言，这样的内容是不及格的。不要在各个公开平台上发产品的新功能介绍、使用说明，因为大多数客户对产品的认知程度，远远达不到这么小的颗粒度。

我们应该默认大多数潜在客户是完全不了解这一类产品的，所以我们要针对行业去写内容。若是我们写的内容是我们自己产品的完整描述，就会显得不真实和不可信。

"有认知"类内容应该是怎样的呢？找到或创造一个典型场景，准确描述产品和业务解决方案。场景越明确，价值点越集中，内容给予客户的认知反馈就越深刻，转化率就越高。

3. 有行动

"有行动"类内容追求的是充分展现竞争决策，实现方法描述"如何高效解决问题"。如果说"有听过"面对的只是闲逛的客户，

"有认知"面对的是目标客户（尽管他们暂时由于种种原因用不着你的产品），那么"有行动"面对的就是有明确需求的客户了。

对于"有行动"类内容，必须要完成两件事：督促读者不要犹豫、不要思考，先试用一下产品，留下线索；先选择我们的产品，不要选择别人的产品。所以我把这类内容称为竞争性的内容。如果你的内容不能让客户当时做出行动，那么客户很有可能就会选择竞品了。

"有行动"类内容说白了就是解决某某产品"哪家好"和"怎么样"这两个高频的问题。因此，建议在此类内容中包含几个部分：**细分场景、强化的痛点、FBA（特征利益优势）+证据、案例**。

最后是内容的 SOP。内容的 SOP 依旧可以按照 3 步来做。

（1）**结合目标客户的需求，以及自己产品要传达的核心逻辑/概念，构建素材库**。这个素材库可以包括产品功能、行业领域、生产环节、行业痛点、行业背景、行业动态、行业发展趋势、头部机构、案例等方面的内容。这个素材库需要持续更新。

（2）**确定切入点**。可以根据产品和理念的更新情况来确定切入点，也可以持续挖掘搜索引擎的关键词、社区的热点和趋势、新的话题等来寻找切入点。锁定切入点后，要把切入点转化为具体的场景，最后把背景、痛点、逻辑、案例、广告拼装到一起并进行润色，至此就完成了一次获客型内容的生产。

（3）**根据不同的渠道确定内容的展现形式**。这一步是最重要的，也是对获客影响最大的一步。

发布在官网的内容，标题务必包含一个一级关键词和一个二级关键词；在内容的头部与尾部要增加关键词；整个内容要维持关键词的布局均衡，保证关键词出现的相对频率稳定。篇幅以 1000 字左右为佳。

发布在知乎的内容，则要根据不同的场景采用不同的策略，具体如下。

- ❏ 回答：要充分利用常规搜索、话题搜索。注意，对于同一类型的问题，每一个回答都不要相同，可以修改背景、论据、数据和广告等部分，核心逻辑（价值点）可以保持不变，这样可以避免被降权。
- ❏ 专栏/文章：适合发长一些的内容，内容可以在 500 到 1500 字之间，具体根据内容针对的场景而定。这类内容可以做一个缩略版，重点突出结论而非逻辑，然后以问题答案的形式发布到百度知道。

一篇发布到知乎上的内容，可以利用伪原创生成器或人工的形式，对段落进行颠倒处理、对句子进行修改，然后将得到的"新"内容发布到百家号、搜狐号等各种以搜索为核心流量来源的平台上。还可以提取上述文章的核心段落和逻辑，发布到微信群、朋友圈、脉脉、知乎想法等私域流量渠道。如此操作，可让一篇内容价值最大化，这就是内容 SOP 制定的核心了。

最后补充一点，内容营销是符合"增长飞轮"逻辑的一种推广方式，无论是社区、SEO 还是公众号，往往都是越做越轻松，ROI 越做越高。比如 SEO，我们的内容排名越高，流量就越高，而流量越高，就会让排名越高。知乎等社区也具备同样的逻辑，即点赞越多，排名越高，而排名越高，点赞越多。

04

To B 企业的内容制作与营销

——何雯

何雯 拥有近 15 年 To B 营销经验,曾撰写并发布过多份颇具影响力的行业报告,包括《中国酒店业数字化转型趋势报告》《酒店餐饮新趋势报告》《酒店构建数字化业务分析体系白皮书》《酒店业上云现状调查报告》等,并受邀参与过数十场行业活动和演讲,在酒旅业软件营销方面积累了丰富的经验。

本章介绍 To B 企业是如何打造内容体系的。

一、如何确定企业需要完成的目标?

这里以我所在的行业——酒店行业为例,来说说目标的问题。我所在的酒店行业有如下几个特点。

- ❑ **产品线繁多**:约有 15 条大小不同的产品线。
- ❑ **客单价差异大**:几万元到上千万元不等。

- **决策链复杂**：CEO，以及财务、IT、营销、运营等部门的人几乎都是我们要覆盖的对象。
- **大客户占比高**：80%的收入来自大客户。

我们的企业在酒店行业里想要实现的大目标如图4-1所示。

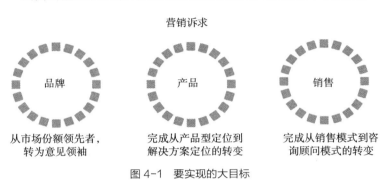

图4-1 要实现的大目标

营销诉求包括如下几个方面。

- **品牌层面：从市场份额领先者，转为行业意见领袖。** 当下这个市场中，品牌的溢价只会越来越高，尤其是在下沉市场中。无论你的品牌属于To C领域还是To B领域，品牌建设都是重中之重。品效合一，品牌至少要占一半。
- **产品层面：完成从产品型定位到解决方案定位的转变。** 也就是说，要完全从客户的角度出发，伸张客户价值主张。这一点对于软件类和SaaS类公司极其重要，可以说是其立身之本。这也意味着，市场部不仅要特别了解公司的产品，还要特别了解客户，而且必须冲到一线。
- **销售层面：完成从销售模式到咨询顾问模式的转变。** 在这个过程中，强化客户对企业专业度的信赖，把销售的主动权把握在自己手上。

上述3个目标，也是我跟老板、销售负责人讨论宏观目标时会反复强调的。也就是说，先确保我们市场部努力的方向是对的，避免后期在不正确的道路上跑了很久,老板和公司却都不认可。这三个目标确认下来之后,基本就可以确定"内容营销"一定是我们市场部的核心战略,需要重点投入。

具体到部门层面,涉及的目标非常多,有总目标,也有阶段性目标。

营销目标可以细分为如下几个(见图4-2)。

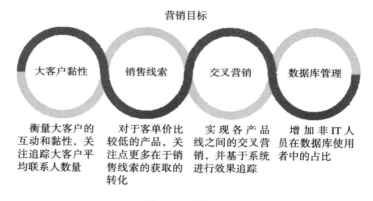

图4-2 营销目标

- **大客户黏性**:大客户一般价值都比较高。对于大客户,市场部的工作重点是与大客户进行互动,比如追踪大客户,在追踪过程中重点关注平均联系人数量。
- **销售线索**:对于客单价低的产品,更多关注销售线索的获取和转化。
- **交叉营销**:我们的产品很多,各产品线间又存在互补关系,所以交叉营销就成为我们的一个比较重要的场景。交叉营销主要是针对现有客户,以提高客单价为目的。
- **数据库管理**:我接手的时候,发现我们的产品——数据库的使用者里90%都是IT人员,他们对最终采购决策有影响,但影响力不大。为了解决这一不合理现象,后面我通过一系列有针对性的内容，促使数据库使用者中非 IT 角色占比达到了 60% 以上。
- 还有很重要的一点，那就是营销和销售一定要彼此透明。每年的销售会上，我们都会强调一个问题——我们为什么要去做内容营销？

要完成上述营销目标，必须先让相关人员对内容营销足够重视。这就需要说明为什么要做内容营销。我们总结了内容营销的几个好处，具体如下。

- **连接**：与客户建立高频互动。
- **价值**：价值驱动，影响高层决策者的决策。
- **联动**：不仅要影响 IT 人员，还要影响决策链上的其他角色。
- **产品**：实现从产品到解决方案，从销售模式到顾问模式的转变。
- **品牌**：不仅要做市场份额的领导者，还要做行业的意见领袖。

我们会很清楚地告诉销售人员，针对大家关心的低潜客户、中潜客户、高潜客户，我们能做什么，我们的内容营销策略是什么，能够帮助大家解决哪些销售层面的问题，如图 4-3 所示。

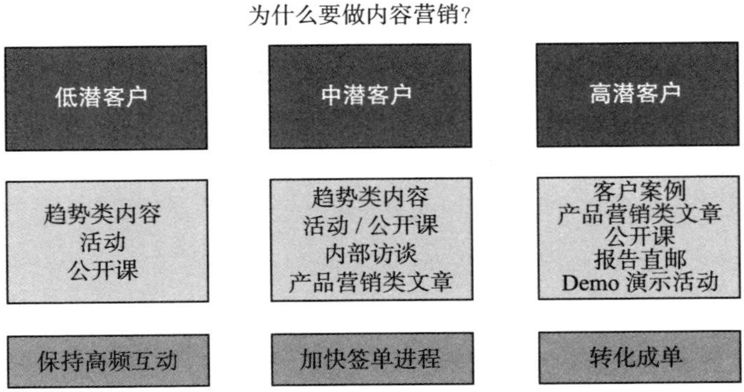

为什么要做内容营销？

低潜客户	中潜客户	高潜客户
趋势类内容 活动 公开课	趋势类内容 活动 / 公开课 内部访谈 产品营销类文章	客户案例 产品营销类文章 公开课 报告直邮 Demo 演示活动
保持高频互动	加快签单进程	转化成单

图 4-3 针对不同客户群体的不同营销策略

销售活动是低频行为,市场活动是高频行为,我们在做的所有努力,都是为了**让低潜客户不离开,激发中潜客户的购买意向,同时促进高潜客户的成交。**

做内容要有土壤,要基于共识,否则别人可能不知道你天天在干什么,干的事自然就无法取得应有的价值。这种"自嗨"的工作方式可持续性很差。

二、如何实现高效转化?

当然,公司还是要向市场部要效果的。品牌虽然高大上,但线索转化是实实在在的要求。我认为,线索转化和客户参与度相辅相成。线索是结果,而参与是过程。过程对了,结果不会太差。

我不赞同现在所谓的"漏斗模型已死"的论调。为什么我们今天要特别强调客户参与度?是因为消费者越来越线上化了,我们跟他们之间的触点会越来越多。

以旅游企业为例。消费者在做出购买决策之前,实际上经历了丰富且复杂的决策流程。有统计说,消费者至少需要与你的品牌接触 8 次以上,你才能够进入他的心智,成为他的选择之一,如图 4-4 所示。

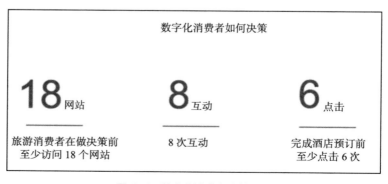

图 4-4 数字化消费者决策过程

对于 To B 企业来说也是一样的。我们需要的就是与客户建立高频互动。每一个与客户的触点，都是我们向客户进行的一次价值传递，一次内容营销。因此，从这个角度来说，内容营销的概念很宽泛。我们先来看一看 To B 客户的旅程。

（1）发现：让客户发现你的产品。

（2）熟知：引导客户注册试用版。

（3）试用：把客户转化成付费客户。

（4）支持：教育客户并响应客户的问题与困惑。

（5）采购：支持订阅与付款。

（6）向上销售：引导更大规模付费。

（7）留存：将客户留存得更久。

（8）转介绍：从老客户和合作伙伴那里获取新客户。

做 SaaS 产品和服务的小伙伴们对这个旅程应该不陌生。客户所在的每一个阶段，内容所服务的目标都是不一样的。我们希望客户完成从现有状态到理想状态的迁徙，就需要不断刺激他，这个刺激可以是内容层面的，也可以是产品层面的。

对于 SaaS 产品或服务来说，需要内容和产品并重；对于软件来说，内容则扮演着更加重要的角色。

在 To B 产品营销过程中，需要用内容引发潜在客户的共鸣，让客户能够把你的解决方案和他的业绩目标联系起来。

❑ 这套方案能解决我的什么问题？

❑ 能减少我的什么障碍？

❑ 能帮助我达成什么目标？

❑ 这些目标对于我来说是不是关键目标？

❑ 帮我解决的问题是不是重要又紧迫？

综上所述，内容需要能够彰显客户价值主张，让客户有动力完成从现有状态到理想状态的迁徙。

三、如何提高客户参与度？

客户参与过程不是一个漏斗型过程，而是一个闭环过程，如图 4-5 所示。

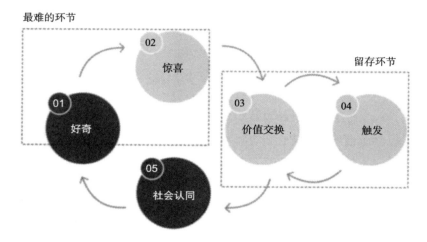

图 4-5　客户参与闭环示意

从好奇到惊喜就是我们的获客过程。这也是营销中最难的部分，获取来的客户有 90% 的概率在这个过程中流失。客户到了惊喜这个点了，就一定会直接购买吗？并不是。我们在中间还需要持续与他互动，进行价值交换，只有这样才能进一步触发他的购买或者试用行为。再之后还需要持续互动，让他成为产品的倡导者，引发更多新的客户产生好奇感。

Amplitude 市场副总裁在一次分享中说：**引导客户的过程，更像是一个爬梯子的过程**。我觉得这个说法特别好。爬梯子本身就是一个克服重力的过程，获客也是如此。上面提到从好奇到惊喜是营销过程中最难的部分，既然如此，那么我们是不是可以在这两者之间再加几个梯阶，让客户攀爬起来不那么难呢？

一定要明白,在从好奇到惊喜的过程中,不要再去制造焦虑或提出新的问题。对于 To B 企业来说,因为客单价比较高,产品自助性比较低,所以我们制造惊喜的目的是让客户申请试用。在试用过程中,我们就可以使用各种不同的内容素材来帮助客户"爬梯",比如通过同类产品简介、客户案例、产品视频、产品实操指南等,让客户一步步完成从好奇到惊喜的转变。

同时,市场部需要建立自己的漏斗转化体系,确保我们所有的决策都有据可依。漏斗是非常重要的。对于市场部负责人来说,围绕在其身边的各项指标非常多。有了漏斗体系,能够为其日常决策提供很多抓手。内容转化漏斗示意如图 4-6 所示。

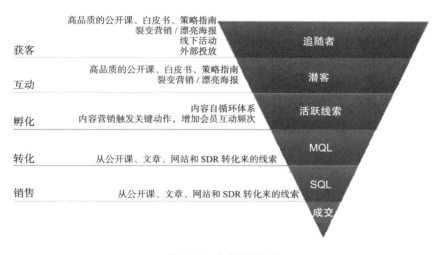

图 4-6 内容转化漏斗

小结一下,内容营销就是与客户的高频互动。在客户参与的过程中不断强化价值互换。在客户从好奇向惊喜爬坡的过程中,多为其创造一些"梯阶",让客户爬得轻松一些,阻力小一些。

四、如何打造一份具备深度洞察力的白皮书？

我们需要先从如下 3 个维度来考虑制作白皮书这件事。
❑ 行业：白皮书的主题是不是行业关心的？
❑ 公司：白皮书的主题是不是与公司的品牌文化相符？
❑ 产品：白皮书是不是能够为产品销售带来帮助？

除了上述 3 个维度，你还需要思考：为什么要做这份白皮书？更多是出于品牌的考虑，还是产品的考虑？比如我们在 2021 年年初出品的《2021 年中国酒店业数字化转型报告》，主要就是从"品牌"角度考虑的，目的是树立我们企业在整个酒店行业数字化转型领域领军者的形象。我们计划把这份白皮书打造成一个市场 IP，让它具有更长远的影响力。

而 2021 年 10 月份发布的《中国酒店业系统上云现状调查》，更多出于"产品"考虑。因为过去几年是我们的产品陆续"云化"的时期，这个阶段需要一份以产品为主题的白皮书。

因为打造一份具有洞察力的白皮书需要一个小组的集体智慧，当然，其中市场部负责人的影响力会更大，所以打造白皮书应该作为一个项目来处理。考虑清楚上述问题后，接下来就需要明确一个项目负责人了。整个项目由项目负责人来把控，尤其是关键时间节点，项目负责人有权调动部门内外部资源来达到项目目标。

打造一份白皮书的具体流程如下。

（1）**第一轮头脑风暴，明确白皮书主题与立意**。白皮书的主题和立意是这轮头脑风暴要讨论和明确下来的主要内容。这次头脑风暴还要明确是不是要进行客户与内部专家访谈，是不是需要开展调查问卷，潜在的联合发布机构有哪些，白皮书与公司的哪些产品具有比较强的相关性等内容。

（2）**确定项目计划表**。根据以上内容，项目负责人需要制定一份可执行的项目计划表，并明确相关负责人。

（3）**确定白皮书整体框架**。这个时候的白皮书框架是比较粗犷的，列出白皮书大概会包括几个部分，以怎样的逻辑顺序来呈现即可。

（4）**召开项目组启动会**。项目负责人在会上进一步明确大家各自的分工和时间节点。一般来说会有以下几块关键内容。

- 外联，主要确定联合发布机构（如媒体、行业协会等）。
- 调查问卷制作与发布。
- 客户与内部专家邀约与访谈。
- 对于篇幅长的白皮书，确定每部分的撰写负责人。

（5）**第二次头脑风暴**。这次头脑风暴，所有参与内容撰写的同事都要参加，主要基于访谈和问卷内容展开。在这次会议上大家需要对所负责的内容提出建设性意见、想法和落地思路。

（6）**细化白皮书整体框架**。进一步细化白皮书框架，列出每部分的关键点，这样白皮书的"骨架"就初步搭建完成了，剩下的就交给负责内容撰写的同事去填充血肉了。在这个阶段要明确交稿的最后期限。

（7）**第三次头脑风暴**。这一轮会议主要讨论整体的白皮书内容，所有参与内容撰写的同事都需要参加。在会议上，要一个部分一个部分地过，指出问题，进行第一轮修改，有时候还会有第二轮甚至第三轮修改。

（8）**内容定稿，排版设计**。

（9）**制定发布计划**。项目负责人需要与负责品牌的同事一起，确定白皮书的发布机会、渠道和形式。尽量延长白皮书发酵影响的时间线，这是扩大白皮书影响力的关键。

（10）**复盘**。梳理上述过程中出现的问题，总结可借鉴的好的做法，分析渠道数据，判定渠道价值。

对于一份原创的白皮书来说，至少需要一个月的时间才能完成上述整个过程。

五、如何搭建内容体系？

讲完了如何制作一份白皮书，接下来我们聊一聊如何搭建内容体系。

在 To B 企业中，更倾向于将市场部定义为一个企业内部的媒体。只不过这个"媒体"发布的所有内容都是围绕公司价值和产品展开的。比如我所在的企业，应算是酒旅行业中营销意识觉醒最早的 To B 企业之一，到现在依然保持着一周一份行业报告、一个月一场公开课的节奏，目的就是持续加强我们与客户的互动。具体到内容体系搭建，我认为应该从如下几个方面进行。

（1）**年初制定具体的计划**。高频率的内容产出，需要有良好的规划。年初要定调，也就是以产品线为核心，在年初梳理出每一条产品线的整年营销计划。这份营销计划应基于与每条产品线负责人的深入沟通来制定。

具体来说，年初时我们需要针对每一条产品线明确回答如下问题：是不是要拍视频？什么时候做客户案例？什么时候做内部访谈？什么时候出行业报告？什么时候出策略指南？

（2）**构建良好的沟通机制**。上述问题的答案有助于指导我们落地一年的内容规划。在落地过程中，一样需要跟每条产品线负责人密切沟通，随时调整内容策略，确保所有产品线的落地方向始终一致。

（3）**明确要产出的内容**。To B 领域输出内容的具体形式如图 4-7 所示。

（4）**确定"全员皆内容"的理念**。我认为市场部的所有成员都应该具备两个能力——内容生产能力和产品运营能力。因为我们公司的产品线非常多，所以团队里每个人都需要具备负责 1~2 条产品线的能力，要保持与各产品线总负责人的定期沟通，随时调整产品线营销策略，确保品牌和产品并重，以达到品效合一的效果。

图 4-8 所示的团队架构是我们推荐的，这也是保证内容可持续性的重要基础。

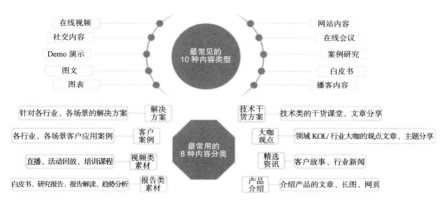

图 4-7　To B 领域常见内容形式

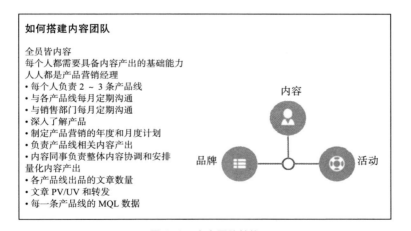

图 4-8　内容团队结构

（5）**建立适合自己的内容传播矩阵**。是不是有了好的内容，就会带来广泛传播呢？千万不要有这样的误会。To B 内容天然不会像 To C 内容那样具有"病毒"一样的传播基因。你需要打造自己的传播渠道矩阵,包括销售群、员工群、企业社群、EDM、媒体投放、线下会议、官网、公众号等。比如,我们每一次发布完行业报告,都会第一时间写一篇软文,并分发给所有行业媒体。只要内容足够干,不带明显广告色彩,媒体都会感兴趣并愿意帮助传播。

对于 To B 企业来说,可选的传播方式不多,主要是裂变传播、溯源海报等。尤其是裂变传播,对于短期获客是有帮助的,但是这种方式带来的无效流量占比也很高,因此建议 To B 企业慎重使用。

企业一定要找到适合自己的内容发布渠道。比如我们的企业主要覆盖酒店和旅游两个细分市场,市场部负责两个微信号的内容运营和 EDM。微信号包括订阅号和服务号,其中订阅号更适合用于产品和品牌宣传,服务号则更适合用于干货分享,所以我们的白皮书和公开课都会通过服务号首发。我们每周要至少准备 2 篇图文和 1 篇行业报告,每月还要筹备一期公开课。

(6)**流量与转化并重**。有了能够支撑源源不断产出高质量内容的体系,有了好的传播机制,是不是就万事无忧了?其实不然,你会发现内容之路上,会遇到流量瓶颈。当然了,单纯的流量为王的时代已经过去了,现在是流量与转化并重的时代。所以,当前对于企业来说,客户标签管理变得越来越重要。基于客户标签,我们才能进行更精准的内容推送,形成更高的转化率,进入客户循环闭环并实现留存。

比如,数据中台这两年很火,我们也为酒旅业提供了行业级中台产品,并出品了一份白皮书《酒旅业如何从 0 到 1 构建数据分析体系》。我们围绕这份白皮书又做了 1 期公开课,效果很好。我们还把这份白皮书打印了数百套,定向邮寄给了重点大客户,并且设置了一套营销自动化流程,来完成最终的转化。

图 4-9 所示是上述两个营销活动的自动化流程。

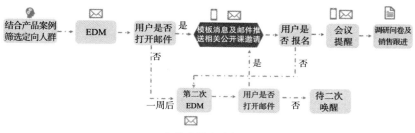

a) 邮件营销自动化流程

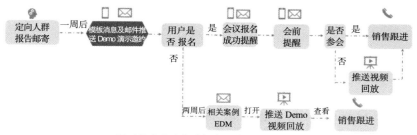

b) 通过行业白皮书进行产品营销的自动化流程

图 4-9 营销活动的自动化流程

（7）**建立个性化营销机制**。决策链条上不同角色的人，喜欢看不同的东西。因为在他们的角色上，想要解决的问题都不一样。你的解决方案需要打动不同的人，所以一定要提供差异化的内容。内容可以分为趋势类、实操类、产品类三种。这三种不同类型的内容贯穿整个客户参与过程。客户所在的阶段不同，给其推荐的内容也应该是不一样的。同时我们也需要能够把握每一次客户交互的触点，进行相关内容的推荐，尽可能延长客户在内容体系中的停留时间，目的就是让客户与你产生深度互动。

数据表明，67%的客户期待得到个性化营销内容的推荐，所以不用担心客户产生被打扰的感觉。我们需要做的就是围绕客户价值，打造更完善的内容营销体系。

六、要点总结

内容营销要点如下：
- 内容营销一定是服务于企业目标和业务目标的。
- 内容营销这件事必须得到公司和核心部门的认同，否则大家就会认为你是在"自嗨"。
- 内容体系一定是围绕品牌和产品展开的。
- 内容一定要充分彰显客户价值主张。
- 内容的范围很广，要为处在不同阶段的客户打造不同的内容。
- 内容在整个客户参与过程中扮演着重要的角色。
- 用内容为你的营销多打造几条"阶梯"，让客户尽快完成从好奇到惊喜的转化。
- 流量与转化需要并重，个性化的内容有助于提升客户成交转化率。
- 全员皆内容，全员皆产品。
- 市场团队要走出去，多见人，深入行业，产出真正有高度的内容。

05

美通社的内容营销实践

——崔希真

崔希真 Cision 美通社亚太区市场总监,曾在某互联网媒体担任多年新闻编辑,之后在不同领域的公司负责市场营销与公关相关工作,历经外资、国企、民企与创业公司。拥有山东大学信息学学士及香港中文大学市场营销硕士学位。在 To B 营销战略、内容营销、企业传播领域有着丰富的实战经验。

一、To B 企业营销的两个关键前提

1. To B 营销的战略出发点是企业的业务

无论是什么类型的企业,只要想生存和发展,就必须把业务放在第一位,全公司所有部门都要为实现业务目标服务。只不过,每个部门提供服务的方式不一样。

产品研发部门通过设计生产出适合受众使用的产品或服务来帮企业实现业务目标,销售部门往往是直接冲到一线去触达客户、

促成签单，HR 部门则通过招聘优秀人才的方式间接帮企业完成业务目标，营销部门则通过提升品牌知名度、美誉度以及挖掘更多销售线索等方式来直接或间接促进业务目标的实现。

想达成业务目标，营销人就要做到充分了解业务，并始终以业务为前提和出发点进行布局，这会有如下好处。

- ❏ 理解业务，让自己和团队能够站在老板的高度去思考，去实践。
- ❏ 可以站在公司战略层面以及业务层面去理解销售和市场的分工与协作。
- ❏ 可以兼顾短期和中长期的目标。
- ❏ 可以制作出精准的符合业务和市场需求的资料，从而避免闭门造车或者写出不接地气的文字。

2. 内容营销是 To B 营销战略中的重要组成部分

企业的营销部门会根据公司整体的业务目标来制定相应的策略、打法、手段。这其中，内容营销是通过向目标受众提供有价值的内容去影响受众，并最终引导受众使用我们的产品或服务。

内容营销作为众多营销手段之一，是不可能孤立存在的，必须与其他营销策略、手段或工具联合使用，比如活动营销、数字营销、公关传播等，只有这样才能帮助营销部门高效完成业务目标。因此，千万不要把内容营销孤立出来，它一定深深根植于整体营销框架之中，并不断从其他营销策略与公司内外部资源中吸取养分，再反哺其他营销方式。

二、如何了解 To B 企业的业务本质？

上面提到，To B 营销的前提是了解业务。业务的本质可以用一句话来概括：用什么方法给谁提供什么产品或服务，以及解决什么问题，带来什么价值。但事实上很多 To B 企业处于非常垂直的领域或行业，如果不是从业多年，市场部人员很难从根本上了解公司业务的本质。怎么能快速从企业战略的高度来了解业务，从而制定出更符合实际的内容营销策略呢？

在这里我推荐两个方法。第一个方法是 BP 法，即仔细研究公司的商业计划书（BP）。我甚至鼓励大家给公司写一份商业计划书，这样可以帮你从更高的视角来了解业务。第二个方法是思维导图法，也就是绘制从销售层面入手的思维导图。

1. BP 法

一个 BP 的结构大体如下。

- 公司是做什么的：业务、产品（或服务）、价格。
- 客户需求，商业模式。
- 核心技术，核心竞争力。
- 市场规模，现状。
- 竞品：有哪些竞品？具体情况如何？
- 行业规范或政府政策。
- 发展规划：未来一年或多年的目标是什么？如何实现？需要解决哪些问题？需要花多少钱、多少时间？
- 团队状况：创始人或核心高管背景如何？
- 股东背景。
- 营收状况。

2. 思维导图法

第二个方法是绘制业务思维导图。从销售的角度去梳理整个业务逻辑，梳理完这个图，基本上就可以从销售的角度了解业务应该怎么展开了。思维导图中需要重点包括如下内容。

- 目标客群。

- ❏ 目标渠道。
- ❏ 产品分析。
- ❏ 种子客户或标杆客户。
- ❏ 内容策略。
- ❏ 线上传播渠道。
- ❏ 线下传播渠道。
- ❏ 其他资源。

三、内容营销如何从价值需求出发？

1. 内容营销的大前提：了解你的利益相关者和目标受众

我对内容营销的定义是：为企业的目标受众提供有价值的内容，从而引起他们对品牌的兴趣和信任，进而成为潜在的客户。**有价值**是指让对方获得相关的益处，比如帮助其实现业务目标，让他学到相关知识，帮助他了解行业趋势，帮助他在这个行业获得成长等。

内容营销有一个很重要的前提，就是要清楚公司的利益相关者。这也是我们做营销的基础。因为我们必须非常清楚营销策略、手段及讲的故事都针对的是谁。不同的利益相关者在不同的阶段对公司业务和品牌有不同影响，这也决定了哪些人群应该成为内容营销的目标受众。

对于一个 To B 企业来说，主要利益相关者有以下几类。

- ❏ 企业的客户。
- ❏ 企业的创始人或核心高层。
- ❏ 企业的员工或求职者。
- ❏ 企业的供应商或相关合作伙伴。比如企业要给客户交付云计算服务，那么提供设备的厂商就是企业的供应商或合作伙伴。

- 企业的渠道商或相关合作伙伴。
- 投资方。
- 相关政策制定方、政策影响者。
- 从业人士、观察者、评论者。
- 公众。
- 媒体相关人员。
- 与竞品相关的人员。

不同的利益相关者,所处阶段或位置不同,需求也不同。比如企业在不同的发展阶段,高管看重的东西不同,对内容输出的需求也不同。需要融资时,就希望提前做好融资公关工作,提高企业在投资圈的知名度;融资后,手里有钱了,希望吸引更多优秀的研发人员加入,这时企业品牌就变得很重要了;若企业想扩大市场占有率,就会在销售和市场拓展方面加大投入,此时提高企业在目标客户中的知名度就成为重点了。如果企业的业务跟国家政策密切相关,那么重点就会放在提高政府人员好感度上。

对于企业来讲,最关键的是服务好客户,从而产生收入和利润,以确保企业生存下去。只有活下来了,才有资格去谈发展和对行业及社会的贡献。从这个角度讲,客户便是企业最重要的利益相关者。

2. 内容营销最重要的利益相关者——客户

美通社是做企业传播服务的。我们有一项业务是帮企业客户在全球范围内的媒体上发布新闻稿。做公关传播和媒体的朋友们都知道,新闻稿的基本要素是5W1H,即面向谁(who),在什么地方(where)、什么时候(when)传播什么内容(what),为什么(why)要这样做,以什么方式(how)来做。

下面对5W1H方法论进行简单介绍。

(1)**他们是谁?**

- **现有客户**:企业正在服务哪些客户?他们分布在哪些行

业？有哪些共性？客户中的关键决策者是谁？
- ❏ **潜在客户**：哪些公司能成为客户？这些公司分布在哪些行业？有哪些共性？

（2）**他们在哪儿**？他们中的不同角色会出现在哪些场合？他们看什么样的媒体？什么样的媒体是为他们服务或者是专门报道他们的？

（3）**他们何时会产生需求？何时会进行决策？** 在关键时间节点和场景上，有什么规律、共性、个性？

（4）**他们需要什么**？他们的需求痛点是什么？他们的喜好是什么？他们在挑选服务商时看重什么？

（5）**他们为什么会做出购买决策**？为什么选 A 而不是选 B？

（6）**他们是如何购买服务的**？公司的销售是怎么把产品或服务卖给客户的？之前的客户是如何获得的？一个客户从开始接触到签约再到续签，完整的流程是怎样的？

回答完以上问题，你们公司的营销策略基本上就成型了。

3. 美通社的内容营销策略与实践

下面我以美通社的内容营销为例，讲一下怎么从价值需求出发做内容。上面我提到美通社是做企业传播服务的，我们的业务主要有两个：一个是全球发布企业新闻稿；另一个是监测媒体，同样也有国内和国外两类监测服务。

从美通社市场部角度看，我们的主要目标受众是各种企业或机构里的公关总监／经理、市场总监／经理，甚至包括品牌总监／经理。只要他负责所在企业或机构的对外传播或媒体宣传，就是我们的目标受众。这类群体的价值需求是什么？这是我们必须掌握的信息。很幸运，我们跟受众同处于一个行业，也就是我们都是公关营销人，因此，我们更懂他们。

针对目标受众，我们做了如下分析。

（1）根据客户生命周期，我们分几个阶段对可帮目标受众做的事情进行分析。

- **搜索、发现阶段**：这个阶段的目标受众主要通过搜索引擎来寻找传播服务商或者国外传播机构，我们工作的主要目标是让他们找到我们。
- **探索、了解阶段**：这个阶段的工作，主要目标是帮目标受众找到一些因素，帮他们完成购买决策或决策准备。
- **决策、购买阶段**：这个阶段的工作，主要目标是帮目标受众了解企业、产品与服务的关键价值与利益所在。
- **互动、参与阶段**：这个阶段的工作，主要目标是让目标客户产生忠诚度与黏性，并向朋友和同事推介。

（2）从受众在其公司角色看，目标受众主要分为如下几种。

- **决策者**：他们可能不负责特别具体的写作事务，但会负责公司公关传播的战略，他们可能更关注大的趋势。因此我们为他们提供企业传播趋势调查报告、媒体概况白皮书、To B 传播策略等内容。
- **执行者**：他们可能负责非常细节的执行、跟进工作，因此，我们为他们提供一些落地指导、操作技巧方面的内容，比如新闻稿写作指南、媒体关系管理技巧等。
- **公关人员**：做公关的人可能知道，工作中会出现各种场景、状况。因此我们专门提供危机公关手册、创业公司公关指南、ESG 传播手册、投资者关系报告等内容。
- **所有相关人员**：客户往往想了解自己所处行业的媒体特点、特色内容，从而帮助自己在与媒体沟通时更有针对性，提高媒体关系维护效率。因此，我们推出了芯片半导体行业媒体概况、医疗健康行业媒体概况、汽车行业趋势报告等内容。

（3）从受众需求角度看，目标受众主要分为如下两类。

- **对个人品牌发展有需求的受众**：很多营销、公关人士在打造个人品牌方面也有需求。我们会择机满足这些需求，比如通过采访客户为其提供公开分享的机会。
- **对团队成长有需求的受众**：决策者都希望自己下面的团队能力足够强，因此，一些增加工作技巧的内容会满足团队的需要。不同行业的 To B 公司，其受众也不同。有的受众是工程师，比如芯片研发企业；有的受众是 HR 群体，比如提供 HR 服务的 SaaS 公司；有的受众则是客户企业的业务部门，比如提供数据分析软件产品的公司。无论是哪些群体，当你要面向他们做内容营销时，出发点都是分析他们的价值需求。

四、内容营销有哪些关键？

做内容营销需要关注好内容的特点和获取方式。

1. 好内容的 3 个特点

好的内容必然符合 3 个特点——**有关、有用和有趣**，且必须符合这个先后顺序。

- **有关**：内容首先要与你自己的业务和受众的业务有关，否则很容易做成"自嗨"的内容。因为这类内容对业务起不到帮助作用，所以读者往往会看看热闹就走了，或者看了热闹，却不知道所读的内容有什么用。这也决定了你必须在要发布的内容里放跟业务相关的关键词。这样做的直接好处是可以提高通过网络搜索引流的效果。举个例子，美通社的客户都是做传播、公关的人，所以我们策划一个主题为"公关人士的成就感来自哪里"的内容是可行的，但"公关人士如何做皮肤保养"这样的内容就离题太远了。

- **有用**：有用就是让读者看完后有实实在在的收获。我们在几年前做了一部"新闻稿写作案例书",这份资料是在 2015 年前后推出的,至今已经被下载了近 5000 次。很多客户直接将这份资料作为日常 PR 稿的范文。
- **有趣**：让内容不枯燥、好玩,或者以某种方式给读者留下深刻印象。这也是社交媒体时代的特殊要求。无论是选题策划还是行文风格,最好都有一定的"网感"。让内容有趣是公关营销人士在这个年代必备的能力。

2. 好内容的获取方式

问题来了：道理都懂,那么这些内容从何而来？其实,很多营销人面临的一个挑战是,市场部并没有充足的人力以及专业知识来产出内容,尤其是很专业、技术性很强的领域内容。怎么办？除市场部之外,谁有可能成为内容贡献者？建议从内部和外部两个角度去寻找。

（1）内部：寻找公司内部的专家团。产品部门、研发部门、客服部门,甚至销售部门,都存在有潜质的内容贡献者。在服务客户的过程中,可能产生非常优质的内容,比如解决客户问题的指导手册、增强客户体验的白皮书、培训客户的课件、客户活动中产生的演讲资料等。这里要注意一个小技巧,即一个基础的案例可以做成多种形式,比如手册、白皮书、采访文章、视频、海报等。

（2）外部：对于从外部获取内容,我这里提供几种方法。

- 寻找客户或行业中的 KOL,然后通过采访、对话或者约稿来获取内容。
- 研究一下企业官网的 SEO 流量数据,然后以热搜词为线索去组织内容。
- 做竞品分析,看看竞品都做哪些内容。
- 分析媒体对你们行业都报道过哪些东西。

❏ 收集投资方对你们公司或行业的见解，这些见解也是非常好的内容。

总之，要先分析公司的业务、利益相关者、客户群，这些都有可能挖掘到优质内容。

五、内容传播的渠道分析

内容营销如何扩大影响力？很多人都认为"好的内容自带传播属性"，这是没有问题的，我也是这么认为的，但是这并不是说好内容就不需要推广了。除非极少见的爆款文章，绝大多数文章都需要通过有策略的传播规划、有方向的传播渠道来帮其传播得更远、更广。

通常来讲，做内容营销的基本目的无外乎获客拉新、客户培育或促进转化。由此可以推知，要想做好内容推广，就需要知道客户在哪里。正因为如此，我们才应该先向现有客户去推广内容。这样做有两个好处：

❏ 能更快联系到现有客户，无论是通过邮箱、电话还是公众号。

❏ 现有客户默认都是认可你的产品或服务的，他们对新内容的接受程度也会比较高，也更有意愿帮你去做二次传播。

现有客户传播到位后，接下来就要有策略地利用媒体渠道，来触达你未曾触达过的那些群体。也就是说，除了利用好私域流量之外，还要利用好付费媒体等公域渠道。

美通社在推广内容方面，会用到以下渠道：电子邮件、新闻媒体、官网、博客、公众号、合作行业媒体、自媒体平台（包括视频平台）、销售渠道。当然，渠道不同，作用也不同，不能用统一的标准来衡量。比如，对于新闻媒体、官网、合作行业媒体，我们更看重内容发布出去之后品牌的曝光量、媒体背书与长尾效应；对于电子邮件，我们更看重现有客户的复购率；对于公众号，我们更看重通过社交媒体对客户的深度影响。

对于一些行业面特别窄的 To B 企业，建议充分研究并利用好行业垂直媒体。有时候这些媒体的传播加持，会为你的内容传播带来事半功倍的效果。

六、To B 企业内容营销经典案例

案例 1：神策数据

神策数据是一家数据分析领域的公司，要面对的客户具有如下特点：客户分布于企业中不同的业务部门，而且客户既有可能是不直接使用产品的决策人，也有可能是直接使用产品的客户。神策数据的客群其实比美通社的要复杂一些。美通社的客户往往就是企业里的公关部或市场部。

我们从神策数据的官网、公众号及他们传播的稿件中发现，神策数据在内容营销上有一套清晰的打法：非常注重以行业为基础的客户场景，然后基于场景为客户提供有教育价值的内容。

神策数据关注的场景包括数字化转型、数字化运营、客户全生命周期、数字新基建、营销自动化、To B 获客转化、数字化趋势、业务私域化、电商增长，关注的行业包括零售、证券、教育、银行等。基于场景和行业的组合，神策数据推出了很多大部头的内容，比如《零售业数字化运营的方法论与实践》《证券业客户全生命周期数字化运营升级》《证券业数字新基建趋势洞察报告》。

为了吸引人才，树立在数据分析界意见领袖的形象，神策数据推出了"0 基础成为数据分析师"课程。值得注意的一点是，神策数据一直在打造自己内部的各种专家，让这些专家向客户（或受众）传递与场景、关键词有关的知识、课程，传递的形式多种多样，比如直播课堂、文字或视频等。

大家有没有注意到，上面提到的场景，其实可以一一对应成与神策数据主要业务相关的关键词。这里我想再强调一点：为企业制定内容营销策略时，要规划好"内容关键词"。这些关键词其实就是核心场景的浓缩、归纳。关键词确定后，你的内容便可以紧紧围绕这些词来生产和传播了。

确定内容关键词的好处有很多：

- ❏ 能够确定内容的调性或方向，使内容不会写着写着没了方向。
- ❏ 让内容策划人员与业务部门处于同一条线上，不至于出现内容跟业务不相关的情况。
- ❏ 在搜索引擎（百度或微信）中表现更友好，提高被潜在买家搜到的概率。

神策数据是怎么挖掘自己的故事的？

首先，神策数据不断推出受众场景与业务紧密结合的各种内容，发布形式包括但不限于图书、白皮书、报告、案例、直播培训、视频课程等。

其次，神策数据会站在公司层面推出各种重磅内容，还会站在员工角度，针对个体职场经验与感受推出以个人专家为主的日常内容。通过这些方式，久而久之，神策数据塑造了一个"这个公司里面真的有很多数据专家"的人设。这种认知，会加深目标客户对神策数据的印象。企业故事就这样被挖掘出来了，而公司的品牌价值也这样慢慢建立起来了。这也是通过内容去讲故事、去塑造企业意见领袖人设的典型做法。

案例2：青云

青云是云计算领域的一个独角兽，2021年3月在A股上市。青云也是美通社的客户之一。从青云公众号上的文章以及发布的视频、新闻稿来看，其经历了早期的讲产品（新产品）、提供解决方案、输出技术、合作，到后来的输出客户案例、行业案例、客户故事、客户采访、专家知识等内容的完整过程。

青云最近几年持续在做的事情是让客户产出内容。跟上下游的合作、行业案例，这两大类内容是青云输出最多的。神策数据和青云是比较典型的利用公司内外资源、上下游资源来产出内容的To B公司。

案例3：首佳顾问

首佳顾问是一家房地产评估机构，属于中估联行的旗下机构。我一位朋友在这里做市场。有一次她打电话来，跟我聊怎么做视频号。

几个月后，我发现他们的视频号做起来了。而且，作为一个小众的服务领域，他们至本书完稿时已经坚持做了半年多，从刚开始的十几个赞，到后来达到几十个赞、近百次转发，阅读量也从几百增加到最多的近万，每条视频都有2000以上的阅读量。我认为这是非常不错的表现了。如果继续坚持，把这件事做好，会有很好的品牌效果。

他们服务的客户一般是地产机构或政府中的工作人员。这样一个典型的To B企业，内容如何定位？来自哪里？谁来做？怎么入手？研究了他们的视频号之后，我发现，这个视频号走的是知识分享路线，定位于输出专业内容。他们的内容主要有两大类：热门政策解读、房地产知识。

他们市场部只有两三个人。市场部的角色像发动机，他们要先有创意，自己产出一部分内容后再带动或推动公司内部其他部门来产出更多相关内容。从流程上来讲，老板层面主动推进"全员专业推广"计划（当然，前提是市场部已经形成体系化的计划并得到了老板认同）。公司内部各团队都参与内容创作，每个团队每月至少产出一条视频。首佳顾问目前的内容营销重点放在视频号而不是公众号上。原因是，公众号的文章想做得有深度，难度较大，而做视频号的压力相对会小很多。对于他们这种人力和预算都有限的市场部来说，视频号是最佳选择。

案例 4：霍尼韦尔

我们最后再看一家超大的公司——霍尼韦尔。虽然霍尼韦尔公司的市场部和公关部所具备的资源和预算是中小型 To B 公司望尘莫及的，但是，霍尼韦尔的一些核心方法论，对于所有体量的公司来说都是非常有借鉴意义的。美通社在若干年前曾邀请霍尼韦尔的副总裁来做分享。就是这次分享，让我知道了复杂的集团化公司是如何管理内容生产体系的。虽然是多年前的分享，但放到现在，仍然具有指导意义。这里就分享一些霍尼韦尔当年所做分享的精华。

（1）所有内容都要紧密结合品牌承诺。霍尼韦尔有上万个品牌，其中 50% 以上都是节能环保型的。霍尼韦尔品牌承诺中有几个关键点，一是节能，二是安全，三是舒适和效率，所有这些都是围绕着品牌承诺来开展的，而且和业务高度相关。

（2）从霍尼韦尔的每个业务集团里，找出最酷的业务和技术，然后基于这样的业务和技术对外进行宣传，以便和其他竞争对手区分开。那么如何选择最酷的业务和技术呢？一般从对客户的价值、对社会的影响这两点来考量。另外其获取的所有重大订单、参与的重大项目，不管是国内的还是国外的，只要对霍尼韦尔的客户有借鉴意义且可以变成案例或故事，他们就会将其转换为内容进行传播。

（3）霍尼韦尔内部会将某些人打造为专家，专家的人选要么是业务线的营销总监，要么是有研发技术专长的人。

七、我给大家的几个小建议

最后针对内容营销，给大家提几个小建议。

（1）从媒体报道角度来看，To B 企业发布的内容最好有行业高度。

（2）做内容营销，应"不以营销为目的"，但必须可以完成营销的闭环。因此，要提前为你的内容设置好线索获取与追踪路径。

（3）做好内容的"有效重复利用"，特别是 To B 企业的案例，应包含产品技术和社会价值这两个传播点。

（4）要让公众认为你的内容有意义。

（5）要学会对内容进行提炼与曝光，要有化平凡为神奇的能力，也就是要可以把一些不怎么有吸引力的内容打造成为好内容。

（6）我们提供的内容要可信，而且对外传播我们的理念时要不生硬。

（7）要为内容找到合适的传播途径。

（8）关于产品的内容，要反复传播，做透打穿。

（9）要在企业内部建立内容生产的机制与流程。这虽然很难，但是有捷径可走，那就是先让大家看到内容营销的好处，尤其是业务部门。对于具体内容，无论是你自己写，拉拢内部人员共同创作，还是找外部人员来写，都要先做出一些成绩来，让大家尤其是业务部门尝到甜头，之后再慢慢建立内容生产的机制与流程，这样会容易很多。

06

利用 ABM 进行 To B 规模化营销

——张陆鹏

张陆鹏 火眼云创始人兼 CEO，原雅虎、搜狐技术专家，10 年互联网从业经历，参与过多个大型搜索引擎与数据中心建设。经历过创业公司从 0 到 1 的过程。作为联合创始人创业，曾带领公司事业部实现月营收过千万元的战绩。To B 营销获客资深专家，是我国 ABM 理论最早的实践者。2016 年创办火眼云。火眼云现已为阿里、华为、腾讯等数百家头部企业提供了服务，为数千家 To B 企业解决了营销获客、培育转化方面的难题。

在 2015 年 To B 元年之后，火眼云正式挺进 To B 赛道，主攻自动化营销。在打造自动化工具的过程中，我们发现：To C 市场积累的增长模型在 To B 领域并不适用。相比 To C 流量为王的定式思维，To B 的获客增长问题更加复杂。To B 营销主要包括四大痛点——**流量缺失、转化困境、触达遇阻和效果难估**，如图 6-1 所示。

流量缺失
传统的投放获客平台缺失 To B 类标签，无法精准定向潜在客户目标，企业缺乏获取 B 端流量的渠道。

触达遇阻
当前客户旅程呈现多线性模式，而稳定且有效的触达通路仍不足，无法在合适的时机和触点对目标客户产生影响。

转化困境
成交周期长，To B 不是一次电话一次触达可以搞定的，需要对目标客户进行多轮营销孵化。

效果难估
市场活动效果和推广渠道优劣难以很好地展现和评估，故市场部门的价值不易体现。

图 6-1　To B 营销四大痛点

针对这些问题，我们也一直在寻找最佳的解决方案，最终 ABM 进入我们的视线。ABM 可以看作 To B 营销的最佳增长方案，因为在使用 ABM 策略时，我们可以把绝大部分的时间、预算和精力投入我们指定的具有最大潜力的目标客户身上，而随着技术的不断发展进步及营销人员对个性化营销的追求，这种方式便具备了越来越灵活的可扩展性。经过验证，ABM 营销策略显著优于过去的粗放型方法。

2016 年，我们把 ABM 营销策略带入中国，进行本土化落地，用适合国内环境的产品和数据来服务 To B 企业。这些年，我们作为 ABM 在国内的布道者和实践者，一方面将这一营销获客策略和技术应用于国内，另一方面，也在将 ABM 精准营销的理念和方法论传递到市场中，为更多 To B 企业及市场人解决获客之困。

一、To B 企业先进获客方法论——ABM

在研究了美国市场之后，我意识到 ABM 可以支撑 To B 公司高效增长，大概有 90% 的欧美公司都在采用 ABM 方法，并取得了优异的效果。这也是为什么我会选择做一款基于 ABM 的营销自动化工具，而不是毫无底层逻辑的纯营销自动化工具。

ABM 是指将营销资源集中用于目标客户身上，从而实现企业增长的营销方法。具体可以理解为基于目标客户进行的营销自动化，通过定制化内容对目标客户进行触达、激活、培育和转化，并最终获取收入的方法。

传统营销过程是这样的：广撒网式营销，吸引感兴趣的客户主动找过来，判断对方是否是目标客户，进行漏斗式转化。这种营销方式的问题在于，前期营销不够精细化，导致潜在客户在早期阶段流失。

ABM 策略则有所不同，具体可概括为：确定营销目标，通过营销动作影响目标客户，分析其意向并确定下一步行动，将其转化为客户。相比传统的营销方式，ABM 的营销效率更高，也更有效。Gartner 报告显示：ABM 为企业增加了 70% 的新线索量并提高了 25% 的成交率，如图 6-2 所示。

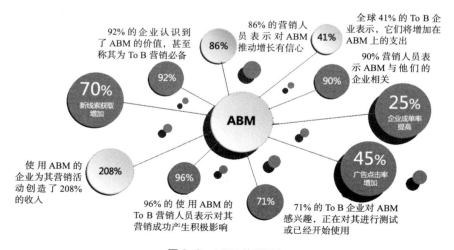

图 6-2　ABM 效果示意

相比更加成熟的美国市场，目前 ABM 在我国的应用率还很低，赛道上的玩家也屈指可数。在我看来，导致 ABM 应用覆盖程度低的原因主要是**挖掘目标客户的能力和触达目标客户的能力都有待提升**。欧美市场的社交网络平台可以为企业提供数据，帮其锁定目标客户，而且 EDM 等触达手段已被客户广泛接受。

国内的特殊环境决定了必须先解决目标客户的挖掘和触达问题，而这需要长时间的技术积累，所以目前能够熟练运用 ABM 策略的企业还不多。

二、拆解一站式 ABM 营销云——火眼云

现在国内有很多营销云，从功能角度看，大都已经很完善了，但"挖掘目标客户的能力"与"稳定触达的能力"还是大部分营销云的短板。对于 To B 企业，仅依靠工具本身解决不了目标客户获取和培育孵化问题。

换言之，如果能全面满足企业对目标客户进行全面触达和营销自动化的要求，那么该款营销产品就可以真正赋能 To B 企业增长。

火眼云一开始也试图从工具角度直接入手，但在此过程中恰好发现了国内营销云生态的缺失部分，于是最终决定转而搭建具有目标客户挖掘和触达能力的营销云，力求做到真正自上而下"一站式"满足营销需求。

我们多次强调企业自己应该构建 ABM 营销云，很多企业也有了这方面的意识，所以下面就带领大家看看火眼云是如何结合 ABM 框架构建营销云的。

ABM 策略中涵盖了一个非常重要的框架——TEAM（Target、Engage、Activate、Measure，目标挖掘、吸引参与、激活、度量）。火眼云遵循该框架设计了一套 To B 营销增长闭环，包括**目标挖掘、**

营销触达、培育孵化和分析测量这四大营销模块,火眼云构建的目标就是完全贯穿这一套闭环,如图 6-3 所示。

图 6-3 To B 营销增长闭环

将图 6-3 所示闭环作为指引,火眼云形成了自己的产品框架。大家在构建自己的产品时也可以参考这个框架,当然也可以在此基础上结合自己企业的实情设计符合自己的产品框架。下面我们来简单分析一下火眼云的框架。

首先是目标挖掘。一般我们会先帮助客户确定 ICP(理想客户画像),然后利用火眼云底层数据挖掘能力来找企业和对应的联系人。火眼云在目标挖掘板块的总体架构如图 6-4 所示。

接下来是营销触达。火眼云提供了广告、邮件、短信、电话四大公域触达方式,并且彼此关联,数据互相打通。对于大多数企业而言,只需要提供针对不同营销目标和受众的内容即可。火眼云中营销触达模块的框架如图 6-5 所示。

闭环里的第三步是培育孵化。这个步骤已经有很多公司在做了,火眼云把设计重点放在了易用性和客户数据全域治理两方面,目的是提升培育效率与效果。火眼云中培育孵化模块的框架如图 6-6 所示。

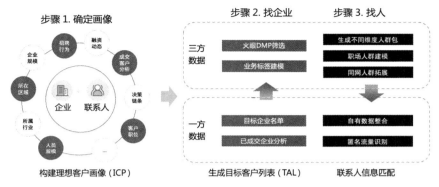

图 6-4　目标挖掘

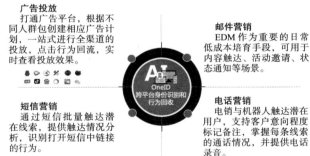

图 6-5　营销触达

最后一步是分析测量。这一步是很多企业看中但不一定能实现的，火眼云是基于 ABM 设计的，所以能够分析测量很多过程和结果指标，从而更好地体现市场部价值。这部分的框架如图 6-7 所示，其中包括目标企业、客户画像、营销活动和线索转化四大维度。

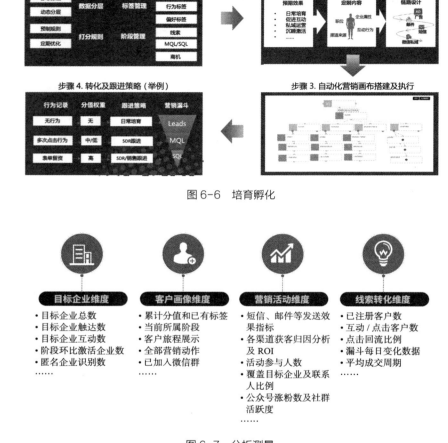

图 6-6　培育孵化

图 6-7　分析测量

三、如何赋能 To B 企业营销？

接下来，我们通过几个经典营销场景，介绍一下如何通过营销云体系赋能 To B 企业营销。

1. 会议营销

To B 会议营销的三大常见难题为**报名数量少**、**参会人群杂**和**留存转化难**。To B 会议往往针对特定领域，所以推广渠道受限。若单纯采用固定渠道邀请和内部邀约的方式，报名数量往往不能尽如人意。报名和参会人群与目标客户画像不匹配也是一个比较大的问题，To B 漫长的成单周期也令会后的客户培育和转化成为瓶颈。

2021 年 11 月举办的 To B 数字营销趋势大会，利用数据云、营销云和广告云三大产品，实现了更精准的人群投放，打破了推广渠道的限制，快速实现了报名人数目标。我们锚定市场人群，进行大规模精准投放，并以广告、邮件、短信、微信等形式进行全渠道邀约，一周就获得了 1324 人报名的理想效果，如图 6-8 所示。

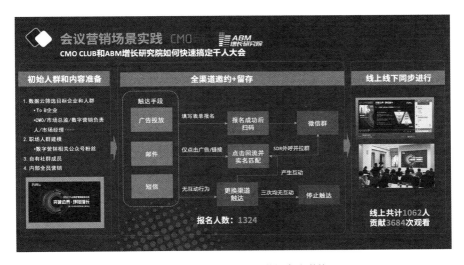

图 6-8　利用营销云体系进行会议邀约

在会议营销场景中，ABM 赋能的不仅是会议举办过程，更覆盖了会议前后，帮企业从会前、会中、会后三个环节全面把控和监控线索来去方向。在会议复盘时，可有根据地溯源策划、邀约、物料、人员、渠道等方面的问题,迭代会议营销,度量会议营销效果。

2. 私域营销

在中国市场,营销可以分成两大段:前一段是从公域引入私域;后一段是引入私域后,对潜在客户进行运营、转化和留存。个人微信、企业微信等平台的存在,让营销后半段有了基础。这也导致当前国内的 Martech 产品大部分聚焦于解决后一段的问题。这类产品都偏运营类,可在承接流量后再对流量进行管理,故无法帮助企业解决前一段的精准流量问题,也就是我前面说的目标客户挖掘问题。

我认为,客户最核心的痛点其实是前一段。如何搜寻目标客户,如何营销,如何让目标客户流进销售漏斗,这才是我们应该重点关注的,这是实现将目标客户从公域引入私域的关键。火眼云通过数据云进行精准人群定位,再通过营销云和情报云实现触达和私域转化,并实现流量池扩充、一站式解决实名化和后续转化等问题,具体如图 6-9 所示。

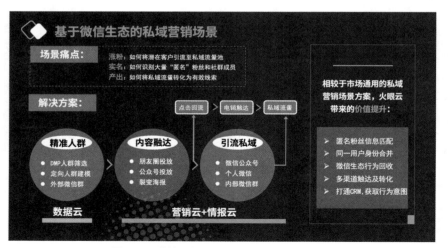

图 6-9 营销云体系在私域营销场景中的应用

公众号是私域流量运营的经典场景。但在火眼云看来：只要是进入营销云的线索，都可以视作自有的私域流量。因此应将公众号视作一个流量入口，而不是唯一的运营平台。企业要通过其他触点和渠道进行全域触达（比如在线客服、小程序、邮件、信息流广告等），同时追踪记录全域互动行为，形成更全面的客户画像。

在具体实践中，火眼云 OneID 具有多源数据行为归因和聚合能力，可对客户散点行为统一记录分析，这有助于市场部门评估渠道质量，分析客户需求，优化营销策略，确定活跃线索，从而最大程度上避免线索流失。

相较于市场通用的私域营销场景方案，云营销体系带来的价值提升包括：匿名粉丝信息匹配，同一客户身份合并，微信生态行为回收，多渠道触达及转化，以及打通 CRM 并获取行为意图。

3. 内容营销

由于 To B 产品和场景具有较高复杂性，价值传递的难度增加，故须将深度**内容渗透**到客户生命全周期。按照不同的线索阶段和不同的岗位画像，在合适的时间利用合适的渠道**触达客户**，这些就是内容营销的关键。

传统的内容营销的效果无法全面衡量，一般衡量都停留在**传播层面**，对实际获客的帮助十分有限。营销云 + 数据云可以在生产、定向、分发、标记和转化五大维度助力内容营销，打造全链路、全渠道的营销新可能，让内容的价值最大化释放，如图 6-10 所示。

常见的内容形式包括白皮书、解决方案、案例分析、使用手册等，传播渠道可分为自有、外部、合作等，传播形式可分为线上和线下两大类。无论何种内容形式、何种传播渠道、何种传播形式，最终都要通过追踪数据来了解获客效果，通过对传播数据的分析复盘来指导后续营销，这也是 ABM 营销闭环中的 M（Measure）环节。

图 6-10 营销云体系赋能内容营销

在具体实践上,可以查询有多少成交客户(也可以是 SQL)下载和查看过内容,分别是在客户旅程中的哪个阶段查看的,是否有足够多的垂直人群下载了内容,下载时段是否有明显高峰,客户查看后咨询的主要问题等,以此来衡量内容带来的作用。还可以在内容中设置 CTA(比如扫描二维码),这样一方面可以了解客户的阅读轨迹,另一方面可以对行为数据进行聚合和线索加分。

4. 意图行为分析

从市场角度而言,企业无法实时获取目标客户的动态行为,若是仅有静态数据,仅凭销售人员的沟通,难以捕捉正在跟进的客户的采购时机。**已成交客户也许已经在关注竞品,随时有流失的风险**。意图行为分析就是基于这个痛点来提供服务的。它提供基于数据智能的前瞻性与预测能力,让企业全方位了解目标客户状态。

意图数据在国外已经是 Martech 赛道内比较成熟的一环,ZoomInfo 就是一个典型的玩家。火眼云已经逐步构建起了能够与 ZoomInfo 对标的意图数据模块,如图 6-11 所示。

06 利用 ABM 进行 To B 规模化营销

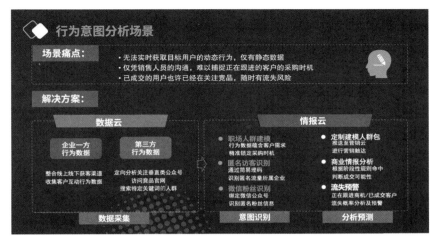

图 6-11 营销云体系赋能行为意图分析

利用意图数据，企业可以更好地了解目标客户的意图，为目标客户提供个性化体验，优化内容，更好地对线索进行分层，激活线索，更加科学、专业地进行营销，从而进一步提高营销的渗透率与成功率。

由于中外企业面对的营销生态不同，中国式营销云注定将持续迈出具有中国特色的创新步伐。任何营销工具都应该基于本土营销环境，贴近本土业务要求，符合中国客户行为习惯，**持续在目标客户挖掘、触达通道和工具性能方面探索**。这不仅是我对营销云的理解，也是我的期望：营销云只有真正与业务增长融合，才会坚不可摧。

07

我的产品营销实践

——丁鹏辉

丁鹏辉 拥有超过 8 年的 To B 市场经验，目前在国内某知名云计算厂商就职，负责整合营销相关工作。他是国内较早的产品营销实践者，曾负责 CRM、MA、云计算等不同类型产品的营销工作，拥有丰富的与业务团队协作的经验，熟悉 To B 类产品的营收增长方法，曾为诸多创业企业提供过免费的产品营销咨询服务。

本文和大家一起聊聊我对产品营销（产品市场）这件事的思考。这里主要聊几个话题：

- ❏ 什么是产品营销？
- ❏ 怎么样做好产品营销？
- ❏ 如何做一次 GTM 规划？
- ❏ 如何完成从产品包装到销售工具打造的全过程？

一、如何认识并做好产品营销?

谈到产品营销,大家都不陌生。但我相信大多数人都说不清楚产品营销到底是干什么的。我初入行的时候,也不知道"产品营销"这个词。但是为了做好工作,我开始通过国内国外的不同渠道了解产品营销,并一边摸索一边实践。

(一)什么是产品营销?

在聊这个问题之前,先给大家讲一个我的真实经历。

几年前,我接手过一个数据分析产品的营销工作,当时我们公司中的几个团队,包括运营团队、市场团队和技术团队,花了非常多的时间来讨论这个产品的主要目标客群。我们当时提供的工具其实是通过分析客户的网站、APP 上的客户访问行为来辅助企业进行产品优化,但因为产品需要部署在客户自己的服务器中,所以营销工作具有一定的挑战性。大家可能会从"部署在客户自己的服务器"几个字里面很敏锐地感觉到,这个产品其实与"开发者"的关联度更高一些。

我对开发者不是很了解,但我想,离开发者近一点总不会错。于是我从开发者角度写了一封热情洋溢的信,发布到国内很多开源论坛,比如 CSDN、开源中国、思否社区等,目的是寻找开发者进行产品试用。我们很快就拥有了第一批近百个种子客户。

这批客户是怎么被服务的呢?因为我们部门人比较少,我怕会因人手不足导致无法为种子客户提供满意的服务,所以我们在公司内部进行了公关,让很多其他部门的同事都知道我们这个项目开启了,并通过各种方式吸引他们的关注、获取他们的支持,于是我们拥有了一批内部支持者。在部门内外部的支持下,我们逐步构建了线上的 BBS 社区和微信群,还在几个城市组织了产品线下见面会,与本地的客户进行交流。

在不到 4 个月的时间内，我们得到了两个比较大的微信群，积累了近 700 位客户。这些客户有的做研发，有的做市场，有的做运营，几乎覆盖了产品使用的全流程。很多客户提交自己的使用心得，分享自己的部署教程，甚至逐步开启"自服务"模式。后来我们的一些 SDK 都是和这批客户共建的。

在这个过程中，我们团队成员投入的几乎都是自己的业余时间，通过轻量化甚至不花钱的运营方式，实现了产品对精准客群的覆盖和传播。后期我们通过各种市场内容、分析师关系、服务定价等对运营方式进行了一些探索。

从这些看似零散的事情中可以一窥我所负责的产品营销工作，从内容到媒介、从包装到营销、从定价到营销转化甚至到产品及品牌心智的打造，几乎全覆盖。

经过上述过程，产品营销在我脑海里的画像逐渐变得清晰了。我们需要的可能是一个多方位复合型的技能，即运营、策划、内容、商业分析等多种技能的综合体。如果从内部业务协作角度来看，产品市场实际上更像一个中台的纽带角色，连接着产品、市场、销售、客户几个不同的角色。

（二）怎样做好产品营销？

我曾经针对数百名 To B 市场营销总监进行过一次调研，大家普遍认为自己都碰到过图 7-1 所示的问题。

之所以出现上述这些问题，是因为**随着市场逐步成熟，客户的要求越来越高，营销的目标也在不断变化，从简单地立足于产品销售变成通过产品、解决方案和服务等方式满足客户的需求，帮助客户解决业务问题**。而这也是大家体会非常深的一点，To B 营销和 To C 营销需要做的事情完全不一样，To B 购买需求的产生和购买的决策链路比 To C 要复杂很多。

如何做好产品营销呢？我认为科特勒咨询集团（KMG）中国

区合伙人王赛先生的一句话很能说明问题:"**产品只有以客户为基础,才有可能获得市场的成功。营销是贯穿价值识别、价值选择、价值沟通和价值再续的整体过程,而不是一些短期战术。**"

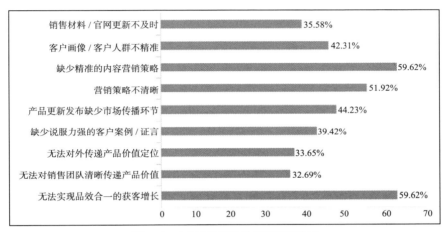

图 7-1 市场总监面临的产品营销挑战

我曾经提出过"端到端"的产品营销路径图,在这幅路径图中我把产品营销所有的工作与客户的销售行为漏斗、不同阶段的触点做了关联,以帮助和加速客户在每个阶段的流动。这幅路径图也能更好地帮助不同的团队协作起来。我总结的产品营销路径图如图 7-2 所示。

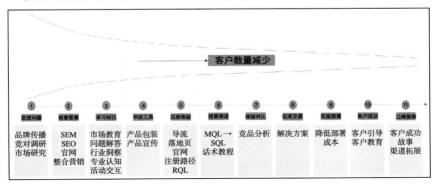

图 7-2 "端到端"的产品营销路径图

二、如何与产品生命周期结合开展营销工作？

当我们启动产品营销工作时，产品要么已经非常成熟，要么尚处在孵化期，我们应该从什么地方开启产品营销工作呢？产品一般会经历"需求收集→市场调研→立项规划→产品研发→灰度发布→正式发布→成熟运营"几个大的阶段，在这个过程中，产品营销人员应该尽早参与进来，在每个环节通过自己的专业能力发挥相应作用。

下面从几个大生命周期阶段来解读营销人员可发挥的作用。

1. 产品市场策略的梳理和确定

大多数公司在这个阶段的工作都会由产品经理来主导，而产品营销人员也可以通过自己在市场方面的敏感性，从外部视角提供一些关于产品市场策略的看法，具体如下。

- 谁是主要的竞争对手？市场中的玩家体量如何？
- 新的产品市场容量有多大？市场潜力怎么样？整体市场是增长的吗？
- 该市场是否有门槛？应该怎么样防止竞争对手进入？
- 目前的工作是否与整体战略相符？是否拥有独特的竞争优势？
- 是否有进入新市场的客户和产品技术积累？
- 未来我们的产品盈利方式和商业模式是什么？

信息可以来自已有客户的销售和服务反馈，也可以来自行业报告、公开信、竞品分析报告等，当然还有一部分来自内部讨论。最终根据整体的市场情况、产品战略来确认是新开发产品，是在已有产品基础上进行功能升级，还是在产品中加入新技术。

2. 产品的 MRD 梳理与输出

如果确定要开发一款新产品，就需要从市场潜力、财务回报、竞争战略等多个角度思考，新产品在满足目标客群需求且不影响已有产品的情况下，怎么在市场上形成竞争优势。在立项前期，产品营销人员就需要与产品经理一起完成产品 MRD（Market Requirement Document，市场需求文档）的输出。在产品 MRD 中重点关注以下几个方面。

- 产品描述。
- 确定产品的主要客群。
- 主要客群面临的重点问题。
- 解决客群面临的重点问题的功能或方案。
- 主要竞品是否提供了我们准备提供的功能或方案。
- 产品的核心价值和特性。

3. 梳理产品定位，开始准备工作

通过产品 MRD，我们能比较好地回答产品的定位是什么：**我们为什么样的客户，通过什么样的产品价值和特性，解决了什么问题。**

特劳特在《定位》中说：定位不是明确产品要做的事情，而是明确对预期客户要做的事情，是预期客户头脑中对你的产品价值的认知。

有了产品定位之后，我们就可以一边等待产品上线，一边了解产品细节，并逐步规划和开展产品营销活动了，比如面向销售人员筹备销售工具包、面向市场人员策划发布及营销推广活动等。

当然，很多人会说，我接手工作的时候产品已经上线了，我没有详细的产品资料怎么办？我的建议是，为了后期的工作能做得更扎实，最好还是按照以上步骤走一遍基础工作，以便更好地进行产品的定位和价值梳理。

三、从产品发布内容准备到营销推广筹划

图 7-3 所示想必大家都不陌生,这张图来自 Geoffrey Moore 的书《跨越鸿沟》。Geoffrey Moore 在这本书中描述了一个新产品从上市后的早期市场直至被主流市场接受之间的鸿沟。有过产品上市经历的人都知道,大部分产品在面向市场进行规模化销售前,都要经历这样一个阶段。

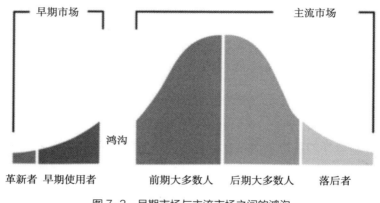

图 7-3 早期市场与主流市场之间的鸿沟

很多公司在产品开发和验证工作完成以后,通常就直接把产品丢给销售团队进行售卖。这种情况比较适合标准化产品,比如硬件产品、服务类产品及业务流程非常标准明确的软件工具等。如果是非标准化产品,比如 ERP、CRM,就需要增加根据客户需求匹配产品功能然后实施的环节,如果缺少这个营销管理环节,就极有可能出现各种各样的问题。

- ❑ 没有仔细研究种子客户,对价值和场景提炼不准确,产品与客户实际的业务场景、需求不匹配。
- ❑ 营销没有整体策略,无法发挥整体作用,仅依靠销售团队能力,难以完成新产品的快速上市。

❏ 没有对业务团队进行整体培训,难以为新产品建立面向市场进行大量销售的环境。

工欲善其事,必先利其器。提前打好市场环境的基础是可以事半功倍的,也能帮助产品快速跨越鸿沟。

(一)如何准备产品的上新发布?

在开发阶段,营销人就要与产品人一起在产品 MRD 的指引下寻找种子客户,最好是从已有的忠诚客户群中进行选择,并至少完成 3 个以上种子客户群的前期试用和共创验证工作。还要对早期客户进行研究,为后续产品全面营销推广做好准备。

对种子客户进行研究,可为产品的上市发布打好基础。当然,在发布之前需要做很多工作。表 7-1 所示为某产品上市发布时的主要工作目标、关注点及交付物,以及对应的主要工作内容。

表 7-1 某产品上市发布时的工作表

主要目标	主要关注点	主要交付物
(1)完成对产品早期客户的研究;验证产品是否满足客户在性能、功能、可靠性及成本目标方面的需求 (2)完成产品的定位、定价、商标设计及命名工作 (3)完成产品的宣传策略 (4)完成产品的推广策略	(1)产品定位 (2)完成目标客群及目标行业的画像分析 (3)将产品能力转为市场语言 (4)完成产品营销策略 (5)确定产品规模性营销闭环	(1)线上物料 (2)销售指导书 (3)销售工具包(定稿) (4)定价策略 (5)CSM 服务策略 (6)宣传策略
主要工作内容 (1)完成早期客户的梳理和研究:对早期客户情况进行完善和总结,形成案例 (2)产品上市内容筹备 ① 梳理产品的客户画像、典型购买路径等,并完成产品的定位更新 ② 将产品能力转为市场语言,完成产品价值主张、产品卖点梳理 ③ 针对不同的场景和渠道准备更加细分的营销物料 (3)确定产品的市场定价策略:是要利润、要份额、阻拦对手,还是配套增值 (4)完成产品工具包封装 ① 完善产品的市场工具包,包括线上物料、品宣视频、产品 PPT 等;完成对市场团队的培训		

主要目标	主要关注点	主要交付物
② 设计产品销售工具包,包括产品说明书、售前 PPT、销售指导书、销售成功案例、产品软文、产品演示等。组织对销售团队的培训 (5) 完成媒介渠道的内容发布,并逐步构建从投放、线索到客户的闭环流程 (6) 产品正式发布:当产品进入大量宣传、大量销售阶段,可以举行正式的发布会。当然也可以玩饥饿营销,在产品可靠的情况下预先发布		

以上的大部分环节,其实多数的市场、营销人员在工作中都会涉及,这些环节涉及的能力也是大家的基本功,但其中产品上市内容筹备方面,包括与客户画像、价值包装、内容等相关的部分,以及销售工具部分,各家公司略有不同,下面我稍做解读。

1. 上市内容筹备

对于上市内容筹备,可以从如下几方面展开。

(1) **梳理产品特色,确定客户需求,绘制客户画像,确定典型购买路径,并完成产品的定位更新。**

客户了解直至购买产品的过程,就是不断满足客户预期的过程,如果不清楚他们的所思所想以及所要解决的问题,就不可能提供对应的解决方案。我们可以通过访谈种子客户及相关群体获得基本的画像,如表 7-2 所示。

表 7-2 客户画像分析示例

内容 分析项 \ 客户	CEO	CMO	CTO	CFO	CPO	CHO
决策作用	决定性	业务性	技术性	经济性	业务性	业务性
主要的职责和活动						
要解决的问题						
个人的业务目标/诉求						
了解信息的通路	展会	网站	网站	产品演示	产品演示	
可能的顾虑	价格					

(2) **将产品能力转为市场语言,完成产品价值主张、产品卖**

点梳理。

基于上面我们所获得的客户画像,可以做二次延展,即针对企业内不同角色再做一轮业务问题的梳理。在此基础之上,我们可以尝试用市场语言来描述这些业务问题,并且把这些问题一一对应到我们已经有的产品功能之上。如果有强有力的产品特性和功能,也可以一并放进来,基于此我们就可以完成将产品能力转为市场语言的过程。

可以看到,企业中每个角色都会面临各种各样的问题,而这些问题常常都是业务问题,当业务问题在同一行业或者同一场景中积累足够多时,就可以抽象为市场问题。而市场问题可以通过产品的价值进行阐述,这背后依托的正是产品的功能。

如果上述内容用表来表示,就会得到表 7-3。

表 7-3 产品和功能价值包装

产品定位	价值特性	产品功能	技术优势	市场价值（价值主张）	业务价值	角色价值

大家会发现,产品的功能、价值、场景、优势等都更加具象了。基于以上所有的内容,我们就可以得到一张对内传递产品价值信息的模板,如表 7-4 所示。

可能有人已发现,表 7-4 其实来自大家熟悉的 FAB 法则。通过这样的方式我们就可以很好地梳理出说服决策者购买我们产品的卖点。

需要注意的是,开发卖点的过程中,需要区别于竞争对手,避免同质化竞争。也就是说,卖点是设计出来的,而不仅是梳理出来的。举个例子,"充电 5 分钟,通话 2 小时",这个卖点就包装得非常好,朗朗上口,很容易让人联想到它的品牌 OPPO。

表 7-4　对外进行价值和信息传递的范例

产品定位						
价值主张						
客户人群	CXO 1		CXO 2		CXO 3	
应用场景和痛点	场景 1	场景 2	场景 3	场景 4	场景 5	场景 6
产品及技术亮点	功能 1	功能 2	功能 3	功能 4	功能 5	功能 6
客户价值	价值 1	价值 2	价值 3	价值 4	价值 5	价值 6
独特优势	优势 1	优势 2	优势 3	优势 4	优势 5	优势 6

如果客户非常熟悉产品技术,我们可以给客户多讲产品属性,但如果客户对功能和技术并不感兴趣,那就要多讲产品的作用,以方便关键客户在最短的时间内了解我们产品的价值和优势,快速获取有效信息。

2. 产品工具包准备

在产品的推广阶段,为了更好地支持不同团队的作战和推广需求,通常我们需要准备不同类型的基础性内容库,并在此基础之上形成一套销售工具包,然后将其应用到不同场景中。我把这个过程中涉及的内容简称为五库一包多场景。

(1)"五库"是指基础内容库中包含的 5 个资料库。

- ❑ 产品资料库:包含基本的产品说明书、产品功能清单、产品手册等。
- ❑ 种子案例库:对前期种子客户的使用过程进行总结,形成初期的案例库。
- ❑ 市场资料库:市场空间分析报告、目标客群分析报告、市场 PPT、海报等。
- ❑ 竞争分析库:竞品功能分析报告、竞品作战文档。
- ❑ 周边衍生库:业务内容与产品功能结合后衍生的周边产出物料。

(2)"一包"是指销售工具包,也就是在已有的五库的基础上,根据不同团队和场景的需求，专门制作的帮助销售人员完成业务的内容。

- 销售指导手册：给销售团队用的，指导销售团队进行产品销售。
- 产品说明书：一般为一页 A4 纸或 PPT，主要介绍产品的价值和优势。
- 销售案例分析报告：对典型的销售签单过程进行分析并形成报告，以指导销售新人尽快进入工作状态。
- 销售用 PPT：为销售或售前人员准备的指导其与客户进行沟通的基础 PPT 物料。
- 产品功能/竞品分析报告：用于帮销售人员匹配客户需求。
- 销售话术：一种基本话术模板，帮销售人员以电销、邮件、短信等形式与客户进行沟通。
- 业务脑图：既可以给目标客户使用，也可以直接作为销售拜访客户时的礼品。

（3）应用场景包括会议、广告、网站、软文、海报等。

（二）如何设计并完成产品的 GTM 活动？

营销人员的手头工作非常多，其中包括大量事务性的工作，这类工作主要为各种业务场景提供支撑。对于这类工作，怎么衡量营销人员的价值呢？

在回答上述问题之前，大家先做一个选择题：如果你是老板，有图 7-4 所示的两种结果，你会选哪一个？

相信大多数的同学都会选择 B 而不是 A，因为 B 能带给人更多成就感。A 中的内容多数是我们做产品营销工作时需要磨炼的基本功，B 中的内容是我们应该达成的商业目标。

对于营销人员来说，需要关注如何帮助产品更好地实现商业化，只有产品商业化成功了，才能证明产品营销工作是有价值的。

```
A：做一系列事儿                B：达成商业目标
• 获取更多商机                  • 营收增长 2000 万元
• 做一个演示                    • 客户留存：15% 续
• 举办一次客户活动                费率增长
• 做一部产品手册                • 市场心智：增加 10
• 做一次发布会                    个标杆客户
• 升级产品官网
• 写一篇对外公关文
```

图 7-4 选择题

要想快速完成产品商业化，就必然要进行 GTM 活动。一次 GTM 活动的流程如下。

（1）**产品进行试商用，并形成营销闭环。**

（2）**规模化推广，推动产品向客户规模化交付。**通过前期的试商用，会找到几个重要的商业推广场景。而前期梳理出来的产品价值主张，就是这个阶段我们要通过各个渠道广泛传播的"卖点"。品牌部和市场部的工作重点是在行业及友商处形成声量；营销部的工作重点是通过数字化营销手段获得线索；SDR 团队的工作重点是进一步确认营销部获得的线索是否能成为商机；销售部则面向目标行业和目标客户发起总攻；产品和服务团队负责产品交付，并收集客户的反馈以持续迭代产品和服务。

（3）**挖掘标杆客户案例，持续传播，形成产品品牌并 IP 化。**当产品规模化之后，需要不断加强市场对品牌的认知，这个时候最有用的不是企业自说自话，而是让客户点赞与给好评。产品营销部在这个阶段就可与业务 / 服务团队多协同，深入挖掘产品在客户场景下的价值，并在线上线下、大会小会上进行持续传播，实现产品 IP 化。

如果按照上述工作流程对所有的任务做拆分，我们就会得到表 7-5 所示的工作表，通过这张表就可以有序管理产品上市和推广工作。

表 7-5 工作表

任务项	负责人	开始时间	结束时间	目前进展	W1	W2	W3	W4	W1	W2	W3	W4
产品团队												
明确产品更新内容				进行中								
提供产品功能列表				未开始								
提供产品级竞品分析				已完成								
更新用户手册/文档												
应用市场更新												
制作演示 Demo												
市场团队												
市场级竞品分析												
买家画像/买家价值链*												
输出产品价值/定位												
更新产品 PPT/网站												
制作产品宣传视频												
内容营销计划												
媒体渠道推广												
销售工具包												
SDR 团队培训												
销售团队												
产品发布培训												
成单/输单案例分析												
客户问题反馈												
销售团队激励方案												
销售目标/销售方案												
客户成功团队												
产品发布培训												
更新用户入门教程												
更新 CSM 服务模块												
搜集客户反馈												
客户案例搜集												

（续）

任务项	负责人	开始时间	结束时间	目前进展	W1	W2	W3	W4	W1	W2	W3	W4
商务团队												
销售模式/定价												
客户促销方案												
更新报价单												
更新合同/商务规划												
商标、专利、软件著作权申请												

产品营销是一份非常有挑战的工作。从完全不懂到开始有一些实践经验，我都是靠不断学习实现的。自开始做产品以后，无论在工作中还是在生活中，只要是别人家的产品视频、产品广告、产品内容，甚至是别人发来的产品报价表、解决方案PPT，我都会多看两眼。甚至在使用不同产品的时候，我也会做横向比较。我还会关注业内朋友们都是怎么获客，怎么提高商机转化效率的。所以大家要想做好营销工作，也要多多学习。

08

To B 数字化营销的终局：营收驱动型营销

——肖逸珺

肖逸珺 径硕科技 CMO。拥有 10 年市场营销、品牌公关、数字化营销的实战经验，参与过千万级规模的市场营销管理工作。自从业以来，在 B2B、零售快消、金融咨询行业积累了丰富的数字化营销管理经验。曾就职于百威英博、凯盛集团、融义财富，担任市场部负责人。在 B2B 企业从 0 到 1 搭建过数字化营销增长框架，让市场团队从成本中心升级为营收驱动中心。腾讯营销智慧社金牌讲师、"B2B 营销技术研究所"媒体号发起人、"B2B 营销实战手记"公众号主理人、虎啸奖评委。

公元前 500 年，毕达哥拉斯学派提出"万物皆数"的概念，之后人们喜欢把它当作一个比喻来用，现在"万物皆数"成了对当下营销状态最贴切的描述。

对于 To B 行业的营销人来说，随着数字化营销的出现，受众年龄层在变，市场部职责在变，指标在变，公司对市场部的期待也在变,可以说唯变化永恒。那么究竟为何数字化?如何衡量数字化的成果?这是本文想和众多即将开启征程或已经处在数字化进程中的营销人共同探讨的。

一、数字化营销,我们究竟期待它带来什么?

数字化营销在国内呼声甚高,但是若问企业:你做数字化营销的目的是什么?恐怕会有很多不一样的答案,甚至有些给不出答案。我认为,数字化营销最终必须要带来更高的业绩。具体来说,可能主要表现为如下几点。

(一)让新竞争格局中的 To B 企业活下去

来自微软和 IDC 的调研显示:在中国有 63% 的企业已经开始应用科技创新和数字化转型去强化企业的核心业务能力。当前已经淘汰了一批处于数字化边缘、不能随机应变部署数字化战略的企业。

来自中国信通院的一份学术研究报告呈现了这样一个事实:**数字化转型是加速企业复苏的一剂良药,让企业具备更强的韧性。**

德勤曾针对全球的金融服务业做了一个调查,该调查表明:在新的竞争格局下,金融这一较为保守的行业已经开始拥抱数字化转型,以便积极应对新的市场需求,满足客户新的需求。

在近两年中,新的市场竞争格局已经形成。以 To B 行业为例,越来越多的企业选择开启数字化转型之旅,比如最初的 OA 线上办公,以及现如今逐渐发展成熟的线上营销、销售、服务等。唯有这样,企业才能在疫情的剧变中存活下来,才能不断获得边际效益和更强的市场竞争力。

我们也总结了企业需要进行数字化转型的原因,如图 8-1 所示。

图 8-1 企业亟待数字化转型的原因

（二）让 To B 企业在流量成本飙升的现实里活下去

中国企业在过去的 20 年中其实是非常幸运的，手握两大利好：一个是成本红利，劳动力成本比较低廉；另一个是流量红利，低成本的线上广告带来的流量似乎取之不尽。但是近 5 年来，上述两种利好都已经不复存在，企业的线上增长模式也逐渐发生了变化，从粗放式的攻城略地，逐渐向精细化发展。以前 To B 营销基本上是通过户外广告、电视、专业杂志、搜索引擎等渠道来完成，后来是通过微博、公众号等社交媒体，现如今是通过许多新媒体营销渠道，比如抖音、小红书、B 站、视频号等。哪怕做芯片的公司在 B 站上也有自己的账号和相应的视频。

客户的触点越来越丰富了，越来越多的 To B 企业也逐渐开始思考：如何利用这么多的客户触点，在流量成本奇高的情况下，开发完善现有客户的信息，同时基于此提高转化率，而不是单纯地依赖流量开源来促增长？适当地将吸纳新流量的预算应用到现有流量的精细化运营上，是激发企业增长的一个因素。

在营销领域，有些方法和渠道进入了红海，但是有些新方法和渠道依然处于蓝海，具体如图 8-2 所示。

在流量成本飙升、用户触点剧增的大环境里，
企业营销数字化转型已势在必行

 聚焦内容、创意、KOL、新媒体以及广告投放技术，以求在激烈的竞争中更高效地获取用户及流量

 自动化营销云产品及服务，帮助企业深度洞悉并个性化服务每一位潜在用户，从而提高转化率，创效增收

图 8-2　营销红海与营销蓝海

（三）让关键角色 CMO 觉醒

说到数字化转型，会有人认为这是由 CIO、CTO 主导的工作。但是调查告诉我们：34% 的企业都是由首席营销官（CMO）把控数字化转型工作。出现这个现象，有一个非常合理的逻辑——企业 CMO 是核心管理层当中负责企业业务增长的第一人。他站在获客的前沿阵地，对企业的市场和客户有最详尽的了解，同时对企业内部的能力也有非常清晰的认识，因此他知道数字化转型需要做什么，需要达成什么样的效果，如何调动企业自身的能力。所以 CMO 清楚什么时候应该推进项目，什么时候需要等候观察，同时又能够保证营销受众的品牌感知和互动体验，从而带来更好的业务增长。CMO 主导数字化转型的示意如图 8-3 所示。

我认为下面这一点可以作为数字化营销的长期目标：**让公司的市场团队、营销动作，切实帮助企业在业绩、营收、利润方面都上一个台阶**。每次进行大的投入时，都要扪心自问一次，这对我们企业长期或短期创收增效有帮助吗？我将这样的营销定义为**营收驱动型营销**。

营收驱动型营销的初衷是知晓结果，从源头开始布局。CMO 可将他对市场的理解、对客户的认知与新技术、新工具结合起来，引领数字化转型并给企业带来更强的市场竞争能力。

图 8-3　CMO 主导数字化转型的示意图

二、从"成本中心"转为"利润中心"

(一)营收驱动型营销的外在表现

To B 市场中流传着这样一个说法:"掌声永远属于销售和客户成功团队,留给市场部的只有背影。"我曾经在思科管理过市场和销售团队,观察到市场部门的 KPI 往往是活动办多少场、收获了多少潜客等非常靠前的直观数据。因此每到年度预算季,市场部门的负责人往往最为痛苦,因为他要为争取更多的营销预算做准备,但是缺少最终的营销结果数据——即通过市场部门深入到销售部门,从潜客到销售认可的业绩,这个转化情况是怎样的,无从论证。这是绝大部分企业的现状。此时市场部只能根据自身团队的这个小圈子,复盘整个销售漏斗最浅层的数据,这也是大多数企业的现状。此时,市场部是企业的成本中心。

我把出现上述问题的原因归结为传统营销模式缺乏数据追踪及渠道整合能力。举一个最简单的例子。市场部参加一场展会,市场人员一般会驻场了解潜客对产品的一些需求,并在相互交换名片以后,将潜客信息录入系统,成为一个销售线索。这里存在两个问题:

❑ 绝大多数情况下，没有人知道哪些新潜客是从这场展会来的，销售人员本人也会淡忘，这就会导致复盘这场营销活动的转化效果时出现较大误差。

❑ 销售人员跟进潜客的过程并不总是一帆风顺的。在这期间，有些潜客因为暂无意向、需求未能完全满足、正在比较竞品、部门尚未立项等原因，或主动与销售人员断开联系，或被销售人员遗忘，最终造成可长期挖掘的高价值潜客流失，市场部也无法对这批"未知"潜客进行再次"孵化"。

数字化营销能扶持市场部逐渐成为企业利润增长的重要推手——市场部的输出不再是虚无缥缈的品牌曝光量，而是切实的市场合格线索（MQL）和销售合格线索（SQL）：以市场团队辨别审核后交付到销售团队的 MQL 为基数，衡量销售人员认可的 SQL 数量，从而判断营销产出的效率和中间价值。这里之所以没有说最终价值，想必大家都心领神会：**SQL 是一个母集，成单客户是 SQL 的子集**。SQL 越多，可供销售人员成单的范围就越广，成单概率相较而言就越高⊖。

数字化营销中的营销技术，让市场部向销售部传递潜客成了现实。潜客的来源、分配情况、跟进状态、反馈质量，都需依靠技术手段去追踪，市场部的最终业绩就从最浅层的获客人数，变为可洽谈商机乃至实现最终销售的人数。在这一阶段，得益于数字化，整个企业已经意识到所有的客户数据并非单独归属于某个部门，而是属于公司的。而公司整体的 KPI 取决于从营销开始，到销售，再到最后的服务，所有围绕市场受众、商机以及最终客户展开的活动，以及所带来的营收数据。而在这一阶段，全渠道的数据打通，客户在生命周期中各个阶段所呈现出的特定画像，将会得到完整归纳，并为各部门的协作提供一个整体的数据和系统生态。对于市场

⊖ 由于影响销售人员跟进成单的因素有很多，因此这里我们没有采用绝对的说法。

部门来说，每一场营销活动、每一次投放、每一条内容，甚至是每一个二维码、按钮，带来的营销效果最终对企业业绩的影响都是能够被衡量、被量化的。

CMO 或者市场总监可以非常自信地预测业绩，并申请相应的预算，这便是营收驱动型营销的一个外在体现。

隐藏在幕后的市场部，逐渐登上舞台。

（二）营收驱动型营销能够实现的底层逻辑

一直以来，To B 企业的营收都被直观地归结为销售和客户成功团队的功劳，即使市场部在吸引和辨识潜在客户上下足了功夫，也很难得到其他部门的认可。因此营收从未被认为是营销的结果。

营收驱动型营销的核心有两个：一是数据打通，二是归因分析。在过往，由于销售和市场是割裂的，所以企业往往只能根据与业绩最相关的漏斗——销售漏斗进行分析。而在接入数字化营销之前，由于营销漏斗与最终业绩之间存在着一个销售部的距离，因此往往会被忽略；在销售漏斗之后的客户漏斗，也就是客户成功团队通过服务客户为销售带来的增购、复购阶段的漏斗，往往也会因为缺乏相应的机制而无法实现复盘和梳理。换句话说，营收驱动型营销依靠数据打通，使处于不同角色、不同生命周期的客户的现状和去向都能够得到清晰展示，将市场部、销售部和客户服务部串成一条线，从而实现整个企业业务部门的通力合作。市场部原本对促进和阻碍成单的因素缺乏了解，借助数据打通，便能够准确定位每一场营销活动输出线索的去向、现状，并针对最终的成单状况抽丝剥茧、层层拆解，反过来优化和复盘市场活动，完成归因分析的使命。除此之外，在规划每场营销活动时，运营人员对于活动的效果也能够有一个比较准确的预期。

全生命周期的线索流转如图 8-4 所示。

营收驱动型营销旨在追踪每一场营销活动、每一个营销渠道

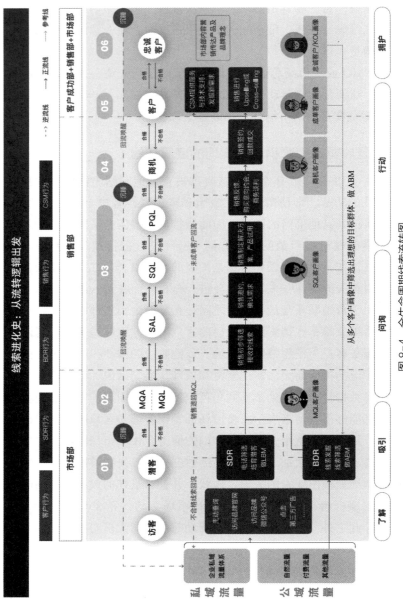

图8-4 全生命周期线索流转图

端到端的营销效果，并观察每一个客户在其整个生命周期内的所有互动行为、兴趣偏好、购买习惯及价值。

(三) 营收驱动型营销赖以生存的营收漏斗

紧盯营收漏斗、关注各个节点的转化情况，是我们落地营收驱动型营销的立根之本。

营收漏斗是实现营收驱动型营销的重要模型工具：贯穿从访客到客户再到忠诚客户的整个客户生命周期，横跨市场、销售、客户成功/客户服务三大业务团队，形成内外联动的全漏斗模型，从而为企业提供完整的数据追踪链条、无断层的客户路径与画像、各部门及其业务活动的 ROI 明细。

营收漏斗由潜客漏斗、销售漏斗和客户漏斗三个部分组成，如图 8-5 所示。

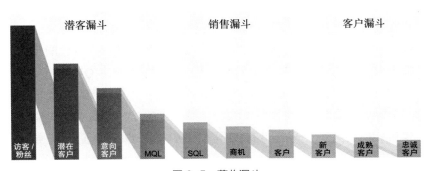

图 8-5 营收漏斗

1. 潜客漏斗

陌生访客带着疑问检索到企业的官网、微信公众号、自媒体 BGC 平台的相关内容，他们在其中搜索、浏览，直到信服企业的专业度并因此留下自己的联系信息。至此，客户经历了由普通访客到潜客的转变。在后续与企业的沟通中，若潜客表现出明确的购买意向，他就会变成一个意向潜客；在经潜客打分系统+SDR人工筛查后，合格的MQL便会被分配至销售团队。这一过程就可以用潜客漏斗来表示，如图8-6所示。

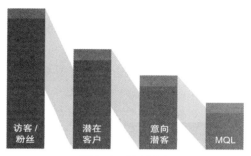

图8-6　潜客漏斗

2. 销售漏斗

销售漏斗解构了潜在客户转化为客户的整个过程，并按照客户在接受新想法或购买新产品时所遵循的4个认知阶段（知晓、兴趣、欲望、行动）层层推进。这是广义的理解。然而在营收漏斗的概念中，我们讲的是狭义上的销售漏斗，即潜客从MQL转化为成单客户时由销售团队主导的一个阶段性漏斗。当销售团队接受市场部分配的MQL，并经过线下约会、线上讲解、产品演示等沟通工作后，销售人员会筛选出有预算、可立项的SQL，并进行商务对接，将其转化为洽谈商机，并最终交付成单，如图8-7所示。

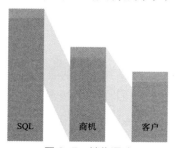

图8-7　销售漏斗

3. 客户漏斗

客户漏斗作为营收漏斗的最后一个阶段,记录了客户由新客户到成熟客户再到忠诚客户的全过程,如图 8-8 所示。客户漏斗记录的这一过程中,由品牌的客户成功或客户服务团队与客户保持联系、进行互动,同时也会有来自市场及销售团队的辅助,如新的营销活动、向上销售或交叉销售机会等。客户漏斗存在的意义在于更好地服务现有客户,增加客户留存量,减少客户流失量,并培育出一批忠诚客户或 KOL,使其成为品牌实现口碑传播和老带新的驱动力。

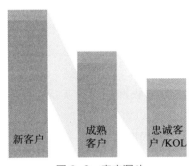

图 8-8　客户漏斗

4. 营收漏斗

将上述三个由不同部门主导的、与不同生命周期阶段客户打交道的漏斗拼接在一起,便是一个完整的营收漏斗:潜客漏斗处于整个营收漏斗的最顶部,其数据主要来自市场部,可以帮助市场部衡量每次营销活动的效果,帮助销售部辨别线索来源及客户画像;销售漏斗紧随潜客漏斗之后,位于营收漏斗的腰部,所有数据来自销售部,可以帮助市场部盘点营销活动所获线索在购买旅程后半段的进展,帮助销售部判断影响转化过程的利弊因素;最底部的客户漏斗,数据主要来自客户成功团队,用于分析真实客户的留存状况及关键生命周期节点的分布,帮助市场部分析营销活动产出的长线价值并实现口碑营销,为销售部提供线索跟进效果的复盘数据,辅助客户成功团队积累加速客户成长、提升客户满意度的经验。

拿展会来讲,从潜客漏斗的顶层到底端,所呈现的数据可以是:报名页面的 UV 及详情、报名人数及详情、签到人数及详情、参会人数及详情、干货领取人数及详情、经过打分系统 +SDR 验证的 MQL。

当上述 MQL 被分配给销售部后,便正式进入销售漏斗,销售部及市场部相关人员可以依次查看:经过销售人员跟进或约会验证的 SQL、已立项有预算的商机、最终成单客户。在销售正式关单之后,客户由客户成功团队接管,客户漏斗由上到下依次展示出新客户、成熟客户、复购及增购客户、忠诚客户等方方面面的数据,以便各部门进行查看和管理。

对于市场部而言,营收漏斗便是实现营收驱动型营销的利器,帮助市场部从营收出发,以客户体验为本,优化营销策略,不论潜客、线索、客户处在生命周期中的哪一阶段,由市场、销售、客户成功中的哪一个或哪几个团队跟进或服务,都能够实现个性化的、人性化的持续营销和触达,帮助市场部巩固和优化营销成果。

三、径硕科技市场部的转型实战

径硕科技是一家提供营销自动化平台产品的软件公司,但在这里,我们不介绍产品功能,仅来回顾一下我们通过一步步转型,打造出营收驱动型市场部的过程。

目前,我们销售团队新签的客户中,70% 以上来自市场部(见图 8-9)。每月,市场部获取的全新潜客经由 SDR(电话销售)筛选后生成 MQL,然后输出到销售部,这条路径中销售人员确认的线索中转化为 SQL 的比例为 31%。此外,在线索池中的现有潜客,也会因为每月的市场活动和内容被触达和唤醒。譬如市场部办了一场活动，一位潜客在活动后并没有需求，但半年后他又参与了我们另一场活动（被唤醒了），并在 SDR 再次和他取得联系时表示对我们的工具有需求了。这种长线线索转化 SQL 的比例是 12.4%。基于此，我们在市场和销售之间形成一套永动的机制，让市场部成为销售团队的商机供给处。

我们自己是 To B 企业数字化营销转型坚定的实践者，并已取得了可喜的成果

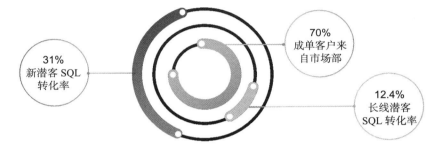

图 8-9 市场部的成果展示

其实，之前我们的市场部和大多数 To B 企业的市场部一样传统。我对市场团队的要求无非是把公司门面撑好了就行。但如今，市场部已经打通了前期的投放与最终的成单之间各个环节的所有数据，并形成了闭环——我们能很清晰地看到市场部投入与产出的量化情况。这一切的转变，其实也只花了不到 3 年的时间，历经了 5 个阶段，如图 8-10 所示。

（一）0.0 阶段：传统营销

这是一切的起点，这时的市场部与销售业绩的距离非常遥远，日常工作多为运营公众号、运营官网、发布新闻稿件，以及按销售需求美化材料或者到活动现场布展。这时的市场部压力不大，但很没有安全感。因为他们只能追踪到 PV/UV 这一层面的初级指标，距离销售业绩太远，没有办法量化市场部给企业带来的确切价值。

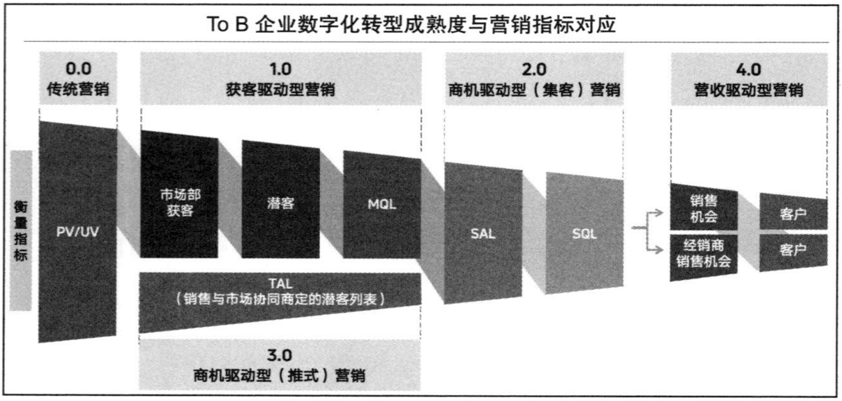

To B 企业数字化转型成熟度与营销指标对应

0.0 传统营销	1.0 获客驱动型营销	2.0 商机驱动型（集客）营销	4.0 营收驱动型营销

衡量指标：PV/UV — 市场部获客 — 潜客 — MQL — SAL — SQL — 销售机会/经销商销售机会 — 客户

TAL（销售与市场协同商定的潜客列表）

3.0 商机驱动型（推式）营销

图 8-10　市场部转型的 5 个阶段

一次无心的尝试让我们市场部打通了获客的任督二脉。当时市场部产出了一份针对 To B 行业的营销自动化解决方案，因为花了很多心力整理材料，觉得只用于内部可惜了，所以就在官方微图文的正文里写上了材料的亮点，让感兴趣的粉丝填写表单之后再下载 PDF 文档。结果没想到，在当时我们公众号粉丝不多的情况下，仅通过那篇图文留下个人资料的就超过了 80 人。这可真是个意外之喜，没有多用一分钱的预算，市场部就这么给销售部送来了 80 多条潜客信息。于是我们意识到：市场部能做的不仅是面子工程，在日常的市场材料里加一些小钩子，就能将产出效果量化了。

从那个时候开始，我们市场部进入获客 1.0 阶段，团队的 KPI 升级为获取潜客的数量。

（二）1.0 阶段：获客驱动型营销

第二个阶段，市场部受命开始正式获客了。之前的转折点是一个惊喜，但是如何把这种惊喜变成常态呢？

首先要做的是开源。先找准我们的潜客聚集在哪些平台和渠道，再拨小部分预算，每个渠道都从试水做起。

1. 搜索引擎 / 信息流平台

我们按照流量的大小和类型对市面上的信息流平台做了梳理（见图 8-11），每个平台限定起投额进行试水，获客转化率高的继续跟进，效果不佳的果断放弃。就我们自身的情况而言，线上投放这一渠道，百度 SEM 的转化率始终是当仁不让的老大。

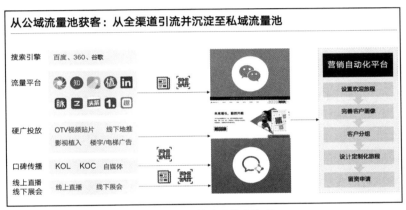

图 8-11　公域流量获客梳理

但有一点需要注意，我们在把预算投入到百度 SEM 之前，有一个步骤很关键：**一定要对官网进行改版——不是要设计得多好看，而是要在其中嵌入足够多的触发客户行动的点**，让那些经历千难万险来到官网的访客有充分的机会与我们互动。以径硕科技的官网为例，首页首屏上就有 7 个号召访客互动的点，除了常规联系方式的露出之外，我们在页面顶部还设置了 Banner，用内容材料吸引客户留资下载；正中间用大大的"申请试用"按钮吸引客户留资；右侧栏的二维码可以把访客往官微引流。访客来到我们的官微，就会触发欢迎旅程，新访客可以在互动过程中留资下载更多对口的材料。

综上,通过搜索引擎或者信息流广告,我们把公域的流量引入官网和官微等企业自营的阵地,再通过私域中良好的互动让客户转化为能够被我们联系上的线索。

2. 内容营销

线上投放是开源的第一种情况,但投放涉及预算,终究是有边界的。因此我们用内容营销来构建一个长效获客的机制。

To B 企业产出的内容其实也可以多元化,我们根据自身企业的业务特点,按照素材的种类和展现形式产出文章、白皮书、视频、音频等各类营销用的干货内容。然后,通过"三步走"的推广方式,让内容的获客功效最大化。

下面以白皮书为例介绍具体的推广方式。

第一步,在官微和官网上策划一次站内互动,来吸引一批潜客进行留资下载。在首发活动的互动过程中,我们利用裂变功能让增粉和获客的效果翻倍,比如我们制定这样的规则:请现有粉丝留资并邀请 3 位新粉丝关注,就可以收到白皮书的 PDF 文档。

第二步,将白皮书嵌入官微的欢迎旅程里,这样我们就能以最新版的白皮书吸引新关注的潜客,让其在第一时间从粉丝转化为留资的潜客。

第三步,在首发之后将白皮书上传到内容中心,入口在企业官微的自定义菜单及销售的电子名片中。我们将 H5 形式的手机版内容作为基地,将所有产出过的白皮书、案例、直播回放视频、线下活动预告都汇集于此。我们给粉丝打造的是一个电子图书馆的概念:第一次来的朋友,想下载任何一份材料或者看一场直播的回放,会收到要求注册的弹窗。他只需要完成第一次留资,之后所有的内容都可以直接下载或观看。

如此三管其下,我们可以保证将产出的内容价值最大化。

3. 线上直播与线下活动

除了线上广告投放和内容营销，线上线下活动也是我们 To B 企业，特别是软件企业获客非常重要且转化率很高的渠道。

先说线上直播。如果潜客分散在各个销售人员手里，市场部计划把他们归集起来统一做孵化，那么就非常适合用直播。直播的优势在于可以在不投入额外预算的情况下，非常高效地把现有潜客唤醒并吸引新潜客。

至于线下活动，可分成第三方峰会、赞助展会和自主举办活动 3 种类型。过去，对于赞助展会，市场部要张罗展台的搭建，甚是辛苦，却无法系统统计展会效果。如今，我们会在活动的各个展出位都放上定制的二维码，再在现场设置互动环节，吸引观众扫码启动互动旅程，让这些人留资成为潜客。活动复盘时，我们能清晰追溯此次活动的整体获客情况，以及不同物料的扫码转化率，由此不断精进展示内容与互动流程。

（三）2.0 阶段：商机驱动型营销

在 1.0 阶段，市场部的考核指标是潜客数量或市场部定义的 MQL，填全了信息的潜客都定义为 MQL。但当获客规模化后，市场部会把成批的潜客输出给销售人员，对销售人员而言这是负担大于赋能的，销售部会对市场部输出的线索提出质疑。比如说，有的销售人员向市场部抱怨：你给我的线索，十个里有九个都联系不上，质量太差了。潜客质量参差不齐，销售人员在过滤无法成为商机的潜客上耗费了大量时间。

于是，我们快速升级到了 2.0 阶段——商机驱动型营销。市场部的 KPI 指标新增一项，以 SQL 为关键考核标准。这使市场部离销售成交更近一步。

为了完成这次升级，我们做了如下两个动作。

1. 构建 SDR 团队

引入了 SDR 这个角色后，市场部对新获取的潜客都先通过电话、邮件等方式联系一遍，筛选出有购买意向的优质潜客后再转给销售人员。销售人员跟进后，将有预算、已立项、签单可能性高的线索标记为商机。

2. 搭建完整的现有潜客孵化体系

当然除了新潜客，对于无法第一时间转出、沉淀在私域流量池中的潜客，我们的市场部逐渐摸索出了一套双重维度的积分体系——**行为积分 + 身份积分**。身份积分是综合潜客所处行业、职位、头衔、地区等得到的。根据浏览页面、点击按钮、报名活动、发送消息等各种潜客行为在某一时间周期内发生的次数由后台自动赋予潜客不同的分值，这些分值相加得到的就是行为积分。如果沉睡的潜客被每月新的市场活动所吸引，再次与我们发生互动或者点击、下载了我们的各类内容，并且通过一段时间的累积其综合分值达到一定数量，那么系统会给予我们提醒。市场部可以通知 SDR 进行跟进，再将合格商机转交给销售人员。这样一来，市场部不仅可以保障线索的质量，还可以进一步追踪到商机数量。上述过程示意如图 8-12 所示。

随着市场部输送给销售人员的线索数量越来越多，质量越来越好，我们的销售人员又遇到了问题——他们名下需要跟进的线索太多了。为了解决这个问题，我们一方面继续招兵买马，另一方面开始琢磨怎么利用现有的资源为销售人员减负。以下是我们的两个重点实践：一个是将线索的关键行为通知到销售人员，销售人员可以同时查看线索的画像；另一个是市场部前期搭建了一套分类清晰的销售素材库，销售人员可以随时在其中找到需要的内容并发送给相关的客户。这样一来，销售人员对线索的情况就能及时进行准确判断；当线索相关人员有需求时，销售人员也可以及时做出响应。

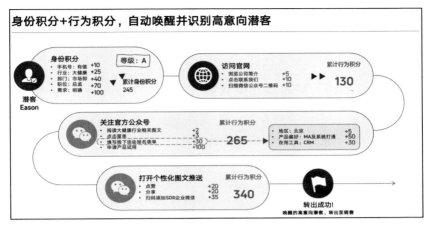

图 8-12　积分体系示意

（四）3.0 阶段：外拓式的商机驱动型营销

之前三个阶段都是集客式营销的获客方式，到了 3.0 阶段，我们开始使用外拓式营销对之前的方式进行补充。

外拓式营销强调的是企业主动出击——圈出与自己最契合的潜客群体并寻觅对口职能的对接人，与其建立联系，让对方开始知晓并熟悉企业及其业务。BDR 便是专门承担这个职能的岗位：从理想客户画像出发，去挖掘与之相关的行业、公司、项目负责人，并逐渐与之建立联系，最终将其汇集到企业私域，促使其沉淀下来并集中管理。

3.0 阶段的外拓式营销获客，是一种很有效的对集客式营销的补充，增加了市场部在增长方面的主观能动性——从此市场部除了广告投放、内容营销、新媒体运营、会展营销等手段外，还有了主动拓客的手段。在这个过程中，BDR 团队好比一支先驱突击部队，可帮助销售部更高效地打前站——拓客。同时，市场部内容营销的资源对于 BDR 团队也是极佳的武器，一次活动的邀约、一份白皮书，都可以作为 BDR 团队接触目标潜客的敲门砖。这种方式既复用了既有的营销资源，又使干货内容有了更长效的价值。

我们的 BDR 团队刚成立时，除了按照 SOP 挖掘商机之外，每日都会有一个简单的复盘报告，写出自己遇到的问题，并提出 SOP 有哪些细节可以完善。

（五）4.0 阶段：营收驱动型营销

市场部还希望能够看到营销活动为企业带来的营收，这时就来到了我们所说的营收驱动型营销阶段，也就是 4.0 阶段。为达成 4.0 阶段，我们主要做了两件事：全面打通跨部门数据，实现跨部门的沟通。这样就可实现数据闭环。

作为公司 CEO，希望能够以最直观的方式看到市场部的价值，追溯市场部做的每一场活动获得的潜客，了解最终有多少成单了、客单价分别是多少、之后有没有复购、复购金额是多少……这样才算真正达成了数据的闭环。我们在 4.0 阶段就实现了这个目标。

正是因为形成了数据闭环，我们才能够精益求精，精细化运营营收驱动型营销三大漏斗（见图 8-13）中的每个环节。其中每个环节哪怕实现 1% 的优化，都能带来最终业绩的大幅提升。

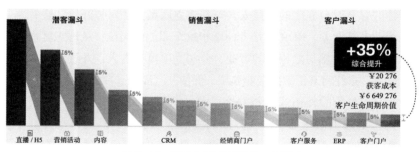

图 8-13　营收驱动型营销的三大漏斗

未来，我们会继续完善自身的营收驱动型营销体系，在现有数据高度透明的基础上，梳理各部门的数据脉络，并不断升级我们的精细化营销战略。当然了，我们的长期愿景是：所有企业的市场部都能够实现业务自洽的营收驱动型营销。

09

To B 营销创客时代：客户体验的关键增长时刻

——高海燕

高海燕 中欧商学院 Global EMBA，2021 年加入腾讯云与智慧产业市场部担任营销技术专家，负责北极星营销产品商业化。通过与产品部门联合同创，加速企点营销商业化进程。15 年大客户管理经验，5 年全国区域团队搭建与管理经验，2 次创业公司经验。专注于营销咨询、技术驱动营销以及营销云 SaaS 产品市场增长领域。加入腾讯前，担任赛诺贝斯集团 CGO，负责大客户业务管理、新业务增长以及战略伙伴关系维护等工作。其孵化的营销云业务收入过亿元。

在国内外新的市场形势的影响下，侧重线下营销的企业，亟须加速数字化营销进程，降低企业增长的不确定性。数字化管理、数字化生产以及数字化营销成为企业发展战略的重要组成部分。企业将数字化技术、网络技术、计算机信息技术等广泛运用于发展运营的各个部门、环节和流程之中,实现降本增效,并为应对不可预知风险做好准备。优秀的营销人是能与时俱进的。随着数字化营销探索的深入以及营销技术迭代,营销人面对的专业能力和技术应用能力的要求越来越高。

如何实现服务营销一体化的有效融合,真正在工作当中发挥市场营销的价值?怎样让客户全生命周期的识客、获客、复购、增购等环节体现营销人的影响力以及洞察力?本文通过科技企业在营销技术方面的实践回答上述问题。

一、数据驱动智慧客户体验,营销引领业务持续增长

时代在变,营销方式也在变。互联网营销可以分为 3 个阶段:1.0 阶段是互联网时代,强调数据库营销,用发短信、发邮件、打电话的方式做一些单向的、粗放的营销;2.0 阶段是营销自动化时代,此时基于大数据来做个性化的营销;**现在是 3.0 阶段——移动智能时代**,随着流量红利触顶,整体的产业互联网纷纷投身技术浪潮,通过技术再造一波红利。**在移动智能时代,对 To B 营销来说,如何以数据驱动满足个性化的需求,完成从公域到私域精细化的运营,实现智慧化的客户体验,将是企业思考的重点。**

埃森哲与腾讯企点在 2021 年共建共创了双涡轮增长模型方法论。在共创过程中,埃森哲咨询团队分享了其服务的一家现代营销自动化工厂的最佳实践。该企业每年面向 8200 万客户自动执行 9000 次以上的营销活动,不仅实现了所有营销资产的全自动化,节约了大量人力,还通过精准触达和持续培育商机,帮助客户实现销售收入 6.3 亿美元。未来通过营销自动化活动反馈模型的迭代,预计还能够带动 1 亿美元的销售额增长。

精细化运营针对人群、场景、流程做出更具差异化的细分运营策略,即结合对市场、渠道、客户行为等的数据分析,对客户展

开有针对性的运营活动,更准确地配置资源,更精确地布局市场。这就要求 To B 企业必须善用数字化工具提升客户体验和运营效率,以智能化手段构建数据驱动的营销—销售—服务体系,积极拥抱技术红利,沉淀全链条客户数据,精准洞察客户需求,降本增效。

对于当下的 To B 企业来说,需要建立全域全链条客户线索统一管理体系,解锁全域客户精准触达。图 9-1 所示以线索生命周期为例,展现了如何通过数据驱动实现线索的评分评级,从而促进商机的加速转化。在以往没有应用智能技术的场景中,市场运营需要人工介入,人工进行线索判断、分级以及流转。通过构建营销技术管理平台,并利用自动清洗的 AI 模型,可以自动化进行线索评分评级,并根据设置好的分发条件,即时有效地将线索传递至销售团队,从而完成商机转化的最后一公里。

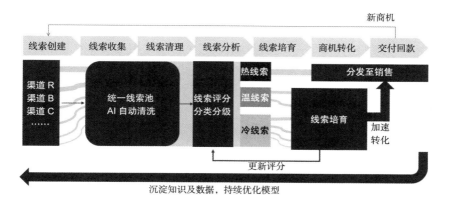

图 9-1 数据驱动的线索评分评级

二、C2B 体验思维:营销为客户创造终身价值

C2B(Customer To Business)是腾讯云与智慧产业事业群联同国内专家学者共同研讨后认为可以充分发挥腾讯连接 C 端优势的

路径。因为客户对品牌和产品的信任不是一朝一夕建立起来的，只有通过不断深度地了解客户需求，满足客户需求，引领客户需求，才能在与客户沟通中把握客户的喜好，为客户量身定做产品和服务。对于 To B 企业来说，业务对象是决策单元的客户集合，因此通过 C2B 体验思维，才能够真正做到以客户为中心，全方位提升客户体验，建立长期而稳定的客户关系。

我们以客户增长中一个非常重要的概念——客户终身价值（Customer Life Time Value，CLTV）为例来进行进一步的分析。**客户不是即买即走的水流，而是长期流转的流量场域**。每个客户的价值都由 3 部分构成——历史价值、当前价值和潜在价值。企业通过维持与客户的长期关系来实现客户维持率，从而实现较高的客户价值转化率。从客户维度出发，企业必须清楚现有客户是谁，潜在客户是谁，以及哪些客户会流失。而客户体验是营销人员为客户创造终身价值的关键。

1998 年，约瑟夫·派恩和詹姆斯·吉尔摩在《哈佛商业评论》上发表文章《欢迎进入体验经济》并提出"体验经济"的概念。在二人随后出版的《体验经济》一书中，人类的历史被他们从经济学的角度分为物品经济时代、商品经济时代、服务经济时代和体验经济时代 4 个阶段。相对应的经济价值演变分别表现为物品、商品、服务和体验 4 种形式。

当一家企业有意将服务作为舞台，将商品作为道具，以创造难忘事件的方式吸引客户时，就会产生一种体验。物品是可替代的，商品是有形的，服务是无形的，体验是难忘的、个人化的，体验只存在于个体头脑中。没有任何两个人能够拥有相同的体验，因为每一种体验都来自舞台事件（如戏剧）与个体心理状态之间的互动。体验经济被认为是第四个人类经济生活发展阶段，或称为服务经济的延伸。体验经济并不局限于某一行业，会覆盖工业、农业、IT 产业、旅游业、商业、服务业、娱乐业等。

近年来，在埃森哲、麦肯锡、Forrester等咨询公司的推动下，客户体验的理念得到普及。客户体验涉及客户心理分析、业务优化、营销技术导入、体验流程设计、行为数据采集与分析等，关系到企业管理层所关注的企业增长与商业效益问题，远远超越了传统4A体系所注重的创意内容和营销传播推广的层面。埃森哲互动CEO Brian Whipple提出，品牌现在是通过一系列体验而不是广告来建立的。广告当然是相关联的，并且会一直存在，但单靠广告不会提升品牌效应，广告只是众多推动品牌因素中的一个。埃森哲委托Forrester撰写的报告《重新思考CMO的角色》指出，客户体验是当今品牌的新战场。研究发现，近87%的组织管理者认为，传统体验已经不足以满足他们的客户。这一不断变化的格局为CMO们提供了一个机会，他们的职能已经不再仅是传统的品牌传播，而是打造客户体验。**客户体验已被证明是企业盈利的催化剂。研究发现，客户体验得分每增加1分，就能给企业带来1000万美元至1亿美元的年收入。**

以腾讯企点服务过的某工程机械企业为例。该企业正在进入全真互联网的数字化时代，积极从"产品经济时代"向"服务经济时代"转变，通过提升客户以及合作伙伴的体验来推动业务的健康持续增长。该企业明确了服务即营销的核心策略，同时围绕设备全生命周期、客户各阶段需求布局工业软件、设备租赁等后服务市场，并通过构建智慧客户服务营销一体化平台赋能企业和渠道商，支撑企业从制造型企业向敏捷服务型企业转型。

工业企业智慧客户服务营销一体化平台架构示意如图9-2所示。由该图可以看到，通过构建全栈式的客户管理平台，传统企业可以通过一站式的集成客户接待系统实现服务支撑营销，并利用AI技术提升服务效率以及客户响应速度，解决传统机械制造行业中客户在使用和售后方面的高频需求。

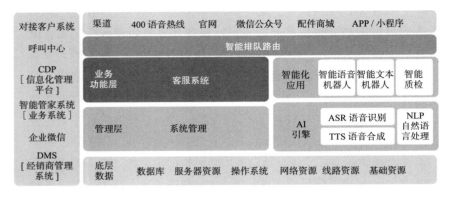

图 9-2　智慧客户服务营销一体化平台架构示意

体验经济时代，应妥善设计客户体验。从客户终身价值提升角度看，这样做可以改变商业决策的影响力。然而，衡量客户终身价值的目的不仅是确定目标市场和认知消费者，还是从多个维度挖掘客户价值，设计出吸引客户的销售方法，结合多渠道营销和其他手段，将客户市场的采购潜力充分开发出来，实现新的市场增长。这也是 C2B 体验思维运用在 To B 行业的最大价值。

三、体验创新：市场营销是企业数字化转型成功的关键

市场营销观念、方式的变革，与生产力、信息传播技术的发展具有极为密切的内在联系。在市场营销方面，企业先后经历了生产导向、产品导向、销售导向、客户导向、品牌导向以及数字导向等多个发展阶段。营销手段也伴随着新的科技工具与数据思维的诞生而不断进化。新的科技工具与数据思维可帮助 To B 行业改变传统的商业模式。精细化运作的互联网模式营销体验创新，可为企业转型升级提供强大推力。营销体验的创新与技术迭代密不可分。

对于 To B 企业来说，近几年市场表现出如下四大变化趋势。

❏ 原来 IT 领域完全禁止的偏 SaaS 的服务和应用开始被接纳。
❏ 所有和工业自动化、信息化相关的技术都被提前接纳。
❏ 从直播到各种自媒体渠道，To B 公司开始生产大量的内容。
❏ 远程办公的习惯已经养成。

在数字化的历程中，To B 营销同人的共识是，把所有非数字化的营销工作变成数字化以及结构化的数据资产，从而支持产品创新以及体验优化。有了足够体量的结构化数据，数据管理平台以及自动化营销系统就能帮助 To B 营销人员实现各系统的数据库打通以及业务交互，为业务效率提升做出贡献。

下面以腾讯全球数字生态大会的数字化管理为例，说明数字化平台和体验创新在业务场景中的实际落地价值。

腾讯全球数字生态大会是腾讯集团规格最高、规模最大、覆盖最广，面向全球产业互联网、消费互联网的盛会。大会主办方一直在思考，如何才能突出重围为客户提供更智能、更新颖的参会体验。2021 腾讯数字生态大会从"人、物、场"3 个维度全面实战演练腾讯各项数字化技术，无纸签到、大屏互动、H5 等时下各种各样的线下会议工具层出不穷。

北极星数字营销平台是腾讯云与智慧产业市场部使用的营销中台。该平台依托腾讯 20 多年的技术沉淀，对外可提升客户参会体验，对内可提升营销协同，即可实现从客户邀约到销售转化的全域追踪和效果分析。北极星数字营销平台全面支撑了腾讯全球数字生态大会的数字化运营管理，帮助大会实现生产力指标全面量化、营销效果深入优化、销售业务赋能升级。

北极星数字营销平台通过结合企业微信以及内部业务多平台系统，将各流程信息数据打通，通过一人一码的形式对客户数据进行实时管理，最终帮助企业实现了 100% 达成销售邀约的目标。

这里还有两个关键步骤：第一步，找到切入点，北极星数字营销平台通过全球数字生态大会，以数字化的方式全面赋能关键角色,包括客户体验、伙伴体验以及员工体验的全方位提升;第二步,充分利用腾讯技术优势,构建服务营销一体化的管理体系,以服务带动营销。

例如,基于天籁实验室音频技术的支持,北极星数字营销平台通过集成腾讯会议,不仅可支持50000人同时在线,更是在各种复杂环境下,保障客户稳定流畅的参会体验。不只是在开会期间,从会议报名、会前提醒,到会中互动、会后纪要都可以自动完成,甚至会议剪辑录制都可实现自动化。这可以助力客户第一时间掌握会议精彩内容。北极星数字营销平台通过充分运用数字化技术,有效解决了线下办会成本高、覆盖面小、转化率低、沉淀难等痛点。

另外,北极星数字营销平台基于腾讯云音视频RT-ONE全球三网合一技术,保障了全球客户观看直播低延时不卡顿,互动及时;基于腾讯云数字孪生实时渲染的解决方案,对展区进行了1:1电影级别还原,将10000m^2大展区全部装进小程序,实现永不落幕的技术秀;腾讯电子签的全程区块链存证技术助力线上签约;腾讯云小微的"数智"主持人,与线上线下客户创新互动;腾讯云企点客服进行智能答疑;腾讯同传技术进行实时翻译,帮助海外客户及时获得大会资讯。

这次大会也是在腾讯提出全真互联网时代后一次典型的营销体验创新的实践落地。腾讯通过数字化技术实现了服务营销一体化运营体系,该体系可实现差异化营销和服务,降低重复人力工作,提高营销效率,实现管理系统数字化升级以及营销的线上化和数据化等。

下面我们以是德科技、爱普生、利星行机械为例,看一下传统行业的行动实践。

是德科技通过与腾讯企点合作,使用企点营销产品实现了全渠道数字化获客,提高了内部协同效率,从依赖人工获客的传统营销模式转变为依靠数据驱动的智能营销模式,充分赋能一线营销经理的数字化生产力。在合作过程中，通过企点营销的产品能力，是德科技打造了营销一体化解决方案，建立了内容中台，为营销业务提供了包括图片、文字、问卷、视频、小游戏、白皮书、表单和海报等多种形式的营销物料，实现了营销内容个性化配置；通过创建销售工具箱，为销售人员提供了专属电子名片、潜客在线管理、助销资料库和数据分析报表等工具，从而实现了全链路私域客户运营，提高了获客和客户识别效率；通过打造线索管理中台、智能客服和自动化营销引擎这三大数字化增长引擎，实现了全渠道客户体验优化，提高了销售线索的孵化和转化效率。

爱普生则重点借助腾讯企点的智能客服解决方案，建立了从客户接入到机器人客服自助服务、人机结合的客户服务响应及数据智能分析的全链路销售后服务智能解决方案。在该解决方案中，底层通过腾讯企点营销能力支撑品牌从触达客户开始，沉淀和管理客户标签及数据，实现客户全生命周期管理，加速销售线索的流转，同时通过打通部门间的数据，有效降低了获客成本，提高了客服效率，改善了客户体验。

利星行机械是典型的 To B 企业，其营销痛点主要集中在客户数据不全且不集中、销售体系尚未充分利用、营销工具分散等方面。结合以上痛点以及腾讯企点营销系统功能，以构建数字化营销管理平台为核心方向，利星行机械市场部对关键营销任务做了拆解，具体如下：

- ❑ 整合包含线下活动、线上直播、微信运营、内容营销等在内的 To B 常用营销场景，实现运营与数据统一的平台管理。
- ❑ 基于销售工具箱，为销售部提供营销素材，为销售部获客提供助力，并通过数据跟踪进行销售绩效考评。
- ❑ 通过 OneID 串联利星行机械在各个渠道接触的客户，形成完整的客户画像。

以上解决方案帮助利星行机械实现了营销的线上化和高效管理。

技术的迭代变迁，也对 To B 营销人的职能提出了新的要求。营销人需要不断驱动自己思考，走出舒适区，完成营销与科技融合的体验闭环。市场营销是一门综合管理学科，而营销人必须擅长对表面的数据进行深挖，定位问题原因并进行分析，最终制定下一步市场行动计划。因此，数据挖掘工作虽然非常难，但是非常有意义，是每一位营销人需要坚持做的困难而正确的事情。

在全真互联的数字化、智能化时代，在线化实时环境已经取代了传统营销的失联环境，营销的方式也从传统的广而告之，演变为营销创客。市场部、营销部要利用技术手段创造新的、更有效率的营销运营体系，通过打通全渠道触点实现统一管理、统一服务，真正形成企业的客户数据资产。企业还要以服务营销一体化的运营方式，来构建驱动增长的客户体验，真正实现以客户为中心的峰值体验交付。

现代营销之父菲利普·科特勒教授说过：营销要起到为经济学理念落地的铺路作用，通过营销来刺激经济的增长。无论对于国家或政府，还是对于大型企业、创新型企业，只有把营销上升到增长的维度，营销才能具备应有的战略意义。

10

SEO 的精益优化方法论

——谷海松

谷海松 前博雅立方 SEO 业务总监,ABM 增长研究院荣誉顾问,Martech 王国社群主理人。近 10 年搜索优化相关工作经验,致力于提升产业化精准流量,专注于企业服务、教育培训、汽车租赁、电商经济、云生态、工业等领域流量提升策略。曾为阿里巴巴、蚂蚁集团、新网科技、权大师、长城汽车等品牌及平台提供服务。第 13 届虎啸奖评委,36 氪企服点评专家团特邀专家。

一、SEO 还能活多久?

在开始分享之前,不得不先回应一个在 SEO 行业内经常聊到的问题:SEO 是否会消失?

2012 年肯·克罗格[一]在其发布的营销行业信息分析报告中宣称

[一] Ken Krogue,美国福布斯专栏作家,知名营销专家。

"SEO 已经走在消亡的路上",2014 年百度阿拉丁大行其道,2017 年百度主推 MIP& 熊掌号,2020 年小程序崛起,熊掌号消亡,以上种种迹象表明,大家确实在 SEO 工作上遇到了越来越多的困难,这也导致近些年 SEO 圈低迷氛围弥漫。

在这里我要告诉大家:**SEO 永远不会消失!** 我这么说的原因如下。

(1)**SEO 始终是一种依附于搜索平台进行内容推广的营销手段**。让公司的站点上有价值的内容被搜索引擎发现并获得一个更优质的排名,可以帮助我们更快击败竞品。SEO 已经成长为站点获得客户增长的基石。

(2)**SEO 始终是一种通过搜索平台推广内容的策略手段**。搜索引擎的每一次算法维护更新,其本质目的都是展现更真实的内容,给客户更完美的体验。算法的更迭推动了 SEO 相关技术及策略的更迭。只要内容营销还在,搜索引擎还在,SEO 就有价值。

(3)**SEO 始终是一种帮客户通过搜索平台获得优质内容的技术手段**。这里重新定义一下搜索引擎本身存在的意义:**满足客户全网内容检索需求**。在 AI 和大数据时代,SEO 最本质的工作内容就是通过技术手段让海量客户获得需要的优质内容。掌握更多技能的 SEO 从业者会更快获得提升。

搜索引擎存在,SEO 即存在。搜索不死,优化不亡!

二、搜索引擎优化的价值

SEO 从本质上来讲既是一种改造目标站点适应能力以使其符合搜索引擎的规则,继而提高目标站点在相关搜索引擎内的自然排名的行为规范,又是一个了解行业趋势、创造行业内容、突破行业流量限制的工作过程。

SEO 思维的核心是以合理的策略、适当的资源对站点或平台进行优化,既要满足客户的实际搜索需求,又要创造出符合搜索引擎规范的站点或者平台。

搜索引擎作为互联网的流量入口,本就处在行业制高点,后续地位只会逐步加强。这是国内各大互联网巨头都想进搜索引擎大赛道的根本原因。

SEO 的基本价值是提升品牌站点或者品牌平台的知名度,获取行业相关的流量,提升品牌(平台)的盈利能力。对应的 SEO 从业者的职责如图 10-1 所示。根据 SEO 基本价值进行针对性的、高质量的优化,能让企业在行业中拥有稳定立足之地。在搜索引擎中排名越靠前的站点,被客户点击的概率就越大;相反,排名越靠后,得到的搜索流量就越少。

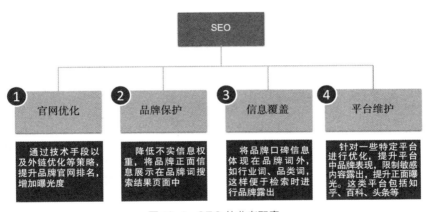

图 10-1 SEO 从业者职责

为了方便大家理解,这里举一个简单的例子。假设一个网民想要了解一个未知的旅游目的地的信息,他最先想到的信息获取渠道肯定是搜索引擎。当网民检索目的地及目的地关联词汇时,在搜索引擎呈现的结果中,获得优质位置的品牌站点或平台就能够做到稳定曝光,可以让网民在浏览时产生一种直观的认知,甚至将品牌认知和印象根植在大脑中:如果我去这里旅游,这个站点将会给我特别大的帮助。这就是搜索引擎优化的基础价值所在。这一过程也适用于客户购买产品的过程，具体如图10-2所示。

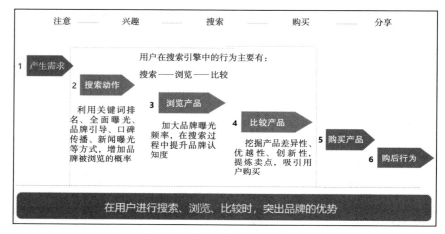

图10-2　搜索引擎购买转化路径

三、SEO的基础方法论

（一）SEO涉及的基础概念

在介绍基础方法论之前，先带大家了解与SEO相关的基础概念。

1. 关键词

关键词特指单个网络客户想通过搜索引擎查找信息时使用的、能阐述其意图的词语。只要是客户在搜索引擎中输入的、可代表其检索意愿及行为的句子或者相关短语都可以统称为关键词。在SEO中谈到的"关键词包"通常指符合客户搜索意愿的词汇群组。

关键词本身就是推送给搜索引擎供其查看的，通过关键词，搜索引擎可以准确且快速获知你的站点或页面上具体讲的内容。

2. 着陆页面/URL

着陆页面又称落地页、引导页。URL 是网络上客户及搜索引擎访问着陆页面的特定路径。在搜索引擎营销中，当潜在客户利用搜索引擎检索某个关键词时，点击结果页面中的链接后显示给客户的网页就是着陆页。这个页面一般会显示与搜索结果相关的内容，而且这个页面应该是针对某个关键词（或短语）做过 SEO 的页面。

3. 快照/索引

搜索引擎在收录网页时，会对网页进行备份，备份文件会存在于搜索引擎的服务器缓存里。当客户在搜索引擎结果页面中点击"网页快照"相关链接时，其会将之前抓取并保存的备份网页内容展现出来，这类被存储的页面统称网页快照。快照和索引都是直接参与排名的基础页面单位。

4. 锚文本链接

锚文本链接是链接展示的一种形式。不同于超链接直接展示 URL 代码，锚文本链接是把关键词作为一个链接，并指向与该关键词关联性较强的网页。锚文本链接实际上建立了文本关键词与 URL 链接的关系。锚文本可以作为锚文本所在页面的内容的评估元素。锚文本能精确地描述所指向页面的内容，搜索引擎会根据指向某一个网页的链接的锚文本来判断该网页的内容属性。

5. 站点地图

站点地图（sitemap）是一种指明信息资源方位，并且具有导航功能的可视化策略。简而言之，就是以类似地图的形式，将主页上的信息按照类目罗列出来，并提供相应的链接。站点地图可以为客户提供关于主页的整体信息，这是客户或搜索引擎爬虫准确找到站点信息的快速入口。

常见的站点地图主要分为两类。

- □ **站点可视化导航**：这类站点地图主要面向访问网站的客户，将网站链接分类后展现出来，例如网站头部导航。
- □ **sitemap.xml 和 sitemap.txt**：这类站点地图其实是两个包含网站所有链接的文件，一般 SEO 工作人员会将这两个文件通过平台提交给爬虫去抓取，以便搜索引擎收录并展示网站的内容。

6. 孤岛页面

孤岛页面特指在站点内外均无有效链接导致无法被搜索引擎通过基础算法发现的页面。

7. 元标签

元标签指网页的 head 标签使用的 HTML 标签。与其他的 HTML 标签不同，元标签不会在页面的任何地方显示出来，所以绝大多数的访问者不会看到它。不同的元标签起着不同的作用，但都是用来提供关于页面的附加信息的。比如，title 元标签定义网页的核心内容，description 元标签提供页面内容的摘要信息。

8. 语义升级——LSI 关键词

LSI（Latent Semantic Indexing，潜在语义索引，也称潜在语义分析）关键词是在谷歌发布蜂鸟算法之后，SEO 领域比较提倡的一种关键词思考方式。

LSI 关键词就是与主关键词在语义上相关的关键词。很多人认为 LSI 关键词与主关键词是同义词。这是一种不正确的理解。直白点说，LSI 关键词就是与主关键词常一起出现的单词。例如，apple（指苹果公司）和 itunes（苹果公司研发的一款应用）就是一对 LSI 关键词，因为它们经常一起出现，但是很明显它们不是同义或者近义词。

(二) SEO 基础方法论框架

在我个人的 SEO 方法论中，包含 3 个核心工作，分别是与页面质量相关同时涉及转化能力的内容优化、与提升搜索引擎抓取效率相关的链接优化、与提升搜索引擎识别效率相关的网站结构优化。

在初始建站阶段，我们通常会通过精准诊断站点来发现网站的问题，与项目组同步我们发现的站点问题清单，以求逐步完善页面，使网站页面更加适应搜索引擎。在网站进阶优化阶段，我们会规划内容的输出计划，通过一个内容框架确定关键词的布局，以求获取更多与行业关联的有效流量。同时，我们会搭建各种内外链接管理模块，并以向核心页面引导并传递流量为目标。

1. 内容优化

为了改变网站上的低效输出状况，我们通常会根据页面及网站结构对关键词进行合理输出，并积极增加新的关键词匹配策略。这是改变 SEO 效果低下的必备策略。合理规划内页内容并达成有效输出，是内页获得优质评分的基础，在优质评分基础之上才能实现有效排名及流量获取这些上层建筑。

在内容输出计划上，品牌词、产品词及解决方案词都是 To B 企业的核心转化词汇，这部分词汇是站点内外资源配置的核心，需要梳理并规范关键词框架以匹配站点页面，目的是与这部分词汇进行高效关联。对于行业长尾词，需要通过资讯模块、帮助中心、专题聚合等进行有效输出，以获得排名并产生转化。

2. 链接优化

链接优化工作主要是体系化地整理并周期运营整站的链接，通过结构化布局站点内部链接，提升搜索引擎深度访问页面的便利性，并给相关页面带来投票。站点外部的工作就是高效输出有效外部锚文本,为主站提供访问入口,并带来外部投票。对于外部链接资源,我们可以考虑自行组织相关行业的友链资源联盟,以求获得集体或联盟的优质页面支持,并获得高度相关的页面投票;对于内部链接资源,要搭建合理的内链管理器,使 To B 站点的内链管理结构比平台类网站更轻便。

3. 网站结构优化

网站结构优化工作主要是规范网站内容结构及页面代码中的 SEO 元素。网站内容结构与关键词挖掘、布局有密切关系。要对网站页面 SEO 元素规范化则需要一个整体应用规范,这个规范中大部分细节与前端代码有关,部分细节与服务器属性、数据存储逻辑有关。当然,每个站点的框架及开发人员不尽相同,所以每个站点的 SEO 细节问题也会千奇百怪。

SEO 网站结构优化的具体工作如图 10-3 所示。

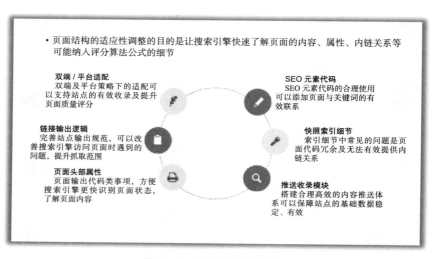

图 10-3 SEO 网站结构优化

(三) SEO 思路

SEO 的工作思路主要包括如下 3 个方面。

1. 优化工作的流程节点

在甲方团队的工作中,优化流程可能相对简单,这个流程中有 5 个关键的流程节点。

(1) 基于对项目的理解对整站进行评估。

(2) 基于对整个行业的理解进行关键词的研究。

(3) 基于对搜索引擎的理解对网站及内容做增量调优。

(4) 基于对人脉和工作内容的理解,在内部及外部释放站点的链接。

(5) 基于对市场及增长的需求,进行阶段化的工作复盘。

2. 整站的诊断与评估

网站的评估流程主要分为 4 个步骤。

(1) **了解站点基础细节,确认网站前后端开发的框架**。现在开发框架日新月异,成熟的开发语言也是遍地开花,例如老牌的 Java、PHP,新秀 Vue、React、WordPress、AEM 等,了解网站的基础开发环境,可以进行针对性的基础分析,为整体的 SEO 工作提速。

(2) **定义站点问题,对整站进行代码层次的诊断**。根据站长平台提供的网站质量指南及移动算法指导,可有针对性地进行复盘及分析,确定网站中隐藏的阻碍搜索引擎了解站点的相关节点。

(3) **评估同赛道内相关品牌在搜索引擎的表现**。在了解同赛道竞品的状况时,关注相关品牌的收录状态、关键词及整体词量提升趋势,以及相关区域流量变化。

(4) **贴近渠道性质来定义相关的提升维度**。在获取相关的行业词组之后,可以参照团队的调整计划、内容输出量以及手中资源的多少，尝试对网站的提升进行定级。相关的维护项目包括内容收录的增量、关键词的排名效果、自然搜索的 UV 提升，以及最终的渠道有效线索等。

3. 关键词的研究

对于关键词的研究，应该从 3 个层面展开——目的、技巧和趋势跟踪，如图 10-4 所示。

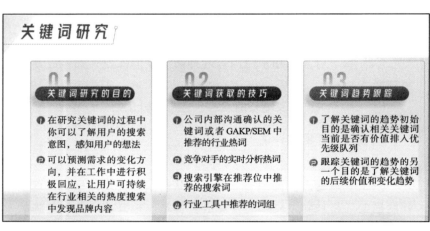

图 10-4　关键词研究的 3 个方面

1）关键词研究的目的

站点的关键词往往代表了公司品牌、市场定位、产品动态等各类服务方向，如果定位错误，可能无法获得高质量的流量及好的转化效果。在研究关键词的过程中，你可以了解到客户的搜索意图，感知到客户的想法，加深对行业的认知，从而帮你预测行业需求的变化，给予团队更准确的情报，最终促成品牌在搜索渠道的热度持续增加。

在研究工作中，我们要做的就是挖掘客户的意向词汇，整理我们站点后期输出的主要内容。确认适应每一个阶段站点增长的行业关键词词组是通过 SEO 策略进军某一领域的必要步骤。

2）**关键词获取的技巧**

我们可以通过公司内部沟通确认要关注的关键词，通过竞价类工具获取推荐的关键词，通过类似 SEMrush 这样的工具了解竞争对手的搜索热词，通过优质的第三方平台了解整个行业的关键词。

3）**关键词趋势跟踪**

了解关键词的趋势，即我们通常所说的搜索量或关键词指数，可以让我们确认当前整理和关注的关键词是否有价值。持续跟踪关键词趋势的目的是了解相关关键词的变化趋势及趋势的真实价值。

（四）友好型站点的必要元素

一个友好的站点，必须在图 10-5 所示的几个方面做到合理化。

图 10-5　友好型站点的必要元素

对图 10-5 中提到的几个元素说明如下。

（1）**可访问**：网站需要有合理的开发框架和基础带宽环境。在搜索引擎算法更新迭代中，网页的访问速率和打开体验的重要性正在逐步体现。只有我们自己的站点有合理的开发框架，搜索引擎才能有效且便捷地访问整个站点。

（2）**合理的结构**：构建清晰的整站内容结构，并完善双端的页面适配原则，可让搜索引擎便捷地对网站整体结构产生认知。当然，如果团队可以直接开发迭代自适应页面，那么可以避免部分不必要的麻烦。

（3）**URL 合理**：在 URL 设计中，在无法确认内容长短的情况下，尽量使用简码式命名方式，例如数字 ID；在可确认内容长短的情况下，URL 结构可以使用单词拼写的形式。

（4）**内容优化匹配**：这要求考虑关键词在着陆页面整体结构下的展示情况，以及页面内容的匹配、可读性等细节，并满足客户的体验细节及搜索意图匹配。

（5）**元标签**：元标签需要涵盖 SEO 功能的 TDK、权重值、页面属性、适配策略等相关标记，同时也要注意适用搜索框算法的相关标签元素。

（五）工作效果评估的相关方法

若甲方团队配置了相关 SEO 编制，则衡量 SEO 的工作效果时，一般需要从两个方面展开——渠道数据表现和外部竞争分析，如图 10-6 所示。

图 10-6　工作效果评估

1. 渠道数据表现

从渠道数据的表现、不同目标需求角度去衡量一个 SEO 考核指标的时候，我们需要将绩效考核分为如下几个方面。

（1）**搜索可见性**：简单地说就是我们通常理解的展现量，一般包括如下几项。

- 网站周期性展现量，包括是否达到了预期目标、能否支撑着陆页的活动，目标是推动公司商业产品的购买量。
- 整个网站获得排名的总关键词量，即我们的关键词词组占整个行业关键词词组的比例是否达到了预期。

（2）**网站流量**：为网站配置流量统计工具，这是一项必要的工作，你可能需要关注如下几个方面。

- **网站的基础流量，即客户浏览网页的数量**。需要考量是否做了页面热力图统计，客户是否对你设置的相关活动感兴趣。
- **整个网站页面的点击率**。可以通过第三方工具进行统计。
- **产品和服务的转化率**。这体现了 SEO 工作是否获得足够的流量预期，能否满足企业销售的利润率要求。

（3）**网站技术指标**：这主要包括如下几项。

- **反向链接数量**。在 SEO 过程中，反向链接总数是一个最难评估和衡量的指标。
- **页面加载速度**。页面的加载速度是影响排名的重要因素之一，特别是在移动端。如今越来越多的人习惯使用手机上网，所以移动端流量成为 SEO 绩效考核标准中一个重要的衡量因素。
- **网站索引量**。在做 SEO 绩效考核的时候，我们更加倾向于网站索引量，它反映了 SEO 工作的产出价值，可以作为绩效考核标准的额外奖励项。

2. 外部竞争分析

在同赛道中，我们可以使用外部工具来监测我们的产品和其他相关产品的差距，了解相互之间的优劣，以优化团队工作。这项工作包括：搜集外部数据以对比同赛道其他产品的渠道表现；深度了解其他竞品的同维度数据及有效增益。

四、开展关键词研究的方法

开展关键词研究的意义在于：可以确保我们能精准命中行业相关搜索词，降低优化执行的难度。行业核心词、行业业务场景词、行业长尾词或疑问词等都应该列入关键词词组。

另外，选择整合有效关键词是 SEO 过程中的一个核心环节。只有选择了有效关键词，才能根据关键词整理网站内容模型，输出有效页面，规划站内内链管理器，构建外链矩阵等。

（一）关键词的分类

对关键词从不同维度进行分类及定义，可能得到不同的属性。通过分类思路寻找行业有效流量，实现多样性搜索着陆，才能发现流量渠道中的新生机会。网站核心关键词必须经过关键词收集和数据分析之后才能确认，只有搜集到有一定搜索量的有效搜索词，才能确保站点获取有效流量。

关键词的具体分类方法如下。

（1）**按搜索量分类**：按搜索量可将关键词分为高搜索量的词、低搜索量的词、无搜索量的词。这种分类方法可帮企业制定同体量计划，有体系、有计划地达成优化及转化的需求。无论从客户检索意图来看，还是从行业长尾词搜索聚合量级及流量线索布局策略来看，整合行业关键词矩阵都必然成为 SEO 工作的核心。

（2）**按搜索意图分类**：按客户的搜索意图及搜索目的可将关

键词分为品牌关键词、业务关键词、相关关键词。

（3）**按词组长短分类**：按关键词词组的长短可将关键词分为核心关键词、长尾关键词。按词组长短分类其实是一种简单做法，真正落地时还需要关心词语的搜索流量。

（4）**按布局策略分类**：按关键词的布局策略可将关键词分为首页关键词、内页关键词。按布局策略对关键词进行分类，目的是清晰地规划核心词语和非核心词语的投放位置。

（二）关键词挖掘

明确了关键词的分类策略和投放概念之后，就可以顺畅地进入关键词的整理挖掘工作流程了。关键词整理挖掘是 SEO 工作流程中需要尽量前置的工作，通过清晰的定位对关键词进行优化，然后将关键词根据需求分组并布局到网站中去。

关键词的挖掘本就是 SEO 工作的核心环节之一，对关键词的定义、定位及部署不当，会影响排名效果及流量质量。

1. 关键词的挖掘范围

之前所做的定义关键词分类、理解关键词属性这两项工作的重要性在这个步骤中就凸显出来了。我们需要根据网站所在行业、网站流量目标和定位以及团队的实际工作能力等来清晰界定关键词的挖掘范围，这样在后续选择和布局关键词时就会减少很多非必要的工作。

下面介绍考量关键词挖掘范围的步骤。

第一步，定义行业属性。先考虑企业发展根基及后续发展方向，确定网站项目适合做哪些类型的关键词词组，根据自身行业属性来进行有规划的扩展，做到所挖掘出来的关键词都是和网站主营业务或产品息息相关的。只有这样才算基本符合网站持久发展方向。

需要注意的是，百度算法中的飓风算法 3.0 就涉及了关于行业无关关键词的惩罚示例。过度使用非行业领域词汇及内容有概率触发飓风关联算法。当网站中投放过多跨领域内容时，就可能被搜索引擎发觉并直接降权。其实很多企业和 SEO 人员本身没想作弊，但是对关键词筛选不严，或者对客户主动为信息产品添加的标签审核不严，导致和网站主题不相关的关键词页面积累到一定的数量，网站在搜索引擎上就会被降权。

第二步，确认站点性质。如果网站是营销型站点，建议挖掘行业核心词汇、服务场景词汇、行业长尾词汇，进行精准优化，定向排名提升，来确保可以实现高速流量增长。类似"新网""易观方舟""华为商城"等以服务或产品售卖为核心的站点，除了行业核心词汇外，还会挖掘与服务场景及产品场景相关的搜索词汇，以及搜索量较多的长尾关键词。

如果网站是垂直型站点，为提升行业地位，建议挖掘行业核心词汇、产品类型词汇、相关长尾关键词，之后进行批量优化，整体提升关键词排名，增加站点曝光率，提升站点价值。类似"土巴兔""1688""房天下"等以巨量垂直行业信息为生存基础的站点，需要重点挖掘行业关键词、行业长尾关键词、品牌关键词、业务关键词、产品关键词等分类繁多的行业类词汇。

第三步，确认执行能力。如果公司 SEO 人员有限，并且团队可支配的资源也有限，建议尽可能挖掘行业优质中长尾关键词。如果挖掘太多行业热门关键词，以现有站点的体量可能没有相关页面可以承载这些关键词，也无法对其进行优化；如果挖掘过多长尾关键词，因为企业内部无内容输出人员可以完成相关的内容产出，所以会影响相关的投放与增长计划。

如果公司团队建制完整，可以分批、分阶段订立规划，通过各种渠道挖掘、整理关键词，最后再完成内容输出。后期可重点挖掘团队想重点优化的核心关键词或长尾关键词。建议优先挖掘并优化行业关键词，其次是行业长尾关键词。

2. 关键词的挖掘策略

在之前 SEO 服务竞争白热化的阶段，关键词挖掘工具就已遍地开花了。网上对相关工具的介绍比较多，所以这里就不对具体工具展开介绍了，仅推荐几种手动挖掘关键词的思路。

- ❏ 在进行行业基础关键词挖掘时，应基于行业内的优质站点对优质关键词根进行收集。在全量互联网化的当下，无论什么行业都会有优质站点，我们可以适当收集行业竞品的站点，根据相关站点的首页关键词投放情况收集行业相关的基础关键词。这样的方法相对省时省力，且命中率高。
- ❏ 按属性拓展行业基础关键词或者行业优质关键词，所得词汇仅应用于首页或者核心页面，至于内页及产品页面可以布置根据属性扩展的长尾关键词。关键词属性扩展一般是指给核心关键词添加修饰词或者形容词。该策略通常应用于企业属性为非平台类的站点。

3. 关键词部署与分组

经过上述流程之后，我们来到关键词部署的核心环节，这也是关键词在经历沟通、打磨后真正实现落地应用前的最后一个环节。在这个环节中，我们需要同产品团队或者甲方项目相关人员沟通投放匹配计划，其中包括但不限于页面的优化、增删及核心页面调用、新增、调整等事项。我们需要在产品或者运营团队的支持及授权下进行特定关键词的部署工作。在进行关键词分配的过程中，难免会遇到来自运营侧或者产品侧的阻力，阻力可能包括无法新增栏目或者专业页面、产品的负责人不配合调整核心页面的关键词等。我们需要同相关对接人进行沟通来获得理解与支持，毕竟 SEO 工作本质上是支持产品侧及运营侧完成增长任务。

讲关键词的部署工作，就难免会提到关键词部署与分组的金字塔结构应用策略,这是关键词优化的一种基础方法。其中,关于关键词分组的工作我们在前面已经介绍了整体框架。这里在前面内容的基础上重新进行系统化总结,以求重构一个关于关键词部署与分组的有效框架,如图 10-7 所示。

图 10-7　关键词部署与分组的有效框架

在 SEO 中,关键词分组优化是重中之重。而在关键词的分组规划中通常会使用两个基础策略——页面分级策略与词根分组策略。页面分级策略是基于网站现有的页面类型对核心关键词词组及行业长尾词词组进行分类分局。网站的首页及产品页面关联的"服务或者解决方案"页面应当适当布局行业关键词及产品关键词。例如"域名注册",该关键词为行业关键词,在分组进行布局的规划中,它应该安排在网站首页或者核心产品栏目页。

网站的专业及核心内容模块应适当布局优质的、以激发转化为目的的长尾关键词。例如"域名如何注册",该关键词为优质的激发转化行为的长尾关键词,故应将它布局在优质的帮助中心页面或者独立的新增专题页面中。

在适当的情况下,还可以构建新的内容模块来处理行业长尾关键词。例如"河北域名注册",该关键词为行业长尾关键词,故应该将它布局在日常的资讯中心或批量产出的内容计划中。

词根分组策略通常会根据有效词根进行批量规划及页面新增，相关策略适用于区域化平台或者区域化业务，例如提供区域生活服务的 58 赶集，提供区域垂直服务的爱卡、太平洋，提供区域教育服务的 Vipkid、美联，提供区域租赁服务的自如、我爱我家等。例如可以根据词根"英语培训"进行批量化扩展，以快速覆盖全国各地级行政单位或者更深层次的县级单位的业务。当前在该词根上发力的机构包括但不限于 58 赶集、美联、勤学网等平台或品牌。

建议在学完本文之后自行发散思维，制定符合自己的关键词输出策略。

五、项目管理的细节

对于项目的管理细节，这里分 3 个方面进行分析。

（一）工作计划及达成

在 SEO 项目的初始阶段，需要考虑项目业务开发和布局策略。提前了解和参与这个计划，可以帮助 SEO 人员快速且有效地创建 SEO 项目计划和相关管理计划。对于相关的计划，我们要在整个工作流程中审时度势，进行必要的调整和修改。

以下是我们可以拿来做项目推进和汇报的细节。

- ❏ 品牌能见度：提升品牌关键词的排名，提高相关词组的检索曝光量。
- ❏ 捕获相关流量：SEO 工作应在网站建站初始期就启动，这样可以在网站最原始的状态下考虑页面流量的属性。
- ❏ 渠道营销模式：作为甲方的 SEO 团队，工作时不仅要考虑 SEO 策略的制定，还要考虑精准流量通过何种路径转化。

(二)对搜索渠道的意图整理和监控

实时了解搜索趋势是项目管理的重点工作,我们需要在分析搜索意图时了解客户意图,根据意图指数的变化趋势来了解行业的兴衰趋势。

- ❑ 统计、评估关键词潜力:可以通过优质行业关键词的跟踪筛查表来评估相关词组的变化趋势及流量天花板。
- ❑ 评估意向关键词的排名及流量:通过类似 SEMrush 这样的第三方工具跟踪相关关键词的排名,根据谷歌趋势等工具了解相关搜索词单价、搜索量、检索趋势。
- ❑ 整理潜力意图搜索关键词:整理有潜力的品牌关键词、业务关键词、竞对关键词。

(三)获得内部支持的技巧

获得内部支持的技巧如下。

(1) **确认适宜的渠道阶段目标**。SEO 虽然是一个长期性的工作,但是团队需要从这个渠道中获得相关的信心和支持。制定适宜的目标,可以帮助目标有效达成,从而给团队鼓劲。

(2) **制定周期长短适宜的制胜方法**。将高频关键词和低频关键词纳入同等执行周期,让有效展现与长期目标形成黏性互动。

(3) **向团队提供可度量的数据**。定期提供渠道变化的数据,例如关键词排名、流量增长趋势、线索数量、渠道转化率等。

(4) **通过里程碑事件引导团队关注**。我们可以将里程碑式的渠道增益效果用商务式话术展现,从而引导团队内部给予支持。

六、SEO 出海增长策略

不管是电商出海,还是应用出海,谷歌搜索都是必不可少的,针对谷歌进行 SEO 操作是品牌出海的基础工作。

(一)谷歌趋势

谷歌趋势是谷歌搜索提供的一款免费在线分析、跟踪搜索趋势的工具,相关功能及地位等同于百度指数。你可以通过它查看某个关键词在一定时间范围内的受欢迎程度和搜索趋势。谷歌趋势所用数据主要来自谷歌搜索、谷歌购物、YouTube、谷歌新闻和谷歌图片。

借助谷歌趋势,可以近乎实时地了解客户正在搜索哪些主题,从而帮助企业在瞬息万变的市场中有效掌握客户需求的发展态势。

谷歌趋势虽然无法用于深入数据分析,但在市场调研、营销战略上非常有用,适用场景包括开展关键调研、了解行业趋势、了解品牌和产品趋势、做竞争对手分析等。

谷歌趋势是搜索引擎新手打开谷歌市场大门的第一把金钥匙。

(二)谷歌搜索算法

谷歌中常用的算法有熊猫算法、企鹅算法、蜂鸟算法、移动算法和 RankBrain。

1. 熊猫算法

熊猫算法是谷歌早期推出的一个针对内容的算法,目的是帮助网站在内容方面进行改进。

熊猫算法首先会为网站的入站链接和参考查询、网站品牌搜索查询创建一个比例,然后使用该比例来创建站点范围修改因子,接着使用站点范围修改因子基于搜索查询为页面创建修改因子。如果页面未能满足某个阈值,则会应用修改因子,该页面在搜索引擎结果页面中的排名也会相应降低。

熊猫算法会影响整个网站或特定部分的排名,而不仅是网站上的单个页面。

2. 企鹅算法

企鹅算法是专门针对"通过外部链接获取权重"这一情况研发的算法，是一种面向黑帽资源策略的算法。

企鹅算法旨在使用灰帽技术降低人为操纵指向页面的链接数量以提高网页排名的不正当行为。

谷歌最近发布了企鹅算法 4.0 版本。企鹅算法 4.0 与以前版本的企鹅算法不同，因为它在发现错误链接时不会对相关网站降级，而是将这类网站排除在排名之外。因此，企鹅算法不需要使用拒绝文件。谷歌同时使用算法和人工审核来识别不自然（人为）的、具有操纵性或欺骗性的链接。

3. 蜂鸟算法

蜂鸟算法是谷歌内容体验方面的核心算法。蜂鸟算法的发布与更新让关键词长尾理论在谷歌环境下快速迭代，并引导平台更关心网站的客户体验。

与其他的搜索算法不同，蜂鸟算法更关注搜索查询中的每个单词，将不同单词的上下文放在一起考虑，其目标是使页面与客户实际意图匹配度更高，而不是仅匹配几个单词。

蜂鸟算法旨在使交互更加人性化，让搜索引擎更好地理解关键词之间的关系。它更加重视页面内容，使搜索结果更具相关性。蜂鸟算法会考虑页面的权威性，在某些情况下还会考虑页面作者，以确定网站的重要程度。蜂鸟算法可更好地将客户引导至网站上的特定页面，而不是标准的网站主页。

随着蜂鸟算法的加入，谷歌的 SEO 工作开始发生变化，网络开发人员和内容创作者写作时更多使用自然语言，而不再是强制关键词，他们还加强了对网站功能的使用，例如对页面链接、页面元素（包括标题标签、URL 地址和 HTML 标签）的使用。另外，该算法还促使内容创作人员创作更高质量的原创性内容，而不是之前的重复性内容。

虽然查询中的关键词仍然很重要,但蜂鸟算法为长尾关键词增加了更多权重,有效满足了内容优化需求,而不再局限于关键词。蜂鸟算法对同义词的使用也进行了优化,使得搜索结果也显示更多与主题相关的内容,而不是仅关于确切的词组或关键词的结果。

4. 移动算法

移动算法主要针对移动端的客户体验。

移动算法的提出是谷歌针对移动端客户体验的一次算法升级,在该算法的影响下,页面加载速度将深刻影响网站排名,所以网站页面打开速度将是 SEO 工作的重点。

5. RankBrain

RankBrain 是一个辅助谷歌处理搜索结果排序的机器学习系统。它是谷歌众多搜索算法中的一部分,是一套计算机程序。RankBrain 能对知识库中 10 亿个页面进行排序,然后找到与检索词相关性最高的信息。

如果某些页面的自然点击率高于"标准"(即同样的搜索排名页面的平均点击率),RankBrain 就会判定这些页面应该有更好的排名。但是,RankBrain 在根据客观事实(这里指的是自然点击率)判断两个不同页面的优劣时,可能会因为某些因素而出现"误读"情况,即 RankBrain 存在发包这样的黑帽策略漏洞。

(三) SEMrush 详解

SEMrush 是谷歌搜索中常用的工具,这里对其进行详细解读。

1. SEMrush 的适用范围

SEMrush 的适用范围如下。

- 数字营销公司评估客户站点的情况。
- 竞价广告团队分析竞争对手的 PPC 策略。
- SEO 团队查找站点的自身问题。
- 内容营销团队了解搜索热点趋势，参与内容创作，获取流量。
- 社交营销团队发现市场上的热门内容。
- 分析团队识别市场领导者，了解竞争对手的核心模块。

2. SEMrush 的 3 个核心用途

SEMrush 的 3 个核心用途如下。

（1）**竞品分析**：通过对搜索趋势的分析，了解竞争对手的渠道能力。我们可以通过 SEMrush 了解竞争对手的网站在全球的影响力，相关数据维度可以包括流量、竞价、关键词质量、外链数据、优质页面详情等。竞品分析可以从如下方面展开。

- **流量分析**：通过对网站进行流量分析，可以了解优质域名在搜索公域内的表现，发现相关站点的变化趋势，以便分析、拆解竞品的增长策略和增长路径。
- **自然搜索词研究**：发现竞争对手的优质关键词，找到新的搜索竞争对手，观察相关排名的变化，以学习优质的策略。
- **关键词差异化**：通过对比分析优质同行，来确认自己当下可提升的空间。
- **反向链接差异**：分析站点的反向链接概况，了解自己与竞争对手的差异点，挖掘新的链接投放机会。

（2）**关键词扩展**：SEMrush 的关键词扩展模块可以对关键词进行全面分析，来辅助确认相关关键词是否值得参与竞争，以捕获对应的行业流量。与关键词扩展相关的工具如下。

- **关键词魔法工具**用于检查指标类型。建议让每个关键词都包含一系列指标，这有助于企业评估实现目标的可能性。

常用的SEO指标包括搜索量、趋势、每次点击成本、竞争激烈程度、关键词竞争度、SERP精选结果、点击潜力、主要竞争对手等。
- **关键词管理器**（仅适用于付费订阅）可对最多1000个关键词同时进行深入分析。你可以使用它来实时刷新指标，以查看自SEMrush上次更新以来是否有SERP功能或主要竞争对手的关键词发生了变化。
- **排名跟踪工具**可让你针对一组自定义目标关键词跟踪网站的每日排名。你可以设定特定地理位置或设备类型（手机、平板电脑或台式机）。该工具功能强大，可进行标记、排序、过滤和导出报告等操作。
- **自然流量洞察工具**可将Google Analytics、Google Search Console和SEMrush的数据整合到一个仪表板中。自然流量洞察工具可以观察到优质的自然搜索词并建议站点进行相关的优化。客户可以查看自己的关键词的展示次数、点击率、位置，以判断企业的SEO工作如何影响网站的流量和客户行为。自然流量洞察工具还可以很方便地按设备、国家或地区等过滤行业的高流量关键词，通过相关细节分析，提醒客户及时修正相关的SEO策略。

（3）**链接建设分析**：了解自身及竞争对手的反向链接建设数据，积累成功经验，以补充自身的链接发送渠道。了解竞争对手在外网投放锚文本链接的情况，以辅助自身调整相关的锚文本比例。SEMrush提供了如下3个关于链接的重要功能。
- **反向链接分析**：了解自己的品牌在全网的反向链接数据，掌握自己及竞争对手的反向链接，监控任意域名的外链建设进度，发现新的反向链接，删除反向链接时发送通知，查看特定时间段内新增和丢失的反向链接的数据，筛选出丢失或新增的反向链接，找到反向链接出现或丢失的日期。

- **反向链接健康程度监控**：审核反向链接，分析有害信号，向网站所有者发送电子邮件并删除可能导致搜索引擎惩罚的有害链接。
- **批量反向链接分析**：分析竞争对手，寻找外链建设机会，并将结果导出到 XLSX 或 CSV。支持在报告顶部的文本框中输入最多 200 个 URL（每行一个），表格将填充反向链接数量和引用域指向的每个 URL 的数据。

七、关于 SEO 的常见问题

问题 1：SEO 工作的效果如何衡量？

落在甲方市场部的 KPI 始终是有效线索数量和营业额。如果站在甲方市场部的角度去衡量，可以参考的工作效果指标包括收录量、有效关键词数量、核心关键词排名（不必重点强调）、流量、转化率（或者成为线索的数量）。若是站在乙方服务项目组的角度，则衡量常基于流量展开，其中主要指标包括有效流量增长量、核心关键词排名等。

问题 2：SEO 基础框架优化好之后，日常还需要做什么？

你要先确认 SEO 工作中的基础框架是什么。常规操作中，在处理完关键词挖掘及分类、网站结构优化、页面优化等基础工作之后，还应该进行内容输出、站点链接管理、友链管理及维护、优质外链锚文本输出等日常工作。

问题 3：小众行业如何做好 SEO 工作？

在小众行业中，建议首先考虑品牌知名度的建设，即站外部分的品牌口碑建设，以求增加品牌自身转化机会。其次，如果小众行业中涉及长尾关键词相关的战略性内容，那么建议制定长尾关键词内容输出投放计划，以期获得长尾流量。长尾流量虽然转化路径长，但有很高的转化价值。注意，大部分 SaaS 类企业都在小众行业范畴内。

问题 4：如何快速优化关键词？

浅尝辄止地了解一下快排及其效果即可。

问题 5：网站上偶尔会产生与非法关键词相关的自然流量，但网站并未出现被挂马的迹象，这是否说明网站安全出了问题？这样的流量是否会对 SEO 有影响？

这类流量一般都是第三方公司或者团队通过一些发包策略整合的流量，与网站安全无关，也不影响 SEO 的效果。

问题 6：SEO 从业者如何与企业负责人沟通网站优化重要性问题？

这可以分如下两个方面来表述。

- 搜索引擎历来是网站获取流量的核心渠道，SEO 工作的价值等同于 SEM，只不过这两个渠道的转化路径的长短不同，在流量精准性方面也有一些区别。
- 在 SEO 有效的情况下，SEO 应该是所有渠道中 ROI 效果最好的。因为在未外包的情况下，SEO 仅需要部分自有人工成本及资源成本，该部分的投入远比竞价广告及原生广告的投入少。

问题 7：每年花几万元在 SEO 上，但只能产出几条销售线索，ROI 低于所有市场营销手段，这是为什么？

就问题本身来看，消耗与线索的比例是异常的。这时有两个细节需要复盘：

- 外包相关服务时是否约定了与线索相关的 KPI 细节？其中统计细节和验收细节是否有效？
- 网站线索收集工具是否能有效判断线索来源？会产生搜索行为的客户就是高需求客户，对这部分客户若不能筛查出来并及时沟通，就可能出现遗漏线索的情况。

问题 8：付费渠道的营销效果不好，有什么好的解决办法？

付费渠道的营销效果不好，这个问题本质和上个问题类似，也要分两层来看。

- ❑ 我们在谈付费需求时是否了解相关的有效指标？有效指标包括但不限于核心关键词排名、有效词数量、流量增长预期值等。
- ❑ 我们是否有良好的体系来监控增长及有效线索？

问题 9：我们是外包的 SEO，但是我们只看见外包方发了 200 篇软文，没看到他们做站内优化，此时怎么准确判断哪些是 SEO 带来的流量？

对于这个问题，我建议分如下 3 个方面进行解决。

- ❑ 关于外包的相关事项建议大家约定有效的考核方式。
- ❑ 若是仅发了软文，那说明该外包公司采用的优化方式是霸屏。仅通过霸屏进行优化，无法准确判断 SEO 产生的效果及流量。
- ❑ 建议进行站点相关的优化，可通过站点平台及百度统计监测相关效果。

问题 10：我们公司的 SEO 工作外包给了第三方公司，规定的关键词基本都布局在首页，但是与去年相比，今年网上来的线索少了很多，这是为什么？

这个问题可以从如下 4 个层面进行考虑。

- ❑ 需要判断相关关键词是否为有效关键词，是否有流量访问，还要确定与访问相关的参数。
- ❑ 确定是否与行业、客户的搜索习惯改变有关。
- ❑ 确定是否因受外部因素影响，导致客户在我们投放方向上的支出出现明显萎缩。
- ❑ 可以跟踪一下相关行业关键词近年的指数趋势，判断上述问题是否为关键词受关注度下降导致。

11

To B 营销数据闭环与执行落地

——张天宇

张天宇 营销自动化、ABM、客户体验管理领域专家。近10年 To B 营销及市场团队管理经验,曾经帮助腾讯云、华为云、金蝶、致趣百川、八爪鱼大数据等近百家大中型企业完善 To B 营销体系。

To B 行业客单价高、决策周期长、转化难的本质原因有如下两点。

(1) **需求不标准**:B 端市场一直以来都不是一个标准需求市场。很多中小型民营企业在创业早期的业务都是老板带着几个兄弟没日没夜地跑出来的,然后逐步扩大规模。在这样的过程中,企业没有统一的业务标准和管理流程。而大企业又面临组织架构复杂,不同部门利益存在分歧,需求过于复杂的情况。无论大公司还是小公司,仅依靠单一的 SaaS 服务很难满足客户的所有需求,一旦进入方案制定和实施阶段,与定制开发、私有化部署、产品迭代、问题反馈等相关的一系列噩梦就开始了。

（2）**缺少刚需**：好的 To B 服务可以帮助企业提升效率，优化管理，提升竞争力，但是无法逆转未来。任何一家企业采购 To B 服务后都不会立即看到业绩方面的巨大改善，同样，离开了 To B 服务也不会造成自身业务急转直下。所以 To B 服务更多做的是锦上添花，效果好我们拥抱大甲方，转正上位；效果不好甚至有可能被甲方冷落或者折磨，最后被赶出家门。非刚需意味着我们必须做得更好，尤其是在面对续费率这一指标时。

当然，即使困难重重，To B 行业的前景还是非常诱人的。无论是强势 20 年并被无数中国企业模仿的 SaaS 老大哥 Salesforce，还是创立 6 年就直接上市的网红新贵 Slack，SaaS 行业的增长速度依然令资本和业内玩家垂涎不已。由此可见，To B 行业的商业模式并无任何问题。荆棘林中过，富贵险中求——这就是很多国内 SaaS 公司的现状。下面我们来探讨如何做好 To B 营销。

一、什么是 To B 营销数据闭环？

> 靡不有初，鲜克有终。
>
> ——《诗经·大雅》

过去在人们的印象中，To B 营销更多是销售人员提着公文包，穿梭在写字楼之间。拥有一支"铁军"一样的销售团队是当时大多数老板抱定的信条。然而那时的 To B 销售拼的是关系、价格，没有敲门砖，甚至会被保安、前台踢皮球……如今这些已无法支撑 To B 企业快速扩张，铁军团队也早已成为历史。**强有力的市场先导，大范围培育客户认知，获取精准的线索，甚至快速提高业绩，成为当下 To B 市场人苦苦追寻的目标**。几年前，机会的权杖在 B2C 行业的市场运营人手中，这一次交到了 To B 市场人手中。

To B 市场部传统的营销方式就是做官网、百度商桥、线下展会等,结果是辛苦很久却得不到理想的效果,甚至出现成本增高而转化率降低的情况。我们常常面对如下状况。

- 和业绩关联度低,导致预算少——**没钱难办事**。
- 市场部人数与公司规模不成正比——**手中兵不够**。
- 营销效果难以自证,被销售团队质疑——**战友不信任**。
- 距离客户远,听不到一线的反馈——**反馈信息少**。

一旦在开端就出现上述情况,那么后期的营销工作就很难有善终了,究其原因其实不复杂,我们在市场工作开展前没有把市场营销数据闭环构建起来,导致获客渠道落后且没有高效数据流转,大量线索浪费、闲置甚至流失,获客成本自然就上去了,转化周期也就不会稳定了。

通过官网、搜索引擎或线下展会收集到的线索,平均成单率低于 5%。而且这类数据的量非常大,销售团队无法全部有效跟进。若是也没有留存和维护手段,营销自然难有效果。少部分线索即使成为商机,**在成交周期长、业务触点多的情况下,市场部在其中到底提供了多少贡献也是很难考证的**。

帮助 To B 市场人提升获客转化效率的营销数据闭环究竟如何搭建?对此我们总结了一套方法论,具体如图 11-1 所示。

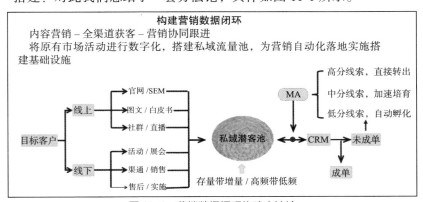

图 11-1 营销数据闭环构建方法论

构建营销数据闭环首先是获取流量。所有触点都是营销点，从线上官网、微信公众号到社交媒体、社群，再到线下活动及销售转化过程，甚至到售后服务环节，都包含在数据闭环中。我们应该针对每一个环节做留存和转化，最大程度保障营销效果。而**传统 To B 营销都是销售驱动型的，天生就不重视留存，结果可想而知**。

私域流量池的概念当前非常火爆，原因是新增客户红利已不复存在。**在存量市场中，媒介采购成本必然上升，留存才是王道**。在 To B 营销领域，我认为把私域流量池称为私域潜客池更贴切，因为单纯的泛流量在 To B 行业是无效的。

微信公众号订阅关注模式天生对客户友好，客户点击关注公众号即可获取信息，不满意可随时取关。服务号还支持多种模板消息、落地页嵌入，玩法多，空间大，所以越来越多的 To B 企业开始做微信服务号的建设，各类营销云、微信私域流量管理工具、微信营销产品迅速出现在人们的视野中。

网上有这样一组公式：

$$自然流量 + 社群留存 = 自有流量$$
$$自有流量 + 全员裂变 = 大量拉新$$
$$大量拉新 + 优质内容 = 规模变现$$
$$规模变现 + 品牌效应 = 长期高收益$$

这时 To B 市场人的价值就体现出来了：通过各类内容、活动、社群等运营手段，用存量带增量，用高频带低频，不断沉淀并扩大潜客池，然后从潜客池中筛选出优质商机，为销售人员提供充足弹药。

细心的朋友可能已经发现了，在潜客池后面还有一个环节——客户分类。在这个环节中，市场人通过 MA（Marketing Automation，营销自动化）和 CRM 配合，记录全部潜客行为数据，然后对这些数据进行分类，通过量化筛选找出质量更高的线索。分类处理会使市场人的工作更高效。目前营销做得好的企业很多已经逐步实现了这一流程。

总结起来就是，To B 市场人务必想好如何为自己的企业建立更大的潜客池，并做好留存、潜客分析等工作。对于没有及时转化为商机的潜在客户，也要有针对性地进行留存运营，对这部分客户要进行分类回收再利用。

二、To B 市场人进阶原则

> 我们迫切需要一个从有限到无限的"游戏观"转换。
> ——《有限与无限的游戏》

B2C 营销依靠推陈出新，跟随热点和潮流来争夺市场，特点是赢家通吃。B2C 营销会跟随产品的兴衰，每隔一年或几年重新洗牌，所以属于有限游戏，是回合制的。基于这种游戏规则，玩家需要尽快获胜，赢下当前的比赛。

To B 营销则需要玩家不断成长，强化品牌口碑，培养逐步并扩大客户群。To B 营销的特点是长期博弈，凭借自身不断提升的产品或服务能力赢得市场，所以 To B 营销属于无限游戏，是养成类的，玩家需要活下来，需要不断变强。也就说，在 To B 营销中要重视长期的品牌口碑积累和客户群培养，短期速成的营销对 To B 企业发展不一定是好事。下面从三方面进行具体分析。

1. 从 SQL、ACV 到 LTV——"素质三连"

"一键三连"是 B 站客户对自己喜爱的内容的标准礼仪。优秀的 To B 市场人负责销售转化，而高阶 To B 市场人不仅要保证销售签约量，还要通过市场营销的多个触点产生从 SQL 到 ACV 再到 LTV 的三连击，目的是探究出从优质线索到最终转化和续费过程中真正影响客户认知和决策的营销方式，并对其不断优化。

不同的营销策略对应着不同的转化效率和成本,如图 11-2 所示。当我们复盘分析每一种 To B 营销方式及其组合拳效果时,结合"一键三连"的客户生命历程,可得到当下针对客户采购旅程中不同阶段的最有效的营销方法组合拳,以提升 ROI。这里所说的 ROI,其背后是 To B 营销中的策略优化、成本控制和收入导向。

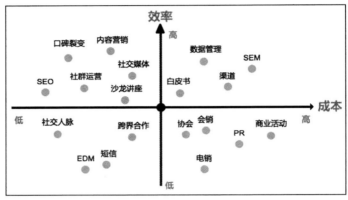

图 11-2 与营销策略对应的转化效率和成本

客户为何不能成为有效商机?为何无法快速签约?为何不续费?对于这些问题我们需要了解清楚,并利用多种营销手段直指客户顾虑。更深层次的探索,无可避免地需要全公司来配合。

对于 SQL、ACV 和 LTV,市场人必须整体去看,避免因为追求短期指标的提升,例如某季度注册线索量的提升,而使得营销策略偏离整体收益最大化方向。如果 To B 市场部只一味追求拉新,与转化相关的落地内容不相应跟进,签约速率和续约数量就会受到一定程度的影响,这样的 To B 企业路,只会越走越窄。

2. 线索是增长效率的前提

To B 营销的另一个特点是只面向目标企业和相关对接人展开工作,并且只有在对方有基本需求的情况下才会有进一步跟进的动作。所以单纯刷流量、数人头、扫名片、买表单等典型的 To C 玩法都很难产生直接效果。To B 市场人需要建立线索的评估维度和标准,从市场部到销售部逐级确认线索的质量并分级处理。图 11-3 所示是线索评估与分级处理的示范。

线索分级 评估维度	商机 OPP	SQL	MQL	MA	非潜客
所在行业	√	√	√	√	×
公司规模	√	√	√	×	×
使用者	√	√	×	×	×
拜访沟通	√	×	×	×	×
决策人	√	×	×	×	×
预算	√	×	×	×	×
处理方式	商务谈判	销售跟进	社群/活动运营跟进	内容输出 MA 孵化	异业合作

图 11-3 线索评估与分级处理

传统 To B 营销流程中,市场部往往不保证线索质量,直接将官网、展会等获取的名单交给销售部。此时的目标客户中大多数都不了解我们的品牌,转化效率自然非常低。由市场部 SDR 团队统一做线索运营,通过对原始线索进行初步梳理,将线索分为 OPP(商机)、SQL、MQL、画像客户、非潜客五类,将 OPP 和 SQL 分配给销售团队跟进,将 MQL 和画像客户分配给市场部跟进,将 SQL 与 MQL 邀约至线上社群和线下活动进行重点转化。

对于与当前需求不匹配,甚至与行业不符合的群体,可以通过营销自动化工具为其推送基础内容。若是担心自己的内容不足以长期维护这类群体,可以建立资源共享机制,与跨界行业伙伴异业合作,这不仅可以实现最低成本留存,还可能从合作伙伴处吸引到对我们的产品有需求的群体。

3. 组织决策下的客户转化

营销的本质目的还是传递客户价值，打动客户并令其持续买单。与 To C 中由个人进行决策不同的是，To B 中的买家是由组织进行决策的，我们只能通过可证明的效果模型来说服对方，这就需要我们找到更适合的转化方式。

致趣百川联合科特勒咨询集团对超过 500 名 To B 市场营销从业者进行了调研，结果显示，客户推荐、内容营销、社交媒体是最有效的 3 种 To B 转化方式，如图 11-4 所示。

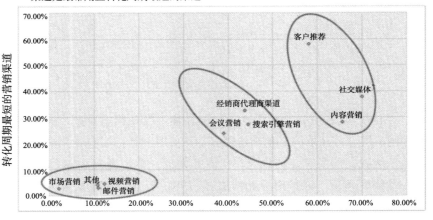

图 11-4　主流 To B 转化方式

- **客户推荐**：深耕目标行业，除产品技术层面的服务之外，还要做好市场层面的客情关系维护，例如通过高质量案例包装、策略支持、联合内容生产、行业资源对接等，用超值服务获得客户推荐。
- **内容营销**：内容是公司最好的名片，好的内容复用率非常高。内容的展现形式包括推广文章、白皮书、视频直播、在线会议、互动案例、线下课程、沙龙等，这些可以覆盖从新客到老客在几乎所有采购阶段对内容的需求。
- **社交媒体**：社交媒体永远是流量成本洼地，可依靠社交媒体激发客户自发传播。无论是微信、知乎还是领英，都值得我们投入一定的精力。

三、如何做好执行落地？

营销既是一种组织职能，也是一种创造、传播、传递顾客价值的思维方式。

——菲利普·科特勒

最后来谈谈落地。我接触过非常多的 To B 企业市场部，其中很多市场部的营销工作不落地，出现这种情况的原因有很多，但本质都是组织结构不落地。在办公室稳坐的内容编辑，如何能写出关于一线客户的真实案例？没有运营人员针对客户生命周期做精细化运营，如何能提升客户体验从而快速实现转化？没有 BD 靶向出击，又何来行业的深耕与资源积累？

1. 运营手段倒逼内容营销"接地气"

内容营销对于 To B 行业的营销人员来说可谓既陌生又熟悉。都知道内容营销好，但内容营销做得好的公司又屈指可数。表面看问题来自内容营销生产成本高，但本质上是内容营销容易陷入"无源之水"的境地，费力不讨好。内容团队最大的悲剧不是写不出内容，而是花费巨大成本写出的内容却难遇知音，无人问津。上述问题不难理解，To B 行业本身的特性决定了产品、服务等属于专业领域，所以 To B 类型的内容基本都是面向小众读者群体的，阅读量上不去是自然之事。

内容团队和业务团队的沟通往往都不够密切，这就导致内容团队对很多方案、产品的理解不够深入，基于此写出来的内容难免枯燥、空泛，而这类自说自话的内容很难吸引读者。一些 To B 公司的公众号只发签约喜报和产品硬广，这类内容对于读者来说基本是无意义的，带来的结果往往都是品牌价值的降低。如何让内容营销贴近客户需求，得到更多真实的反馈？答案就是生产可以打动客户的优质内容。

大家应该也感觉到了，各种第三方组织的闭门私享会开始受到关注。会议产出的干货内容也得到了客户的普遍认可，甚至带来了自传播效应。这从一定程度上说明了越来越多的好内容并非出自一家之言，而是行业内大家共同交流实践的结果。KOC 开始受关注的背后是信息更迭的加速。**当前最有发言权的不再是专家，而是一线优秀从业者。**

从看电视广播到订阅节目，再到参与讨论，内容互动越来越贴近客户，去中心化趋势明显。单向的、缺少互动的内容越来越难打动客户，而对有更多参与、更多反馈的追求倒逼内容营销不断更新，使其更具生命力。要实现这一点，首先应从运营角度进行突破，内容营销不应再局限于在公众号或媒体上发布文章，可以扩展在社群中或线下活动里与客户进行真诚探讨交流，关注弹幕的反馈，收集调研问卷，然后基于收集到的信息对内容进行复盘。**好的社群和活动会为内容团队提供优质 UGC，客户证言和案例很多都来自社群或活动。**

2. 客户采购旅程自动化

To B 客户采购旅程是一个漫长的旅程，客户所处采购阶段不相同，我们提供的服务也应该不同。如果我们还按照粗放的传统方式对客户进行管理，那么就无法最大化发挥营销加速转化的作用。

图 11-5 所示是致趣百川在客户采购旅程方面的一种实践。

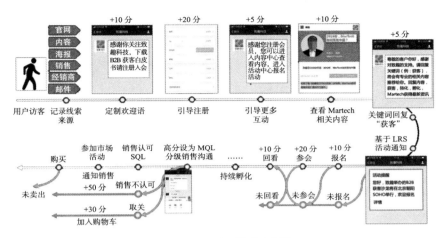

图 11-5　用户采购旅程设计

我们会针对日常总结的客户访问习惯设计客户采购旅程，并设置自动引导话术，从线上访客逐步引导其成为社群成员甚至线下沙龙交流伙伴，加深客户对我们品牌的认知度和参与度。同时针对客户每次的互动进行量化评分，通过对积分的灵活增减，实现客户评估颗粒度的细化。这套评分体系可以省去人工整理，帮助 To B 市场人拓宽市场漏斗，提前了解客户认知程度和兴趣偏好，通过数据实现科学决策，最终为销售提供更多优质的商机。

3. 对内与对外

有朋友认为 To B 营销没技术含量，只需要有充足的人脉和资金就可以做好。这种观点其实没错，但我们市场人的价值恰恰就在拓展人脉和充分利用资金上。我们要在人脉有限时拓展人脉，在资金不足时通过优化 ROI 来提升营销杠杆效率。我们要在多样的营销途径中找到相对高效的方法，扎实执行。

对内和对外是对 To B 营销获客触达方向的区分。对内代表通过官网、内容、活动等形式吸引潜在客户，这部分潜在客户主要由市场部 SDR 团队负责对接，在其中筛选出优质线索后再转给销售人员。而对外则需要主动出击，相关负责人根据目标行业的特点，结合垂直协会、商会组织、头部企业客户或 KOL 来共同实现营销目标。

作为 To B 市场人，不要说没资源可以用，所有资源都是一点一点积累起来的。当市场部握有接地气且受客户欢迎的内容、贴合业务的自动化营销流程和工具、有力且可协同的市场团队时，就可以轻松实现 To B 市场增长了。

增 长 篇

12

To B 增长的根源还是 To C

——汤彬

汤彬 数字化营销专家。曾经连续创业，当过 CEO、COO，并顺利帮助企业完成商业化变现。曾痴迷于网络技术，是国内早期考取 Cisco 的 CCIE 证书的人之一。近几年专注于企业数字化营销和数字化转型，现已服务数十家国内大型零售企业和房地产企业。

漏斗模型是常用的一种数字化运营手段，通过分解 To C 和 To B 的漏斗，我们发现，无论 To B 产品还是 To C 产品，最终都需要指向产品的使用者，如图 12-1 所示。

由此可见，To B 和 To C 并不是真的一点关联都没有，相反，我认为 To C 是 To B 的内核之一。

一、To B 企业为什么需要 To C？

To B 产品更关注效率、功能性，以及对企业价值的贡献度。

To C 产品更关注客户体验。看似两者区别很大，但不可否认的是，两者最终指向的都是提升企业收入。

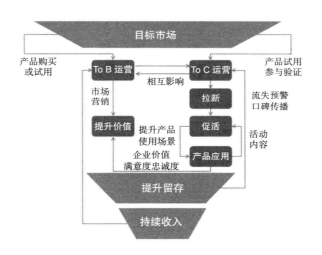

图 12-1　To B 和 To C 的关系示意

需要注意的是，To B 产品只有通过客户的验证和使用才能真正产生价值，所以不管是 To B 运营，还是 To C 运营，都是对 C 端的运营。虽然 To B 产品相对于 To C 产品，还需要配套的服务体系，但具体到运营落地，我觉得两者没有太多差别。

下面看看 To B 和 To C 这两种不同类型的公司的营收对比，如图 12-2 所示。图 12-2 所示是两家企业从 2016 年到 2018 年的营收情况。这两家企业都是 A 股上市公司，由图可知：To B 企业和 To C 企业相比，在营收规模、增长规模方面有着巨大差距。

虽然图 12-2 所示情况不能代表所有 To B 和 To C 企业，但是大部分 To B 和 To C 企业都是这样的情况，这其中也包括传统的零售企业。很多传统零售企业的产品是 To C 的，但其经营模式是 To B 的，因此他们遇到了增长瓶颈。这也是为什么在企业数字化领域，现在大多企业都在解决数字化营销的问题，说到底他们都是想解决 To C 的问题。

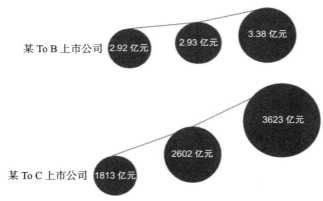

图 12-2　To B 和 To C 企业的营收对比

很多 To B 企业 IPO 之路较为漫长，为什么？总体来看，主要是因为没有让投资人看到企业增长的趋势，所以增长乏力是 To B 企业面临的主要困境。现在很多 To B 企业都在解决增长问题，包括营收增长、客户增长、利润增长。反观 To C 企业，很多可以做到业绩呈现指数级别的增长！为什么？其核心原因就是 To C 企业可以实现客户指数级别的增长。当客户增长到一定规模后，其存量客户产生的价值已经可以把客户获取的边际成本降低到趋于零了，如图 12-3 所示。（割韭菜理论，To B 企业可以考虑一下，自己有割韭菜的实力吗？换成 To B 的逻辑就是能否提高复购率。）

为了说明 To C 企业确实实现了快速增长，下面给大家展示几组数据。

（1）2020 财年第一季度（2019 年 4 月到 6 月），阿里巴巴中国零售平台的移动活跃客户数量达到 7.55 亿，单季客户增长数量达到 3400 万。其过去 8 个季度平均客户增长数量超过 2600 万。

图 12-3　To C 企业实现指数级增长的原因示意

（2）2020 年京东公布集团第二季度及半年度业绩报告。报告显示，截至 2020 年 6 月 30 日，京东在过去 12 个月内，年度活跃购买客户数量达到 4.174 亿，单季度净增数量 3000 万，以同比 29.9% 的增速创下 11 个季度新高。

（3）拼多多发布的 2020 财年第二季度财务报告显示，其 2020 年第二季度月活跃客户数量为 5.688 亿，同比增长 55%。

那么到底如何突破 To B 企业增长乏力的困境？我认为需要关注 4 个问题，如图 12-4 所示。

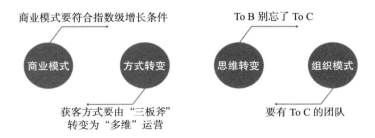

图 12-4　To B 企业突破增长乏力困境的方向

（1）**商业模式**：To B 企业增长的核心还是商业模式，商业模式是否具备指数级别增长的条件决定了 To B 企业增长的趋势。比如，滴滴用"共享经济模式"解决了客户打车难的问题，找钢网用"平台模式"解决了上下游资源对接的问题。To B 企业也要有自己独特的商业模式，以快速解决增长问题。

（2）**运营方式**：运营方式要有一些转变。To B 企业最常用的运营方式就是市场、销售、渠道这三板斧。但在互联网时代，消费群体的消费方式在改变，所以整个运营方式也需要转变，要通过多维的运营方式来重构运营体系。

（3）**思维**：思维也要做出转变，To B 企业在做市场的时候不能忘了 To C 思维。这里推荐大家看看杨飞撰写的《流量池》，虽然这本书是给 To C 企业写的，但是我认为，To B 企业也要看。在流量池运营和维护方面，To B 企业要比 To C 企业做得更好，只有这样才能让一个决策链条更长的客户感受到你的价值。

（4）**组织模式**：组织模式也需要转变，不仅要使组织内部的人有 To C 思维，还要在产品和服务中加入更多 To C 理念。

二、To B 企业做好 To C 运营的前提

先来看一套基本的 SaaS 运营逻辑：以产品和客户的价值交互为核心，形成以 SaaS 为支撑的运营体系，最终实现产品价值和客户价值最大化。这套逻辑的基本原理是没有问题的，但在实施过程中容易忽略 C 端的价值，包括 C 端的口碑、C 端的权益、C 端的传播。忽略 C 端的价值，就会造成一个很严重的问题——SaaS 的复购率很低。

To B 产品运营的基本模式如图 12-5 所示。

我觉得，绝大部分产品都是既需要 To B 运营又需要 To C 运营的，我们需要根据不同的客户群体从不同的点切入，进行针对性运营。

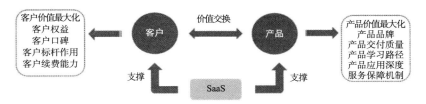

图 12-5　To B 产品运营的基本模式

上面已经提到过，To B 运营常用市场、销售、渠道来解决从客户线索到成交的问题。但 To B 企业如何做好 To B 里面的 To C 营销？我想这是很多读者关心的问题。我认为要解决这个问题，研究从拉新到传播的 AARRR 模型是最为重要的，而研究由 AARRR 模型演变得到的 AISAS、RARA、SICAS 等其他运营模型，有助于我们优化企业 To B 运营的整体策略。

举个例子。阿里的钉钉、腾讯的企业微信都是提升企业内部工作效率的工具，按照我们常规的理解，它们的运营对象都是企业客户。但是仔细分析下来发现，钉钉和企业微信的使用对象是企业内部扮演不同角色的普通客户，并且普通客户使用频次高，使用深度大。也就是说，只有普通客户的使用才能体现出这两款产品的价值。当企业内部有更多角色的普通客户来使用这两款产品的时候，才会让产品当初设定的提高企业内沟通效率的功能凸显出来。

由上边的例子可知，要解决 To B 企业增长的问题，首先就要解决商业模式的问题，即解决图 12-6 所示的问题：你的产品到底解决了客户什么痛点？为什么只有你的产品才能解决，别人的产品解决不了？你的产品的核心竞争力是什么？

To B 增长的前提是有正确的商业模式。当然前提条件是你自身够硬，否则你拿什么去做 To C 运营呢？我发现很多 To B 企业都存在商业模式问题，尤其是 SaaS 型的企业。若是 SaaS 型的企业的商业模式不做改变，将永远都是云服务商的炮灰。

图 12-6　To B 运营中的商业模式问题

对于 To C 企业来说，客户就是上帝，所以 To C 企业都在想尽办法了解 C 端客户，了解他们想要什么，了解他们的需求是什么。对应到 To B 企业中就是确定上边说的商业模式。

To B 从业者往往都会考虑如何为企业、为客户带来价值，因为我们对接的都是 CIO、CMO、CTO 等高管，这就导致我们容易陷入张口闭口都是企业价值的误区。当然我并不是说这样不对，而是要提醒大家，To B 从业者还需要考虑客户价值和使用者价值。

综上所述，To B 企业中一定要拥有 To C 人才，不管是业务线、产品线还是管理层，否则企业增长一定会遇到瓶颈。

三、To B 企业如何做好 To C？

最后我们讲讲 To B 企业如何做好 To C。因为 To B 增长是一个很大的话题，里面涉及多项内容，限于篇幅，无法一一展开，所以这里只针对 To B 从业者如何做好 To C 工作，提供几点我总结的经验。这几点经验都经过了实践验证，具有简单、直接、见效快的特点。

（一）要有 To C 思维

无论是对内还是对外，企业中从上到下，都要有 To C 的思维。这里所说的 To C 思维可以简单理解为如何有效获取客户的好感，让客户真正能感受到你们的价值。

为什么要这么做？我们知道企业客户的决策链条是很长的，链条上每一个参与者都是一个 C 端。要解决这么多 C 端的运营问题，需要一个有力的 To C 组织作为支撑，其中包括内容运营人员、售前咨询人员、产品设计人员，以及销售或者市场人员，只有这样才能更好地解决外部的 To C 问题。

以上主要是从狭义的角度来定义对内、对外的 To C 思维。如果从广义上来定义 To C 思维的话，就是了解客户的 C 端需求，并帮助客户解决其面临的 To C 问题。尤其是为客户提供数字化营销服务的 To B 企业，如果你都不了解客户在 C 端面临的问题，又如何帮助客户解决 C 端的问题呢？

（二）要做好内容的运营和营销工作

对于 To B 企业来说，内容是其在解决 To C 问题的过程中最弱的一个板块。

不管你面对的客户在企业中处于哪个层级，如果你的输出物不能打动他，那么你的销售周期都会被拉长。很多 To B 企业对此不以为然，这就导致整个营销内容体系非常不健全，要么写的内容没人看，要么写的内容别人看不懂，甚至连行内人士都看不太懂。

对 To B 企业来说，不仅要根据 C 端人群特点提供合适的内容，包括产品介绍、解决方案、领域知识、技术解读等，还要注意表达方式。图 12-7 所示是我们进行场景化内容输出时需要注意的点。

比如，曾经有人向我这样介绍他们的公司："我们公司采用 S2B2C 模式，从前端营销引流到后端供应链全覆盖，未来十年实体行业要逐渐完成数字化升级。我们自己开发系统工具，工具的核心是运营和管理数据。"通过他的介绍，大家能知道他们是做什么的吗？有什么产品？解决方案是什么？要是我们如此撰写内容，做内容营销，效果可想而知。所以做 To B 内容，可以高大上，但前提是要让对方看得懂。对于如何做好内容运营，我自己总结了一套方法论。

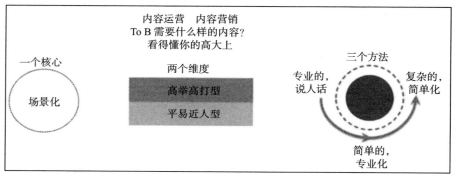

图 12-7　场景化内容输出

（1）**一个核心**：就是要把你的产品能力、解决方案能力以场景化的方式表达出来，让别人一看就明白你能解决什么问题。什么是场景化？简单来说就是能细化就细化，能用图就用图，让人看一眼就能看明白。场景化用得好，就有可能在第一次见到客户时打动他。

由于场景是输出内容的核心，所以有必要专门强调和介绍一下，这里我用一张图来帮助大家理解，如图 12-8 所示。

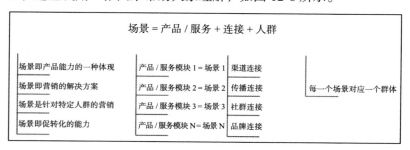

图 12-8　什么是场景

（2）**两个维度**：我发现很多 To B 企业在输出内容时都喜欢高举高打，也就是输出看起来很高大上的内容。这类内容，我称之为高举高打型内容。这种内容营销方式其实没错，但是要分场合，面向高端人士时这样的内容是合适的，但是若是面向普通 C 端客户，这样的内容就不合适了。面向 C 端客户时应输出能让其看得懂的内容，这类内容我称之为平易近人型内容。对于平易近人型内容，不一定要保证客户全部看明白，但是至少要保证客户看完后，对你要表达的内容能了解七八成。这一点，我发现很多 To B 企业都很欠缺。

举个例子。很多企业品牌口号都分两种——Tagline（品牌价值的主张口号）和 Slogan（传播价值口号）。比如阿里云的 Tagline 是"为了无法计算的价值"，而 Slogan 是"上云就上阿里云"。这两个品牌口号，一个是高举高打型，听着就高大上；一个是平易近人型，听了就知道他们是干什么的。

（3）**三个方法**：专业的，说人话；简单的，专业化；复杂的，简单化。对于这三个方法，这里我就不解释了，因为很容易理解。

最后再补充一点：To B 企业一定要打造自己的售前解决方案，提高自己的咨询能力，这部分能力的框架如图 12-9 所示。很多 To B 企业，尤其是一些 SaaS 公司，这方面做得特别差。他们往往都认为，这部分工作就是写 PPT，有的人甚至认为这是产品经理该做的事，和市场及销售人员无关。其实不然，直接面对不同决策者的人是我们，只有我们做到专业输出，懂客户，懂需求，懂行业，才能完美完成 To C 工作，才能促成成交。

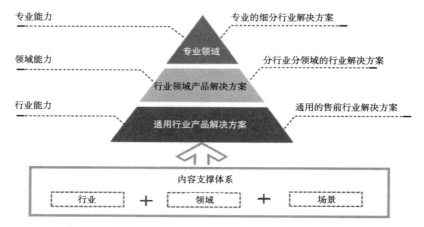

图 12-9 售前咨询能力体系

13

裂变式增长：To B 新品 10 个月做到领域第一

——田原

田原 To B 营销增长专家。北大 MBA，18 年市场营销经验，10 年世界 500 强外企市场负责人，8 年创业公司从业经历（两家创业公司均是独角兽型企业）。为 100 余家企业提供过营销增长咨询服务，目前是 3 家企业的长期顾问。

一个 To B 公司的新产品仅用 10 个月跑赢所有竞争对手，并且是在竞争对手在细分市场已经奋战近 5 年的情况下，这样的案例在 To B 领域绝对算是传奇。下面就来概述一下这个传奇的营销案例。

这是一个医疗行业的医疗设备细分市场的案例。2015 年我们公司上市一款冲击波新产品，该细分领域中已经有七八个竞品经营了 3～5 年，形成了成熟的市场格局。但是，由于临床需求增长迅速，所以市场格局存在"动态破局"机会。当时我负责这款新品在中国医院市场的营销工作。我们通过 To B 行业的"链式结构"高效整合 To B 领域的 KOL，实现了"裂变式增长"，最后实现了 10 个月获得 25% 市场份额的战绩，一跃成为该细分领域的领导者（排名第二位的竞争对手已经在该细分市场经营 4 年，市场份额为 18%）。

"动态破局""链式结构""To B 领域的 KOL""裂变式增长"这 4 点就是我总结的 To B 市场营销认知体系中的 4 个关键点。

一、动态破局

To B 是一个垂直的细分市场，这个市场中的格局演变，相对于互联网企业要缓慢很多，可以说竞争格局是比较稳定的。To B 领域中的各家企业，每款新产品发布大概率不会对竞争格局有明显影响。所以，企业在细分市场中发布新品前，就要考虑能不能打破固有的竞争格局，重塑市场竞争状态。

在营销人眼里，市场是动态的。既然市场本来就是变化的，那就一定能找到一个突破点，颠覆原有的竞争格局。这个寻找突破点的过程就是动态破局的过程。

必须承认，动态破局并非总能实现，但是不想当将军的士兵不是好士兵，每个市场人都要敢于追寻动态破局。

动态破局到底有什么作用？一句话就可以概括：**一战改变竞争格局**。

那么如何找到动态破局点？

寻找动态破局点，需要逆惯性思维。要怀疑所有理所应当，比如 2021 年新产品做得挺好，2022 年就应该按照 2021 年的方式做吗？竞争对手都这么做，我们也该这么做吗？在做决定之前，一定要先问自己和团队：我们能不能不一样？

寻找动态破局点，还要回到客户端。客户现场有神明。比如在本案例中，虽然冲击波在临床上已经应用了 5 年左右，但是目前仍有很多新的应用点待普及。去医院跟医生请教就会发现，医疗器械跟药品最大的不同是，药品只要上市就可以通过开药方给患者使用，而医疗器械的使用需要一个临床路径，也就是要确定类似能帮患者解决什么问题、疗程标准是什么、怎么收费等问题。临床路径需要一线专家去验证并制定。所以，一种医疗器械从卖到医院到在更多医院广泛使用之间，有一段很长的距离。

一般来说，新产品上市，制定临床路径的过程会自然发生，但往往会经历 1~2 年的时间。如果我们能把这个时间缩短到 3~6 个月，那我们就创造了动态破局点。

本案例的动态破局点就是"新应用"。新应用要突破就意味着要让最厉害的临床专家尽快挖掘出临床路径，将其标准化，并以最快的速度教会其他医生使用，然后通过这些医生教会更多的医生使用。如果这个过程足够快，那么就实现了"动态破局"。

一句话总结该案例的动态破局点：**新应用普及唯快不破！**

二、链式结构

提到"链式结构"这个词，很多 To B 市场人可能没有感觉。因为每次我受邀参加培训，都会问 To B 市场人如何进行客户细分。我发现，大家一般都是按照地理位置分的，比如分为省级、市级；或者按照客户规模，比如分为万级、千级……这种细分方法倒也没错，但是不够精准。就像看牛，大家看到的是头、身子、前腿，而不是像庖丁一般看到肌理筋骨，更别提闭着眼睛解牛，达到"以神遇而不以目视，官知止而神欲行"的程度了。

1. 以行业的专业性形成金字塔链式结构

什么是行业？行业是一群有共同专业背景的人长期在一起做类似的努力从而发展起来的产业。行业一般都已经发展多年，所以已经形成特有的信息流动途径，以及组织之间的关系和结构。

越是专业性高的行业，链式结构越明显。因为专业的东西需要传承，总是老师教学生，上级带下级，在此过程中，不仅会涉及知识的传承，还会涉及手把手教操作的情况。医疗行业就是典型的金字塔链式结构。

我们进入金字塔里面就会发现一根根清晰的影响链条，其中每一个 KOL 都是一根链条的顶部节点，也就是在全国范围内他最权威，因为这些 KOL 往往都是某个专业协会或组织的最高领导。看到这里，你会豁然开朗：原来庞大的 To B 行业中复杂的客户关系，剖析完就是几根链条啊，而且越往金字塔顶端，链条的节点越少。

医疗行业、电力行业、航天行业、工业品行业、通信行业等都是这样，无一例外。

2. 行业协会的功能

垂直行业都有行业协会，其中权威的协会都承担着政府和企业连接的责任。这些协会需要将政府的政策传达给行业里面的企业，同时协调企业，汇总信息，制定标准，辅助政府制定更好的产业发展政策。

行业协会也承担着促进行业专业技能交流和提高行业整体水平的使命，所以其会举办很多学习和交流活动。

医疗方面的行业协会是连接医院和企业的桥梁。医疗要构建相关产业的健康生态，就需要企业提供更好的技术和产品以赋能医院解决更多的临床问题，让患者得到更好的诊疗。医院也可以将有价值的临床信息反馈给企业，指导其做出更符合临床需求的产品。医院和企业彼此赋能，共同推动产业进步。因此，医疗方面的行业协会会举办大规模的展会、行业会议，促进医院和企业的交流。

3. 协会是垂直市场的关键节点

我们之所以能在 10 个月内跑赢竞争对手，是因为我们抓住了金字塔链式结构中各根链条的顶端节点——协会和专家，充分发挥链条的力量让新品的临床应用和价值在目标客户群中快速传播。精准的行业链条是我们破局点落地的通路。

三、To B 领域的 KOL

我们将产品给冲击波领域最权威的协会和专家（也就是协会的主委）免费试用，并邀请他们和我们的科学家一起做临床，做研究，出文章。这一系列操作使我们的产品在临床应用方面迅速得到认可，从而使临床路径的制定在 2 个月内就完成了。

之后，我们邀请专家和他们的学生以及协会的核心成员都学习并且免费试用我们的产品。这样我们就拥有了第一批种子客户，也就是未来新品临床普及的布道者。

就算 To B 公司市场部再牛，就算他们人人都出去讲产品，也不及行业里的几十位专家在全国各地分享来得有效。某个周末，我发现竟然有 16 个城市的医生团体在开展培训，而且大家都在学习我们公司新品的临床应用资料，参加的医生将近 3000 人，现场被申请的试用样机就多达 480 台。在医疗行业，试用就意味着操作习惯的培养，只要没有质量问题，一般试用的设备都会被医院采购。

再回到 KOL，很多 To B 领域的朋友（其中不乏大公司高管）跟我说："我们跟专家关系很好，他们很认可我们的产品。"这时往往我会回一句："然后呢？"很多 To B 市场人员觉得有 KOL 的联系方式，见了面，KOL 称赞了他们的产品，就算是赢得 KOL 了。很遗憾，并不是。

请问 KOL 的诉求是什么？有人说 KOL 需要知识变现。这种说法在 To C 领域是成立的，但是在 To B 领域却未触及本质。行业 KOL 根本不需要去做知识收费，一方面行业的 KOL 是有傲骨的，另一方面行业的 KOL 本来就是金字塔顶端的人，待遇都很好。

那么 KOL 的诉求到底是什么？是权威加强。行业 KOL 都喜好"三新"——新科技、新理念和新产品。他们一路向"新"是为了保持自己在行业中的影响力和权威性。一个 To B 企业跟行业 KOL 合作，如果只是互相认识，互相点赞，请问 KOL 的权威性改变了吗？ To B 企业和行业 KOL 一定是彼此赋能的。所以企业要想真正获得 KOL 的支持，就应该发自内心地为 KOL 引入新产品，让 KOL 通过新产品在行业内获得新成绩，然后帮他把这种领先的新成绩快速传播给同行，让 KOL 的权威性升级。推进这个过程快速完成，才是 To B 市场部的核心工作。

为了方便大家学习，我将这个案例中企业与 KOL 的协同价值归纳成一套方法，我称之为落地三板斧：试用，分享，裂变会议。

- 试用，市场部要联系 KOL，介绍新品的价值，安排 KOL 试用新品并协助其完成第一个临床案例，然后充分挖掘该案例的价值，让 KOL 从心底认可新品。
- 分享，To B 市场营销团队要安排 KOL 给他所在链条上的同行分享临床案例，并号召大家用起来，解决患者需求。这样就可从一位支持者裂变为十几位甚至几十位支持者。
- 裂变会议，To B 市场营销人员要设计会议及分享机制，如果没有分享机制，即便现在有十几位支持者，也不会产生裂变效果。良好的机制，会让支持者都积极参与到学科建设、临床应用改进的行动中。在各种行业会议中，这些支持者就会拿着你准备好的 PPT、案例和同行分享，并且激起同行对新成果的向往及试用新产品的欲望。当然，如果在这个过程中，To B 市场人能再增加点营销技术层面的"稀缺感""竞技感"，效果会更好。不过有一点要提醒大家，再酷的技术也得用在正确的道路上，只有这样才能产生画龙点睛的效果。

四、裂变式增长

To B 市场要实现裂变式增长，需要具备 3 个要素——KOL、机构和渠道。只有这 3 个要素有机整合才能实现裂变式增长，创造出 To B 业务奇迹。

前面说了，KOL 是新产品临床应用的布道者，也就是讲师。而医疗机构是培训的组织方，其可以把区域内大小医院召集起来学习新临床技能。渠道可将新品输送到医疗机构，协助组织培训的开展，安排产品试用，促使采购完成。

前面我们提到了 KOL，接下来说说机构和渠道的裂变。

1. 有限的销售人员和无限的渠道

市场部负责获取线索、商机，销售部负责签单。有时候，市场团队做得很好，线索很多，但是销售却来不及跟单和签单，就会导致指数型的增长曲线变成平缓的抛物线。必须清醒地认识到，销售人员是有限的，而且不具有裂变性质。

在 To B 领域的市场营销中，有直销和分销两种模式。从签单周期来看，To B 领域的大小项目落地，快的 1 个月，慢的 12 个月。如果采用直销，那么公司销售人员的数量决定了销售额，因为销售人员同期只能跟 6~10 个项目。所以依靠直销，受限于有限的销售人数，基本不会产生裂变效果。分销及其渠道就成为必然选择。

中国医疗市场大约有 6.4 万名代理商，如果企业能够设立一个好机制，渠道是可裂变的。比如，在该案例中，我们新产品的销售渠道在 6 个月内由 10 个裂变到 1000 多个。

2. 渠道的价值与渠道政策

To B 领域的采购都需要招标，招标就要公示。所以哪个渠道能做哪类客户的代理，从千里马这类招标网站都能查到。企查查、脉脉等工具也能帮助企业很快联系到对应的渠道。

潜在渠道名录整理出来，接下来就是设计一个好政策了。渠道和企业之间的本质是价值交换。有人可能会有疑问，企业把自己的利润让出来给渠道，那企业和渠道进行合作的价值是什么？

渠道的价值体现在钱、人才、人脉资源上。

- 钱：渠道把自己的钱给企业，目的是提前囤货，买样机，这本质就是要和企业一起开拓市场。
- 人才：渠道会专门招聘和培养做售前和售后服务的人才，这会节省企业的售前售后成本。
- 人脉资源：渠道会直接将自己积累的客户资源分享给企业，这会节省企业商务开拓的成本。

企业要围绕和渠道的价值交换，制定代理商政策，公平地给渠道价值交换回报，同时激励渠道开拓市场，激发裂变。说到底，渠道跟企业合作，要让人家挣到钱！想要裂变，政策就要既公平又有激励性。

3. 渠道裂变执行

渠道名录和渠道政策都准备好后，市场团队就可以开展一轮线索筛选了。市场人员直接联系渠道，和销售团队一起配合渠道快速签约，尽快形成覆盖全国的分销网络。

渠道的裂变如何理解？就是基于区域市场构建渠道网络。企业的销售部和市场部重点发展省级渠道和重点市级渠道，形成中心枢纽，然后通过政策推动中心枢纽发展下一级渠道。企业负责布点，用政策推动渠道布网。小中心形成小网，大中心形成大网，所有的网连接到一起就形成了覆盖全国的渠道网络。

4. 医疗机构与裂变

随着分销渠道的落地，试用的产品被更高效地变成订单，购买产品的机构便会呈现裂变式增长趋势。

签约并不是 To B 市场部和客户之间的终点，而是起点；这时候市场部应该琢磨，这些客户能否成为当地的样板或培训中心？能否依托其开展针对下一级市场的培训，实现再裂变？

　　从 1 位行业 KOL，通过链式路径对接到 10 位 KOL，然后波及 10 个一级城市，接着通过裂变得到 3000 个客户、100 多个机构、几十个示范中心、600 多个市级市场、10000 余个客户……我们通过 10 个月的时间彻底改变了冲击波的竞争格局！

14

如何打造 To B 业务商业增长闭环？

——王桉

王桉 上海交通大学安泰 EMBA，具有 10 年云计算、AI、企业服务的市场营销经验，以及企业商业化运营经验，深谙 To B 商业化营销之道。曾服务于七牛云，打造了知名的云存储品牌；曾服务于竹间智能，在 AI 赛道打造了人尽皆知的 NLP 品牌，并从 0 到 1 搭建了商业化团队。

美国在 20 世纪 80 年代就经历了 To B 的大发展。在 1980 年的 To B 浪潮中涌现出了一批巨头，比如微软、IBM、SAP 和甲骨文等。早在 2018 年，埃森哲就针对 1000 多位 To B 销售主管进行了调研，以求了解 To B 市场不断变化的数字格局。研究结果解释了为什么客户体验等因素是推动 To B 变革的关键。埃森哲的报告还显示，仅在美国，To B 市场在 2021 年就会达到 1.2 万亿美元，全球的 To B 市场会更加庞大。回到国内，大家不难发现，当前我国的 To B 企业发展势头正猛。

埃森哲经过调研发现，To B 企业的高管已经意识到提高客户体验并采用个性化服务的紧迫性：相比几年前，73% 的人知道客户对有意义或有价值的产品、服务和体验有更高期待，而 63% 的人表示他们希望整合个性化服务。

根据研究，50% 的 To B 主管认为为客户提供全渠道营销体验至关重要，46% 的人认为需要保证订单端到端之间的可见度。在优先级列表的顶部，被视为重要因素的还有全方位了解客户（33%），以及更好地使用数据进行销售和服务（33%）。图 14-1 总结了 To B 企业比较关心的几个问题。

图 14-1　To B 企业比较关心的几个问题

上述所有这些都体现了 To B 企业对个性化体验、客户服务、营销方法的思考。接下来我们就围绕这几点来谈一谈 To B 业务增长的商业闭环。

一、AARRR 模型

首先要介绍一个被普遍运用的模型——AARRR 模型，这个模型作为一个经典的增长漏斗模型，被大量运用在 To C 运营中，但对 To B 企业的业务增长同样有借鉴意义。AARRR 即获取客户（Acquisition）、提高活跃度（Activation）、提高留存率（Retention）、获取收入（Revenue）、自传播（Refer），如图 14-2 所示。

- 获取客户是 AARRR 模型的第一个阶段，也是该模型中非常重要的阶段，这是整个模型运转的基础，不进行客户的获取和拉新，即使客户激活率或变现率再高，也没有意义。
- 在提高活跃度阶段，部分潜在客户将被激活，成为产品的真实客户，同时也会有部分潜在客户无法顺利使用产品，转而放弃，造成流失。
- 提高留存率阶段，主要帮助客户增加产品使用频率，延长使用时间，增大与产品的黏性，让客户产生对产品的依赖，从而留住客户。
- 获取收入阶段是在留住客户的基础上实现变现。所有商业都是以盈利为目的的，获取收入通常有两种途径：一种是通过产品和服务变现，另一种是流量变现。
- 自传播阶段是与外部传播相对应的，在这个阶段客户自发进行传播推荐。

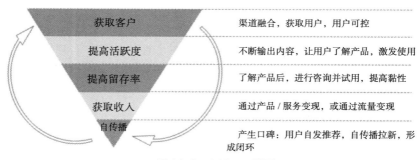

图 14-2　AARRR 模型

按 AARRR 模型思考 To B 营销和业务增长，就会有清晰的底层逻辑。To B 企业中，市场部常常担任重要角色，引导整体商业化发展。图 14-3 所示为 AARRR 模型在 To B 领域的落地示意。

- To B 企业，市场部开疆拓土，找准渠道，精准获客

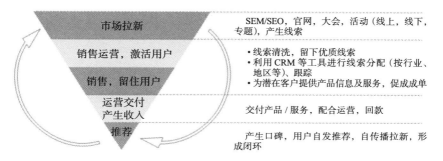

图 14-3　市场部引领商业发展

业务的产生往往从市场部的拉新开始，市场部通常采取举办或参与大会、官网运营、SEM 和 SEO 等途径进行品牌曝光，并获取线索。这是 AARRR 的第一阶段。

在第二阶段，市场部进行线索清理，筛选出优质线索，之后协同销售和运营人员为潜在客户提供服务，比如为他们提供产品信息，指导他们尝试使用产品，使线索中一部分客户被激活，成为产品的使用者。

第三阶段，通过持续为客户提供服务和引导，扩展客户对产品使用的广度和深度，使客户对产品产生信任和依赖，提升客户黏性，从而留住客户。

第四阶段，在客户明确表现出肯定的态度之后，产品、运营及交付人员都会加入进来，进行 POC，有时甚至可以直接签单并实施交付。再之后就是配合完成全部项目并催回款了，也就是在提供更完整的产品和服务的同时，实现变现。

第五阶段，客户在深度使用产品之后，若是对各方的表现都很满意，那么他们很可能会自发或在引导下跟企业内部其他业务部门或同行业友商进行宣传和推荐。这种自推荐的形式又为我们的市场部带来新的线索，整个业务模型形成闭环。

在整个商业增长闭环中,市场部不是独立的,市场部要与公司其他部门充分协作,在商业运作中发挥更重要的作用。

二、AI 技术的引领作用

本节以我所从事的 AI 行业为例,介绍打造 To B 业务商业增长闭环的具体方法。

(一)洞察新的增长方向

在当今瞬息万变的经济中,AI 将成为转型、颠覆和竞争优势的关键来源。作为以 AI 为支柱产品的企业,如何对全行业背景进行全息洞察,并做出及时预测和抢先布局,这是非常关键的。例如我们会思考,作为 AI 技术提供商,哪些方向存在巨大应用潜力?

获取最新的专业的行业报告,有助于企业做到信息洞察和大胆布局。近几年,关于 AI 技术及应用的报告越来越多,比如普华永道就曾发布报告,深入研究了 AI 各板块及相关产品的影响,这是一份帮助企业挖掘机会点,定位当前威胁和寻找解决方案的报告。对于 AI 技术提供商来说,这也是一份商机指南。

普华永道的报告中概述了 AI 最具潜力的领域和成熟时间表,其中医疗、汽车和金融被认为是 AI 最具应用潜力的行业,很多应用方向(例如机器人医生)的提出,都具有前瞻性和革命性——这些信息,对 AI 提供商来说是有启发性的。

(二)从品牌设计到实际运作

找准行业布局之后,市场部就要进行品牌包装了,具体工作包括:选定行业的整体环境,分析行业内已存在的竞品格局,打造自有品牌的差异化,触达客户。

1. 顶层设计

最顶层的设计包含品牌愿景，核心价值。再下一层是品牌建设，包括企业形象、客户触达、产品宣传等。

企业形象里需要考虑企业主打的定位，以及公司的亮点文化、产品及服务特色，当然还需要配合 Slogan、Logo，以及官网、宣传册等，目的是实现全方位的视觉统一。产品、案例如何进行整体包装，如何制定 SEM、SEO 方案，如何用有限的预算争取到活动、业界知名论坛的优质资源，以此增加客户触达概率，这些都是市场部的日常工作。

在最底层的实际工作中，市场部还需要建立销售、售前、项目、产品等各部门的协调运作机制，以此来保证每一条有价值的线索都不被浪费，整体推进线索转化。

市场部在这个阶段的重点工作如图 14-4 所示。

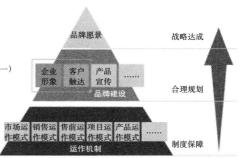

图 14-4　从品牌设计到运作机制

2. 增加曝光，获取线索

增加曝光的渠道和方法很多，其中对于 To B 企业来说大会和活动是常用的渠道。

大会、活动太多，都参加是不可能的，那么要如何选择？很多会展都是供应商主动联系企业的,这类会展到底有没有效果?如何做活动?这些问题困扰着很多市场工作者。其实不管会议大小,都是以增加曝光、获取线索为最终目的的。

AI 行业,可以根据大会类型来考虑是否参加。按照我的理解,大会一般包括如下几个类型(见图 14-5)。

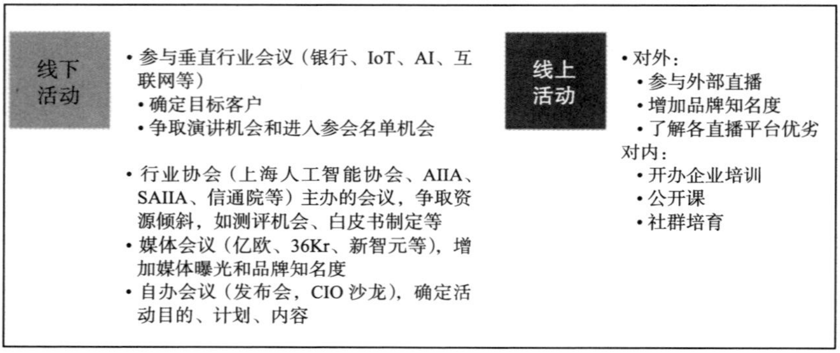

线下活动	线上活动
• 参与垂直行业会议(银行、IoT、AI、互联网等) • 确定目标客户 • 争取演讲机会和进入参会名单机会 • 行业协会(上海人工智能协会、AIIA、SAIIA、信通院等)主办的会议,争取资源倾斜,如测评机会、白皮书制定等 • 媒体会议(亿欧、36Kr、新智元等),增加媒体曝光和品牌知名度 • 自办会议(发布会,CIO沙龙),确定活动目的、计划、内容	• 对外: • 参与外部直播 • 增加品牌知名度 • 了解各直播平台优劣 对内: • 开办企业培训 • 公开课 • 社群培育

图 14-5 线上线下活动示意

(1)**垂直行业大会,如金融、IoT、医疗、教育等行业的大会**。对于这类会议,专注某个领域的企业可以参与,尤其是要多参与目标客户会出席的会议,并且争取演讲机会和进入参会名单的机会。

(2)**行业协会举办的大会,如上海人工智能协会、AIIA、SAIIA、信通院等主办的大会**。对于这类大会,要积极参与,并争取资源倾斜,比如参与测评、白皮书拟定等工作。这样企业可以借助行业协会的专业和信誉为自己背书。

(3)**主流媒体举办的会议,如亿欧、36Kr、新智元等举办的大会**。这类大会可以增加媒体曝光、品牌知名度,所以也要积极参与。

(4)**自办会议,如新品发布会、沙龙分享等**。这就不用说了,肯定要参与的。这类大会可以增加与深度合作伙伴、老客户和潜在客户的互动,强化企业与客户的情感纽带。

现在直播活动越来越普遍。企业对外，可以参与行业、媒体等组织的直播活动，增加品牌知名度，进行技术布道；对内，可以开办企业培训类直播活动，以公开课的形式进行产品销售培训，针对观看人群构建学习闭环体系，对重点人群进行长期培育。

营销推广的过程中要提升以买家为中心的体验。Gartner 研究显示，技术和服务提供商通常需要 10 个营销渠道和 6 通电话，才能达到更高的转化率。在这个过程中，很容易向买方发送大量无关的营销信息，这样做扰人且无法抓住买方的注意力。因此，必须采用更聚焦、更现代化的方式来吸引买方的注意，例如通过个性化的消息和报价来吸引买方的注意力。营销人员在整个购买周期中可以提供以下内容来打造个性化体验。

- **基于行为的相关内容**：根据买方的行为数据分析得出专门针对该买方的内容，通过这类内容帮助买方迅速获取有价值的信息，并以多种形式帮助其完成购买流程。
- **引人注目的客户成功案例**：需要考虑以更具创造性和敏捷性的方式通过多种渠道挖掘客户成功案例，并以客户体验故事的形式呈现给买方。
- **直接发邮件**：据统计，服务提供商利用直接发邮件的方式开展营销活动，会帮助公司将转化率大幅度提高，有些公司甚至提高了 2.4 倍。但是要注意，当前直接发邮件的方式必须具有创新性和及时性。

3. 线索筛选和分类处理

在拥有线索池之后，由于线索来源复杂，还有可能出现信息不全面的情况，所以在正式使用线索之前需要进行线索清洗。通过高质量渠道进来的线索、有明确需求的线索及深入交流过的线索都可以视为重点线索。通过关键词搜索进来的线索，只要对应客户愿意填表单，可视为有效线索。

对于高质量的线索，只需进行分类，例如按照所在地区和行业进行分类，然后分配给负责该地区或该垂直行业的销售人员进行跟进；还可以按照线索来源进行分类，这样可以让后期跟进人员有针对性地进行跟进。比如，高质量渠道过来的线索，其中对我们产品感兴趣的客户占比往往较高，而且这部分人群的规模都比较小，所以适合直接以电话的形式进行跟进；行业峰会过来的线索，可以以社群的方式进行培育和跟进。

针对不成熟的线索，需要辅以不同的培育方法。对于对品牌和产品无认知的人群，可以以介绍产品、提供价值主张为主；对于已有认知的人群，可以重点介绍产品对使用者的价值；对于已经对产品产生兴趣的人群，可以发掘其具体需求并给予针对性满足，促进成交转化。

从产品试用入口来的线索往往已表现出对产品的兴趣，但由于技术驱动型产品有一定的操作门槛，因此需要专门对这类客户进行引导、培训。在此过程中售前应积极配合，提供详细的操作指南，帮助客户了解产品，降低使用门槛，从而增加激活客户、留住客户的概率。

4. 提升客户参与度，共建产品生态

德勤《2020年全球营销趋势》报告建议，以市场为主导的公司可以调整战略，合理运用消费者潜力。这样不仅可以依靠消费者来获得信息洞察，还可以提升消费者在产品生产过程中的参与度，与其共同创建产品生态，从而达到"消费者即品牌"的效果。

5. 构建数据智能化处理系统

不管是第一手的 CRM 等系统中的销售数据，还是其他渠道收集到的第二手资料，都需要进行整合分析，从原始海量数据到清洗后的高质量数据，再到市场洞察、客户关系探索、特殊数据，直至形成指导性报告，这是一个内外部数据联动的过程。对数据进行全

盘分析，目的是为销售、商务活动服务。这就需要构建一套以商业化服务为目标的数据智能化系统，如图 14-6 所示。

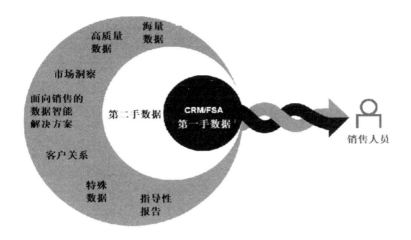

图 14-6　数据智能化解决方案

6. 构建销售自动化工具

销售技术自动化（SFA）逐渐获得 To B 企业青睐。Gartner（2019）的报告显示，SFA 市场在 2019 年增长了 12.8%，达到 69 亿美元，SFA 是销售技术市场的最大组成部分，据估计，SFA 约占整个销售技术市场的 55%。

在 Gartner 的销售技术自动化魔力象限中，Salesforce、Microsoft、Oracle 和 SAP 的销售自动化产品处于领跑者地位。

SFA 的核心功能主要包括：客户管理、联系人管理、线索管理、销售活动管理、销售预测、移动终端应用、报告管理、合作伙伴关系管理和平台功能等。

7. ABM

基于目标客户的营销平台也能助力线索管理，基于目标客户的营销即 ABM。在 ABM 中，To B 市场部会与销售部保持一致，以量身定制的营销方案为目标客户提供服务。

ABM 平台常助力于吸引目标客户：在漏斗顶部时期创建线索；线索创建之后争取接触线索；在大会活动或线上活动后继续跟进。

此外，ABM 也被用于维护现有目标客户：更新高风险线索、扩展线索、加售和交叉销售。

ABM 平台主要功能包含：客户选择功能，包括制定计划、激发参与和生产报告；受众管理功能，可基于多个来源提取第一方和第三方数据；评分模型功能，由数据驱动和 AI 驱动；整合功能，通过广告、重新定位、电子邮件和社交营销来整合内容；跨渠道功能，主要进行跨渠道客户管理。

构建 To B 业务商业增长闭环，需要企业各个部门连接到一起，形成完整的循环闭环。在企业级营销增长实战中，每一次的循环都可让这套闭环体系不断自我学习和进化，这样产品才会有持久生命力，企业才会收获客户更多认可。

To B 内容体系助力增长实践

——刘敏华

刘敏华 广州数说故事信息科技有限公司高级销售总监。精通 To B 市场营销体系及销售体系搭建、企业数字化转型咨询、数字营销理论与实践。近期关注数据驱动下的运营。

我进入 To B 这个领域已有 15 年了,从调研行业到咨询行业,从民企到外企,从销售到市场再到管理,我全都经历过了。

一直攻读营销方向的我,在前 10 年的工作中摸爬滚打,很辛苦但收获了自信,不能说成就有多大,但也算小有成绩。最近 5 年,随着创业公司的崛起,我也投身创业的大军当中,希望可以发光发热,用最近流行的话说就是"点亮他人"。可是,现实的骨感支撑不了丰满的理想,创业开始不久便遇到一个接一个的困难:创业公司难招人,预算捉襟见肘,产品需要打磨,老板要求品效合一……我第一次意识到,继续用传统的方式做市场,就等于慢性自杀。

通过几年的摸索和尝试,我发现内容营销是 To B 营销领域中一种非常有效的获客方法。本文就从体系化的角度来谈谈内容如何助力 To B 企业增长。之所以加上"体系"二字,有两个原因:第一,很多文章都对内容里的"点"做了详尽分享,比如官网迭代、内容设计、活动运营等,我觉得有必要把这些"点"串联起来;第二,根据我的经验,内容要助力增长,必须体系化运作,不能单点作战。

关于内容营销的重要性,大家应该都已经很清楚了,比尔·盖茨的开创性文章《内容为王》尽管已经发布 20 多年了,但如今"内容"仍然是 To B 企业获得潜在客户的最强大、最具成本效益的手段。

内容营销到底有多重要?我想只有用数据说话才能更好地说服老板投入资源。Content Marketing Institute(内容营销研究所)在 2020 年发布的报告中指出:"内容营销获得的线索,是付费搜索的 3 倍。"虽然国外比国内发展更快一些,但这也能在一定程度上说明内容营销变化的趋势。

综上所述,开始内容营销最好的时机就是现在,刻不容缓!

开宗明义以后,我们进入正题。我把内容助力 To B 企业增长总结为一套方法论——种树方法论,如图 15-1 所示,其主要分成 4 个部分:内容策略、内容生产、内容传播、数据反馈。

图 15-1 种树方法论

一、内容策略

(一) 为什么需要内容策略?

没有策略就开始制作内容,那就是在赌博,你可能会赢,但也可能因为迷失方向而输得很惨。通常情况下,我们都会在没有制定任何内容策略的情况下,就匆忙走出第一步,我们以为潜在客户渴望马上看到我们公司或产品的信息。但实际情况是,你的潜在客户并没有时间阅读与他们毫不相关的内容。更残酷的是,他们并不关心你的产品和服务,也不会关心你的新公司是否开业。

在这种情况下,大多数人都会以为是内容营销无效,但其实只是没有用对打开方式。那什么才是对的打开方式?那就要先从策略做起。69%的营销人员表示,制定良好的内容策略是内容营销成功的关键。从2018年到2020年的所有研究表明,制定内容策略是内容营销成功的一个关键因素,制定内容策略的企业占比正逐年上升。

之所以把内容策略放在根基部分,就是因为根基将决定这仅是一棵小树,还是能长成一棵大树。也就是说,内容策略是内容营销能否成功,甚至能否助力增长的关键因素。内容策略、内容生产、内容传播、数据反馈是一个不断相互验证的闭环,能帮助我们在迷雾中看清方向,坚定前行,如图15-2所示。

图15-2 内容策略不是孤立存在的

(二)确定内容策略

我们可以利用左右圈法则和内容营销金字塔(Content Marketing Pyramid,CMP)来确定内容策略。

左右圈法则可以帮助企业找到内容定位。如图15-3所示,左圈代表客户痛点,右圈代表企业优势,而中间重叠部分为产品和服务能满足客户的程度。对于内容营销而言,中间重叠的位置便是企业的核心价值——既满足客户需求又能展现品牌的价值。

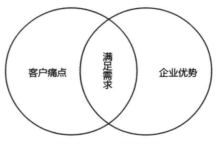

图15-3 左右圈法则

内容营销金字塔则可以从统一的内容目标、跨渠道重复关键营销信息、多样的内容形式等角度优化内容营销工作,促使客户尽快完成从认知到线索再到最后的销售转化这一完整流程。内容营销金字塔包含5个级别的内容,分为3个主要部分,如图15-4所示。

第1级:核心内容。此类内容是金字塔中其他资产的基础,其他所有内容都是利用对核心内容的研究和思考创建的,包括但不限于书籍、行动指南、行业白皮书和视频课程。金字塔中的所有其他内容都应以将受众吸引到核心内容为目标。

第2~4级:衍生内容。衍生内容来自核心内容,构成金字塔的中间部分。这部分内容从核心内容中获取大量信息,以求创建更加易于传播的信息。它们更易于受众阅读和理解,并以多种格式呈现,例如长篇深度文章、客户案例、线上课程、演讲等。这些内容应该吸引并引导受众对第 1 级内容产生兴趣。第 4 级内容应该比第 2 级和第 3 级内容发布更频繁，它应该成为每天发布的内容之一，这是企业内容营销的"生计"。第 4 级内容还包括 KOL、KOC 等撰写的文章，这些文章属于最常见的外部文章，可以提高 SEO 排名并引导受众到核心内容上，而且能带来更多潜在客户。

图 15-4　内容营销金字塔

第 5 级：社交微内容。第 5 级内容有助于提高其他内容的曝光量，并促进企业与受众的互动，包括通过问答平台、短视频和社交媒体（社群营销）等进行的互动。

下面介绍策略制定的原则和注意事项。

（1）**以终为始，制定 To B 内容营销策略的第一步是制定可衡量的战略目标，即制定北极星目标**。根据这个目标进行计划可以更好地衡量工作结果，而不仅是衡量写了多少文章、获得多少互动，又或是办了多少场活动。建议目标不要太多、太零散，不要获客、转化、ROI，不能什么都想要。

（2）**清晰传递公司业务定位**。这里应在以客户为中心的基础上，围绕企业重点业务展开相关工作。这将有助于确定与你的客户最相关的内容类型和主题。每个公司都具有专注的领域，如果不能准确地传递和表达这类内容，会让你的潜在客户产生疑惑，或让潜在客户认为你提供的内容与他们想要了解的内容不相关。

（3）**分析目标客户群**。通过角色和最佳客户模型来分析客户群体，以提高内容营销的有效性，及其与客户的相关性。确定正确的细分受众群体的关键是识别客户需求和痛点，通过你所从事的业务对客户进行过滤，按客户角色、需求或痛点进行分组，然后使用这些数据来描述你的主要客户群。

为了获得更好的内容营销效果，必须避免"知识的诅咒"，即不能站在自己的角度去撰写内容。因为你可能对相关内容特别了解，但是你的客户大多数都不具备全部专业知识。所以你的内容要确保专注于客户的需求和痛点，而不仅是专家观点。

（4）**产出客户想要知道的内容**。销售线索转化中排名前三的做法之一是"为销售周期中的每个阶段创建内容"。通过将相关主题的内容映射到客户决策过程中的每个阶段来实现以客户为中心的内容体系。图 15-5 所示是映射每个阶段相关主题的快速指南。

如果客户提出……	我的问题是什么？	怎么解决我的问题？	这个供应商适合我吗？
那他们其实是想……	验证想法	方案及产品适配	信用及支撑决策
我们应该分享……	·行业趋势和标杆 ·行业内其他公司在做什么 ·行业白皮书 ·线上分享课	·可行解决方案 ·方案对比 ·行业案例 ·适用性	·能力说明 ·实施能力及周期 ·价格范围 ·客户证言

图 15-5　映射每个阶段相关主题的快速指南

（三）内容体验地图

如果还是不知道应该先做什么后做什么，那么我再给你一个好用的工具——内容体验地图。根据客户的内容体验地图，我们可以轻松找到最应该努力的方向。当我们把客户需要的内容准备好以后，企业就能站在一个更高的位置培育客户，而不是被销售人员和客户牵着鼻子走。因为无论客户到哪个阶段，销售人员需要什么材料，我们都知道，而且都能第一时间拿出来，从而帮助企业在最短的时间内做出采购决策。也就是说，通过内容体验地图，企业可以在内容营销中真正体现内容策略的价值。内容体验地图的示意如图15-6所示。

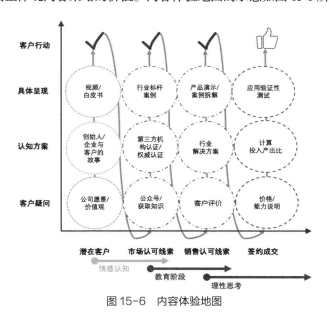

图15-6　内容体验地图

内容体验地图有点复杂，我们分步来看。首先，我们来看横坐标。按一个客户导入市场的阶段可将内容体验地图分为潜在客户阶段、市场认可线索阶段、销售认可线索阶段和签约成交阶段。然后，我们来看纵坐标。纵坐标代表客户经历的心路历程，分为客户疑问、认知方案、具体呈现和客户行动几个阶段。横纵坐标的交错形成了不同的区间，我们可以把对应的内容放到不同的区间里，如图15-7所示。

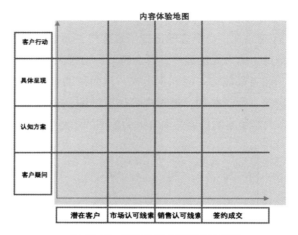

图 15-7 横纵坐标交错形成的区间

接下来,就能放内容了吗?还不行。我们要分清楚一个客户在不同阶段的心理变化,从而更好地把不同的内容匹配到不同的区间里。我们知道,人们一开始都是感性的,就像谈恋爱一样,大家开始关注的都是"有没有感觉",而不是先考虑对方的物质条件。"我觉得这家公司不错""老板觉得这家公司在数字化转型方面很专业"这些话是不是特别熟悉?"我觉得"就是一个感性词。只有在感性认知阶段留下好印象,之后才会开始做理性的思考和评估。

从感性认知到理性思考是企业培育客户的阶段。为什么是"培育"而不是"推销"?因为我们的客户都非常敏感,一旦发现我们在推销,就会立刻转身离开。我们不要天真地认为,客户关注了企业的公众号就是想要购买,也许他们只是单纯地觉得内容有价值,希望持续关注后能获得更多有用的内容,让其不至于落后于同行或同事。为了满足客户"知识获取"的需求,在这个时期,我们在内容上就应该匹配培育的内容,潜移默化地把企业设计成行业的标杆,然后等待成交。

当培育到了一定程度后,客户就会开始将自己的痛点与企业的解决方案或案例做匹配。如果匹配度很高，就会进入理性思考阶段，开始考核企业的能力、报价以及投入后的产出等，为下一步的采购做好准备，如图 15-8 所示。当然，这也需要销售人员的配合。

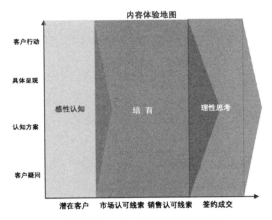

图 15-8　从感性认知到理性思考

最后，我们自然就会知道应该为每个区间匹配什么内容了：在感性认知阶段，匹配 CEO 讲述的愿景、价值观、企业和客户的故事、介绍公司 / 产品的视频和白皮书等可让潜在客户对公司产生"不错"感觉的内容；在培育阶段，匹配行业标杆案例、相关知识补充、第三方机构评估认证、产品演示、解决方案讲解、客户对产品的价值认可及评价，让客户"获取知识"；在理性思考阶段，匹配报价、能力说明、观点验证、ROI、TCO（Total Cost of Ownership，即总拥有成本，包括产品后期使用、维护的成本。这是一种公司经常采用的技术评价标准）等内容，让客户"获得信心"。

需要注意的是，客户需要经历从提出疑问到行动的过程，进入下一阶段后会再次重复这个过程，这也是客户的内容体验之旅。客户经历了这样的过程之后，会形成对企业的认知和感受。

完成上述过程后，就要快速实践、小步快跑、不断迭代，从而产出合适的内容策略。这个过程中要注意客户目标和企业工作优先级。

二、内容生产

虽然策略已经定好了，但不要着急制作内容，还要培养一定的组织能力。组织能力是内容生产过程中需要具备的基础能力。团队组建对内容稳定及一致性输出来说非常重要，好的内容生产者不是"招"来的，是一步一个脚印地"培养"出来的，如图15-9所示。组织好团队，就可以开始生产内容，关注内容本身了。

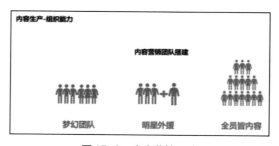

图 15-9　内容营销团队

1. 行业标杆案例

在 To B 行业的内容里，写得最多的就是行业标杆案例了。为什么会这样？因为案例能让潜在客户有代入感，更快理解我们的产品和解决方案。要写好行业标杆案例，可以采用 SIR 法则，如图 15-10 所示。

❑ Situation（形势）：从当前形势出发，了解企业遇到了怎样的问题。

❑ Impact（影响）：评估这样的问题在极端情况下可能会带来

什么样的影响,业务会受到什么样的挑战,这个挑战能否被量化。(如果我们能对影响进行量化,那么受众会产生更强烈的感性认识。)

☐ Resolution(解决):让潜在客户知道,对于他们现在面临的问题,我们正好有对应的解决方案。

图 15-10　SIR 法则

道理很简单,落地却很难。原因在于,大部分内容生产者对客户不了解,不知道客户遇到了什么样的问题,也不懂这样的问题会带给客户什么样的影响。这就要求全员必须紧密协作,深入了解客户问题。这里所说的全员,不只包括部门内的人员,还包括企业中其他部门的同事,甚至包括外部的客户。为了能更好地帮助大家解决这个问题,我对 SIR 法则进行了升级,得到了 SCTUIR 法则,如图 15-11 所示。SCTUIR 法则更像一个细化的问题清单,能帮助我们更好地了解客户情况,在细节上更好地跟潜在客户产生共鸣。

你可以带着这个列表去采访赢单的销售人员,或是直接采访你的客户。当然,你也可以根据不断积累的经验,按你的行业属性和需求,不断地扩充这个清单,让它成为能协助你快速复制优秀案例的工具。

图 15-11 SCTUIR 法则

另外，写案例时还需要注意以下几点。

- 要把某客户打造为标杆案例，最好在跟客户合作前就能用邮件或其他能追溯的方式进行确认，若是合作后再确认，可能对方的那股热情已经过去了，客户的配合度就降低了。
- 内容生产者必须跟客户有深度的沟通，并让客户确认内容后再进行发布。
- 案例通常比较长，读者往往没有耐心看完，把重点段落或语句进行高亮处理，可以减轻受众阅读负担。
- 痛点能不能戳中客户最痛的地方，能不能量化，这直接决定了客户会不会读下去，会不会看你的产品解决方案，甚至会不会最终采用你的方案。

2. 学会讲故事

好的标杆案例会让读者边看边思考，带领潜在客户运用理性思维思考：客户会认真地分析案例中的情况是否跟自己的企业面临的情况一样，这个供应商是否靠谱，解决方案是否可以解决自己的问题。

我们都知道，最厉害的文章应该是"不明觉厉"的，也就是说在客户还没搞清楚这家公司是干什么的时候,就认定他们很厉害!这时候,感性认知发挥了关键作用。

回到 To B 内容生产上,我们的挑战在于:跟口红、手机这些产品不一样,咨询类企业的服务或产品都比较复杂,可能是一个解决方案,也可能是一款技术产品。它们有一个共性,就是不容易讲清楚。如果单纯、枯燥地写公司介绍,客户一般都没兴趣看。想写案例,却也没那么多标杆客户,就算有标杆客户,也可能因为保密协议或公关原因不能公开。但是,宣传公司的事情还是要做的,不然市场无法获客。该怎么办呢?答案是,讲故事。

我有一个写好故事的心法:"从主角的目标倒推,找到阻碍他实现目标的负能量,用负能量来构建叙事的张力。"我们来拆解一下这句话。

(1)创建一个角色(可以是 Jack,也可以是 Mary)。

(2)画出这个角色的客户旅程。角色的目标是什么?遇到了什么阻碍?

(3)画出角色经历的几个步骤,在每个步骤中,列出角色的思考与顾虑。

(4)展现最终角色是怎么冲破阻碍,获得成功的。

上述过程可以用图 15-12 来表示。

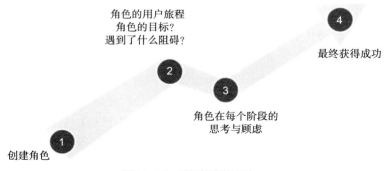

图 15-12 写好故事的方法

下面举例说明上述方法如何落地（限于篇幅，下面的案例进行了大幅删减。）

传统企业的老板 Jack 的生意被新的竞争对手抢夺，他不知道该如何应对。新科技浪潮、Z 世代、后浪……这些都让 Jack 无法招架。他希望可以找到一个能帮助他的人，但是招到的人却只会讨好他，不干实事，这让他更加气馁。正当他想要放弃这门生意的时候，看到同样做传统行业的隔壁老王的生意越来越好，聊天以后才发现，原来找的人再厉害，都比不上找到一个有经验且可以帮他出谋划策的团队。于是 Jack 找到了老王介绍给他的 A 公司。开始时 Jack 并不信任 A 公司，后来通过与 A 公司反复沟通，跟着 A 公司给出的指引调整战略目标、内部架构等，Jack 看到公司慢慢有了起色，并最终让公司重回行业领头者的地位。

在上述故事里，客户 Jack 是故事的主角，是英雄，服务和产品只是辅助他成功的武器。

写故事不是瞎编，如果对于行业客户的痛点、挑战、无奈等毫无感知，即使有再多的"术"，也没有办法写出好的故事。所以还是要多跟客户沟通、交流。建议市场部的小伙伴们多跟战斗在一线的销售人员一起去见客户，一起攻克难关。听多了，见多了，把握到问题的精髓了，自然就能写出好故事了。

3. 为分享做好准备

这部分内容是老生常谈了。内容中的一些金句可以重点标出来，方便读者转发。

研究指出，能够引发受众分享的内容，大都是感性的，要么有共鸣，要么够新奇。只有内容刺激到他，他才会产生分享的欲望。这类内容转发出去，对客户来说会形成自己的社交货币，能够打造自己的个人形象标签，在这个过程中也为企业做了背书。

4. 复盘

谈到复盘，很多人首先想到的就是对内容进行衡量，而衡量内容就需要关注相关的数据。但我认为，对于内容生产者来说，复盘时更应该关注内容本身。内容生产的难点在于持续产出优秀内容。我们的目的不是某一天产出一篇 10 万+ 阅读量的文章，而是每天都有产出，且每篇内容都有足够高的质量，这对内容生产者来说要求是非常高的。我们可以通过以下 3 个问题来审视内容在读者心中的地位。这 3 个问题虽然感性，但我认为比数据更能说明问题。

- 有人会因为内容对企业产生兴趣吗？
- 受众能准确理解你所希望传递的信息吗？
- 有人会关心你是否有更新吗？

5. 行动建议

内容呈现方式有很多，而不仅是行业标杆案例，类似白皮书、在线培训、解决方案等都是内容的呈现方式。无论什么形式的内容，其中都应该设计一个 CTA，即激发客户留下联系方式的钩子。留资的客户越多，证明内容越优质。比如在电子版内容中，可以设置一个"我需要联系销售人员"的按钮，客户点击按钮后需要填写详细的联系方式以及感兴趣的产品。因为这时候客户已经通过内容和企业建立起信任关系了，也就是已经从之前的认知阶段进入产品选择阶段了，此时客户一般都会愿意填写这些信息，而且这些信息的有效性非常高。这种方式会节约大量的客户获取成本。

三、内容传播

1. 传播方式

本节为大家分享一个 5W 传播模型，即谁（Who）说了什么

（What），通过什么渠道（Which Channel）向谁说（Whom），有什么效果（What Effect）。5W 传播模型示意如图 15-13 所示。

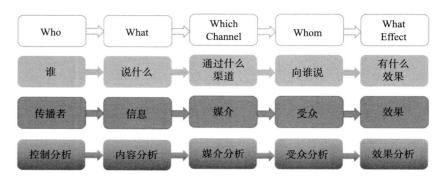

图 15-13　5W 传播模型

5W 传播模型就是为了让不同阶段的受众进入匹配的渠道，以及让带着不同问题的受众找到想要的答案。有时候 5 个要素很难全部做到完美，我们需要依照传播目标有重点地进行选择。在"说什么"层面，如果想增加消费者二次传播的概率，就要适当加入"有价值"的信息，比如让转发者显得更有学识、看起来更专业或者可以帮助他人的信息。

2. 传播渠道

提到传播渠道，就必须介绍 OPEN 媒体组合了，如图 15-14 所示。

- 自有媒体（Owned media），所有平台的官方号都属于自有资源。
- 付费媒体（Paid media），当下这类媒体表现出价格越来越贵、效果越来越不可控的特性。
- 赢得媒体（Earned media），主要指企业通过长期积累形成的媒体矩阵，其中重点包括员工、朋友、客户等持有的媒体渠道。

❏ 社群类媒体（Network），这类媒体以内容教育、影响受众为主。

图 15-14　OPEN 媒体组合

提醒一下，不要忘记电子邮件。电子邮件作为一种自有渠道，到目前为止在 ROI 方面仍是比较有效的数字营销方法。电子邮件营销的投资回报率约为社交媒体营销的 4 倍。这就是 93% 的 To B 营销人员还选择电子邮件做营销的原因。当然，做电子邮件营销时，必须细分电子邮件列表，仔细分析受众所需的内容，只有这样才能获得最佳效果。

下面和大家重点讨论一下社群类媒体，也就是我们常说的社群。一个稳定的客户社群主要涉及 4 个维度，如图 15-15 所示。

图 15-15　稳定社群的组成维度

首先，每一个产品和服务的基础仍然是它的有用性。我们都听说过木桶理论，一个木桶能装多少水，取决于它最短的那块板。但比最短的那块板更具有决定性的是桶底，如果桶底是漏的，那么它一点水都装不了。有实实在在的功能性，是成功社群的基础。

以 To B CGO 的社群为例，它也是个小圈子，所谓圈子就是有共同利益、共同诉求的一群人聚在一起形成的群体。这个社群中的人都是对 To B 增长有执念的人，他们希望学习，希望进步。To B CGO 平台每月提供 1～2 次的免费分享，每天还有大咖一起讨论工作难题，满足了大家学习的诉求，这就叫功能属性。

假如你碰上一个跟你有着一样理念且同样在做 To B 营销和增长的人，你们就会立即形成一种认同感（或称身份感）。所谓认同就是认为自己在身份上跟他是一样的，这叫身份认同。社群中的人都具有或者追求同一种气质，这就是精神气质。在这种精神气质之上是信仰特性。

总结一下，功能属性、身份认同、精神气质和信仰特性是构成一个稳定的客户社群的 4 个维度。在这 4 个维度上表现一致的人聚在一起形成的群体，就会具有相当的稳定性，他们的身份、精神气质和信仰不断地吸引着希望拥有这种身份、追求这种精神气质，以及有相同志向和信仰的人加入。

四、数据反馈

如果你做了很多优质内容，投放到各个渠道就不管了，那么这就像你做了好多风筝，放飞以后就把风筝线给剪断了。对于这些已经失控的内容，你不知道有多少人看了，谁看了，看了什么。所以对于内容，需要通过一些指标进行后期把控。除了常规指标外，要想让内容真正促进增长，还需要做到全面进行数据监测和深度分析。下面我们来聊聊每个 To B 营销人一定要面对的 3 个灵魂拷问，如图 15-16 所示。

图 15-16　To B 营销人的灵魂拷问

1. 获客

怎样抛出诱饵才可以更顺利地吸引客户？这时其实重点关注的是客户在哪里的问题。市场就是流量的战场，流量的获取和转化是营销工作的重要组成部分。随着互联网人口红利的消退，获取优质的流量变成了技术活儿。运用数据分析工具评估渠道入口，寻找流量洼地，降低流量成本，或通过客户画像寻找到最精准的流量渠道，提高流量质量，成为衡量渠道的必备技能。

随着新媒体的崛起，获取流量的方式越来越多，如广告位、SEM、SEO、公众号软文等。渠道推广需要付出时间成本和金钱成本，既然发生了成本，就需要考虑投入产出比。那么如何衡量带来的流量数量和质量？可以利用第三方数据分析工具对渠道进行监控和指标分析。

2. 转化

如何吸引客户"上船"？也就是潜在客户访问网站后，流量如何转化？

潜在客户访问官网时，对产品认知有限，让客户从游客状态转到注册客户状态，实际上是一个转化为有效客户的过程。此时我们应引导客户按照关键步骤进行交互，降低客户学习成本，减少客户所需时间和精力，从而降低客户流失概率。

"渠道做得好，客户触达多，曝光节节高，转化全流失"，这大概是很多 To B 公司都在苦恼的问题。明知道客户在流失，却找不到优化方向，这其实是网站转化这个关键步骤出现了问题。根据注册转化漏斗可将客户从浏览官网到注册的过程分为若干步骤，如浏览官网、点击注册、获取验证码、输入验证码、点击创建、完成注册等。注册转化漏斗可直观体现注册流程，让客户流失情况一目了然。我们可以针对高流失率的环节进行优化，查看流失客户的具体行为，找出改进方向。

3. ROI

如何通过丰富的经验转化新客户？如何提升营销 ROI？

当客户已经进入销售与服务阶段后，提供系统性服务尤为重要。我们的目标是将注册客户转化为商机，并最终成交为付费客户。同时这也是营销漏斗的最后环节。量化营销效果的核心指标是 ROI，用单位成本的成交额或利润衡量渠道流量的质量，优化营销策略，有助于提高企业营收。

单纯依靠第三方数据分析工具并不足以彻底改善整个业务流程，一套完整的销售与服务体系需要 CRM 系统与数据分析工具的整合，需要将数据打通，从而帮助公司内部人员掌握客户需求，打造专属客户成功模式。只有这样才能实现高效赢单，提高潜在客户转化为正式客户的比例，提升 ROI。

16

To B 企业用直播实现品效双增

——周鑫

周鑫 保利威副总裁、直播高研院执行院长。荣登"2021 福布斯中国 30 Under 30 榜单""2021 中国人力资源服务业青年企业家 3040 榜"。9 年企业直播服务经验,对金融、房地产、To B、教育等行业直播全场景有深刻研究。为建设银行、中国国航、太平洋保险、中石油、彭博社等国内外大型企业提供过直播方案及服务。

To B 企业做直播究竟有没有效?To B 企业到底应该怎样做直播?我想这是大多数 To B 企业内的市场人的困惑。本文就围绕这两个问题来谈谈我的看法。

一、用好直播三重属性,推动品牌价值增长

品牌和内容对 To B 企业的重要性不言而喻。往远了看,品牌三度(知名度、美誉度和忠诚度)能够加速客户转化,提升企业在

行业中的地位，甚至实现品牌溢价；往近了看，随着其他获客方式成本的攀升，内容因具备可复用、低成本、高价值等特性成为市场快速获客、长期提升品牌价值的利器。

直播可对品牌在内容层面进行赋能。要想做到这一点，关键是要用好直播在内容上的三重属性。

（一）工具属性：释放企业的内容价值

从某种程度上讲，绝大多数 To B 企业并不缺内容，技术专家、行业专家、领域专家都是很好的内容来源渠道。企业面临的真正的问题是如何将深藏在专家大脑里的内容，用一种效率更高的方式呈现出来，让内容转化成能为市场所用的内容"炮弹"。

有了内容，如何进行传播？线下活动，激情演讲，撰写一篇有深度的文章并分享，这些都是可行的方式，但相对来说，利用直播这种内容工具，成本相对更低且更易操作。如果形式简单一点，做几张 PPT 就能开直播。直播不仅能够对线下活动进行补充，还能够形成线下活动＋线上直播的联动。**直播能够让更多企业专家从幕后走向台前。**

直播人员，我建议重点从内部专家和行业嘉宾中选择。

（1）**内部专家**：从企业内部遴选直播工程师、音视频技术专家等。内部专家对产品、业务的熟悉度更高，能够做到干货知识与产品业务相结合，更好地阐述专业价值。保利威策划的直播百问百答栏目，就是由内部的直播工程师或专家，对客户最关注的直播问题进行解答，帮助客户理解直播并做好直播，如图 16-1 所示。

（2）**行业嘉宾**：策划针对不同行业话题的直播，邀请外部嘉宾进行对话分享，从而给客户提供不同的内容看点，拓宽内容的开口，与行业、热点深度结合。保利威策划的 V 对话栏目（见图 16-2），每期都会邀请行业大咖对当下的热点话题进行分享，截至本文完稿时已经开播 9 期了。

图 16-1　直播百问百答

图 16-2　V 对话

与选择分享专家同样重要的是做好直播规划。保利威为此专门绘制了直播漏斗模型，如图 16-3 所示。To B 企业可以采用分层式直播，从品牌层到服务层依次深入。品牌层的直播针对的是泛大众，内容面可以更广一些；目标层的直播针对的是目标受众，内容与目标受众强关联；服务层的直播针对的是特定人群，往往具有针对性和专属性，以服务为主。

我们的直播选题主要集中在干货知识和热点话题两个方向上，或者二者结合，这也适用于大部分 To B 企业。当然，我们也会做福利直播，给大家送福利。

（1）干货知识：可以针对不同的行业、不同的业务场景、不同的产品技术，形成连续性、专题性的干货知识分享。2021年我们也做了很多场干货直播，在10月做的《私域2.0时代，直播如何引爆企业增长》，讲的就是直播引爆企业增长的思路和打法。时间再往前一点，我们还做了数字化学习、金融营销、年会等主题直播。

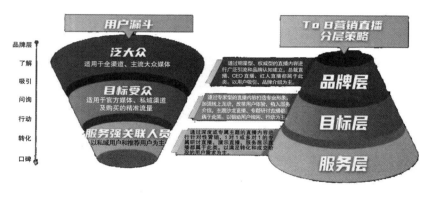

图16-3　直播漏斗模型

（2）**热点话题：结合时下最热的话题或者客户最需要的内容进行分享**。从央视"3·15"热门话题入手，为揭秘网课盗版产业链和常见盗版手段，我们推出了《如何实现视频课程"0盗版"的自检清单》；疫情阻碍了线下年会的正常进行，我们联合广东省人力资源管理协会，举办《HR急需的线上年会攻略》主题直播，针对预算、场地、人员、设备、执行、策划、创意玩法，进行一一细致解读。

从遴选内部专家，到与外部嘉宾合作，再到做好直播规划，To B企业的工作核心是利用好直播的工具属性，充分释放企业内部的内容价值。

（二）形式属性：让内容与直播相互转换

直播和文字、图片、视频一样，是一种内容形式，但具有其他内容形式不具备的特性。比如大家熟知的实时性和交互性，能够让主播和客户进行实时互动，进行"面对面"沟通，从而拉近To B 企业与客户的物理距离和心理距离。

大家容易忽略的是直播具有的能量属性。抛开内容不说，不同的内容形式，本身就具备不同的能量。同样的内容，用一篇文章表达出来，和用一场直播呈现出来，给人的感觉是不一样的。当然，**不同的内容形式之间并不冲突，而且是可以相互转换、相互赋能的，可以提升内容的综合利用率，得到 1+1>2 的效果。**

众所周知，研究报告和白皮书是营销获客和提升品牌的一种重要内容形态。但是大部分 To B 企业在发布研究报告的时候最常用的操作就是撰写一篇研究报告并在公众号发布。我们不是这么做的，而是会利用直播本身具有的势能为研究报告赋能。我们通常会为研究报告专门策划一场直播，上半场发布研究报告，下半场则与邀请的行业专家进行对话探讨，让研究报告发布成为一个小型事件。比如我们 2021 年 10 月份发布的《直播四驱增长模型研究报告》和 8 月份发布的《2021 金融行业数字化学习策略白皮书》便是这么做的。

在上述过程中，至少会涉及如下几种内容形式的转换。

- ❏ 研究报告的部分内容会转换成直播内容。
- ❏ 主播和嘉宾的访谈内容会转换成文章。
- ❏ 直播精华内容会剪辑成多条 15 秒～ 30 分钟不等的视频，分发在知乎、微博等平台。
- ❏ 直播中使用的新玩法解读会制作成视频，分发在视频号、抖音等平台。

此外，我们会将每一期的直播内容，通过保利威视频微门户功能，存放在相应的直播栏目中，方便客户检索回看和企业运营管理,这也会帮企业做好品牌资产的沉淀。

另外,在2021年11月中旬结束的"保利威品质直播节"上,我们还做到了直播和活动的相互赋能。以往To B企业做大促活动,更多的是通过图文的形式进行推广传播,而我们采用了与直播相结合的方式,围绕活动主题打造了9场特色专题直播,大大提升了整个活动的势能。

抛开内容的形式载体,与以往的传播形式相比,结合直播进行的传播,内容的本质并无太多区别。To B企业要发挥直播的形式属性,核心是充分利用直播的特性,让其他形式的内容相互转换、相互赋能,将内容的价值最大化。

(三)容器属性:让直播间成为企业品牌展示间

哈利·D·凯森在《消费心理十四讲》一书中说:"如果想让人对某件物品感兴趣,就需要提供关于这件物品的足够多的信息;如果消费者对某件商品感兴趣并停留足够长的时间,就会产生购买欲望。"

B端产品的客单价高,而且产品往往比较复杂,客户做决策需要依赖大量的信息来辅助,想让客户在直播间直接完成购买决策,难度是相当大的。

实际上,直播对于To B企业来说,其价值和作用并不是直接卖货,而是利用直播的容器属性,通过设计组合直播间里面的元素和模块,为客户提供丰富全面的产品与品牌信息,将直播间打造成企业的品牌展示间,进而提升客户对产品的兴趣,加深客户对产品的了解,推动客户快速做出购买决策。直播间这个集声音、画面、空间于一体的场景,能够让客户深入直播内容,让内容的价值得到最大化传递。

我们几乎在每一次的直播中,都会以品牌视觉风格为基础延伸出主题风格,并定制专属引导图、介绍图、背景图、菜单栏、暖场视频等元素和模块。在场景型干货直播中，还会嵌入解决方案和产品页面，给客户提供丰富全面的信息，激发客户的兴趣和欲望，提升客户对品牌价值的感知，如图 16-4 所示。

图 16-4　嵌入解决方案和产品页面的直播

二、用好直播两个能力，推动营销效果增强

不管是长期规划做品牌，还是短期投入做传播，又或是声势浩大做活动，这些都只是手段。我们的目的是在未来的某一刻或者在当下能够实现营销效果增强——**获取更多的市场线索，加速线索孵化，促成最终的成交**。

直播能为营销赋能吗？能获得源源不断的市场线索吗？我们

的答案是能,但要用好直播在营销上的能力。保利威近期推出的直播增长四驱模型(见图16-5),从流量聚集、客户转化、数据沉淀和价值聚合4个方面,全面概括了直播的增长力。这里结合To B业务场景,基于四驱力,给大家分享直播的另外两个力。

(1)**批量获客力**,通过具有吸引力的内容和信息承接设置,可实现批量获客。

(2)**线索转化力**,通过内容推动认知,利用数据精细孵化,加速线索转化。

(一)直播间聚集全渠道流量,可实现批量获客

在获客如饥似渴的当下,全渠道运营成了企业主流打法。企业一方面在知乎、抖音等公域平台开通企业账号,以求获取更多流量;另一方面持续经营公众号、社群等私域渠道,进行线索培育孵化。另外,通过与第三方平台合作,或者使用付费推广的方式,寻找更多优质的潜客。总之,大家都在尽可能地把网撒宽,期待获取更多的意向客户。但这样做有如下两个问题。

(1)流量分布在不同的渠道,需要使用差异化运营策略,不利于集中转化。

(2)从流量转化成市场线索,往往还有一道获取客户信息的门槛需要突破。

直播能够有效解决以上两个问题:一方面通过具有吸引力的内容和全渠道推广覆盖,能够将分布在各个渠道的流量统一聚集在直播间,如图16-6所示;另一方面,通过开启直播观看权限,或者设置资料下载权限,完成客户信息留资,从而实现批量获客。

保利威在利用直播批量获客能力上取得了不错的成果。比如,在几个月的时间里,我们发布了《直播四驱增长模型研究报告》《2021金融直播场景营销研究报告》等多份报告,采取**打造具有吸引力的内容+全渠道推广覆盖+直播报名观看锁客的打法**,累计

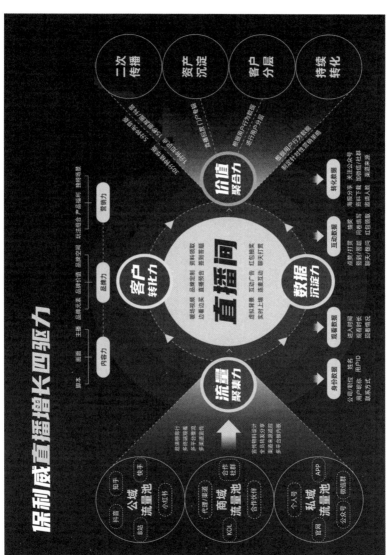

图16-5 直播增长四驱模型

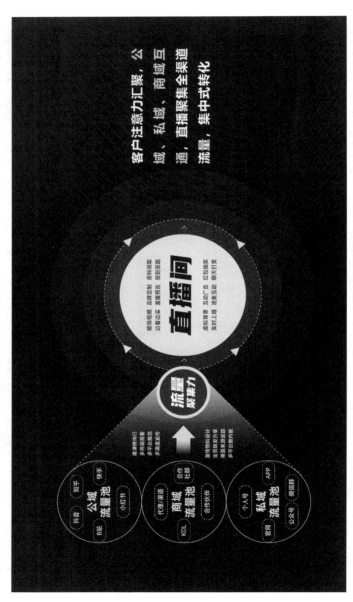

图16-6 直播间流量聚集能力

获得了近千条市场线索。下面对此展开介绍。

（1）**打造具有吸引力的内容**。获客的本质其实是用具有吸引力的东西与客户的个人信息、时间、精力进行交换。直播获客同样如此。核心是要打造有吸引力的内容、福利或权益，促使客户为获得它们而留下个人信息。而研究报告、增长地图，无疑比其他内容更具吸引力。此外，我们还会辅以其他权益，比如免费获取1000元私域直播体验金、加入直播实战交流群等。总之，要提升直播的吸引力。

（2）**全渠道推广覆盖**。我们在推广方面，会调动各方资源，覆盖更多的渠道。一方面会采用直播平台自带的云分发＋邀请榜等功能，将直播推流至知乎、视频号、百度等平台，并用福利奖品促使客户分享，实现引流扩量；另一方面，会围绕直播制作文章＋海报＋视频等多种物料，在自有的私域渠道以节奏化的方式进行宣传。此外，我们还会联动第三方渠道共同为直播活动造势。总之，推广既要覆盖面广，又要势能强。

（3）**直播报名观看锁客**。直播报名虽然是一个很简单的功能，但它却是实现批量获客的关键环节。它是客户进入直播间的一道关卡，在将有吸引力的内容进行全渠道推广覆盖之后，通过直播报名，能够获取那些想要进入直播间的客户的信息，如联系方式、公司名称、职务等，进而获取高质量线索。

直播报名功能还能为我们做初步的线索筛选和内容优化。我们在发布《直播四驱增长模型研究报告》的那场直播中，设置了一个问题："您需要体验万科、欧派、凯叔讲故事在用的私域直播系统吗？"这个问题能够对泛线索进行初步筛选。

我们在发布《2021金融行业数字化学习策略白皮书》那场直播中，设置了一个问题："您对数字化学习中哪些项目感兴趣？"这个问题能够了解客户对不同话题的兴趣，帮助优化直播内容，如图16-7所示。

图 16-7 直播间设置的问题

当然,如果你的内容有足够的吸引力或者设计了其他诱饵,就不需要通过直播报名的方式获取客户资料了,而是直接让潜在客户通过直播间留下的企业联系方式进行主动咨询。

To B 企业利用直播获客并不难,关键需要打造出具有吸引力的内容,并且做好客户信息的留资,以及及时"捕获"意向客户。

(二)内容和数据双轮驱动,加速线索转化

To B 产品具有高客单价、多决策人、长决策链的特点,这注定了获取客户基本信息只是第一步,后面还需要孵化培育和沟通跟进,产品营销过程漫长。而直播一定程度上可以加速这个过程。

一方面,直播具有强内容属性,通过不同类型的直播内容,能够多频次地与客户互动,与客户产生更深的连接,有效推动客户完成从需求产生到信息收集,到方案评判,再到购买决策的认知旅

程；另一方面，直播间是一个天然的数据沉淀池，客户在直播间产生的行为，能够转化成具体的数据，为我们后续采取针对性孵化策略提供数据依据。

这里和大家分享保利威的直播线索池模型，如图16-8所示。该模型的核心是从保利威直播的数据沉淀能力出发，为To B企业进行精细化线索孵化提供数据支持。在全渠道聚集到客户之后，通过直播报名观看或者授权观看，会生成客户的身份画像；在直播过程中，会沉淀客户观看、互动、转化等近20种数据，帮助生成全方位客户画像。这些详细、多维的数据，能够让我们更清晰、具体地了解每个客户对直播内容的兴趣度、认可度和意向度。企业还可以根据每个客户的多维数据，给他们推送个性化内容，从而改进触达效果，实现"个性化"孵化。

当然，我们也可以结合第三方平台，根据每个客户的数据，给他们打分，然后再根据所得分数，将客户划分至热线索、温线索和冷线索等不同的层级，实现层级式针对性孵化，提高孵化效率，加速商机转化。

直播不仅具有批量获客能力，其强大的内容属性和数据沉淀能力，还能加速线索转化。

三、保利威品质直播节案例

这里和大家分享一个我们做的案例。

2021年的11月份，我们做了一个"品质直播节"活动。这个活动除了那些该有的满减折扣券、优惠套餐和福利奖品之外，还**围绕品质节的活动主题，打造了9场特色专题直播**，其中首末两场是福利直播，其余都是以产品服务为主题的干货直播。

这次的"品质直播节"在数据上给我们带来了不小的惊喜，**在知乎、微博等平台累计获取了近千万观看量，并且获得了千余条**

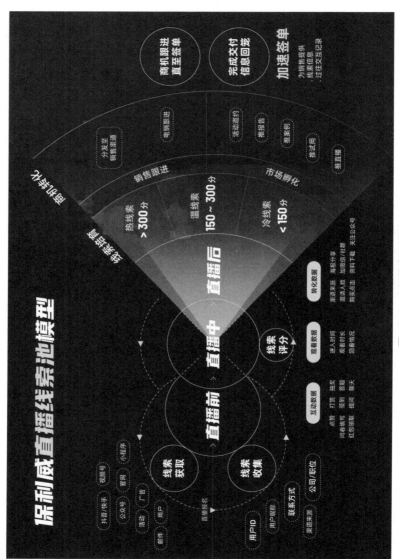

图 16-8 直播线索池模型

有效咨询线索。这让我们更坚定了把直播做好的决心。下面和大家简要分享两个打法。

（一）活动直播做联动，推广贯穿前中后

做活动最怕的就是花了很多心思、准备了很长时间，最后参与的人却寥寥无几。所以在传播上，大家都希望能够引爆声量，把势能和人气做起来。我们也是，为了让声量起来，我们在这方面做了两点工作。

1. 活动直播做联动

如果只是单纯地做一场大促活动，其实很难做出新意且势能有限。因此我们做了活动和直播的联动，来提升整个活动的新意和势能。

用"品质直播"定位活动，开辟出两条相互赋能的路线：一条是 9 场特色专题直播，与品质直播映衬；一条是满减折扣、优惠套餐，与活动节日呼应。当 9 场直播的主题海报一起出现在客户眼前时，单单从视觉上，就十分有新意且富有冲击力。

2. 推广贯穿前中后

将活动本身设计得更有势能还不够，我们还需要用源源不断的"燃料"去助推，直至引爆。我们在直播推广方面，已经形成了一套很成熟的打法，总结下来就 7 个字——**推广贯穿前中后**，如图 16-9 所示。

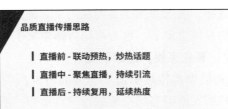

图 16-9 推广贯穿前中后

1)直播前:联动预热,炒热话题

在直播活动正式开始之前,我们从物料、渠道、玩法3个层面发力,进行联动预热,炒热话题。

在物料上,我们制作了文案、视频、文章、海报等多种具有吸引力的物料,仅海报就有倒计时海报、概念海报和主题海报3种,用不同形式从不同维度去展示活动的吸引点,如图16-10所示。

图 16-10 直播海报

在渠道上,我们除了使用了自有渠道和第三方权威媒体之外,还在知乎、微博等平台开启了"保利威品质直播节"话题。

在玩法上,我们专门开发了"一键预约"的功能,客户可以一键预约九场直播,大大提高了直播预约率。此外,我们使用的邀请榜功能,在奖品的推动下,也为每场直播带来了不少客户。

2)直播中:聚焦直播,持续引流

直播中,我们聚焦持续引流。一方面由专门负责私域运营的同事,在社群和朋友圈对当场直播进行节点播报,对抽奖、内容等重点环节进行提前预告;另一方面,在直播活动中,即时总结并发布直播玩法，在专题直播开始之前与第三方平台联动宣传，放大直播势能。比如，我们与活动汪联动推广，带来了不少意向咨询客户。

3) **直播后：持续复用，延续热度**

直播结束，传播并没有结束。在直播结束后，我们对内容持续复用，并通过其他事件延续活动热度。

一方面，我们将本次品质活动中涉及的所有玩法、方案归类存档，进行内容资产沉淀，以便于售前、销售同事使用，以及后续复用。

另一方面，为了延续和放大品质直播的势能，我们还专门撰写了品质直播的研究报告，并提出了品质直播元年的观点，将品质直播从活动型事件上升为行业型事件。

(二) 直播玩法创新，摆脱 To B 刻板印象

下面分享具体的直播玩法。我想这是很多 To B 人最关心的——To B 直播如何摆脱刻板印象，和客户玩起来？To B 直播除了讲干货，在直播间还能干点啥？

To B 直播虽然以传播专业、有用的知识为主，但与直播间的客户互动却变得越来越重要。好玩有趣的互动玩法成了延长客户观看时长、与客户产生更多交流的主要方式。尤其是现在的客户，他们在 C 端直播中看过、参与过很多前沿的玩法，我们不能让这些客户来到我们的直播间，就好像从繁华的大都市来到了偏僻的小乡村。

在这方面，保利威是有话语权的，因为我们尝试了很多直播玩法。现在的客户对直播玩法的兴趣的阈值越来越高了，我们必须不断创新。为了寻找更多的灵感，我们公司的直播高研院每天都会举办直播玩法分享会，努力让我们的直播人员走在客户的前面。

下面和大家分享我们在上面提到的品质直播活动中的部分

玩法。

（1）在首场直播中，为了与福利主题相衬，突出福利信息，直播整体风格比较喜庆，在奖品的呈现上，我们用了"滚动视频"的形式；在优惠套餐的解读上，我们用PPT进行画面展示，如图16-11所示。

图16-11　首场直播

（2）在年会直播专场中，为了与年会主题相衬，我们特意制作了年会专属背景，如图16-12所示。这个背景能够将客户带入年会的场景中。在虚拟与现实的交互下，两位主播玩起了"黑洞取物"，吊足了观众的兴趣。此外，我们还使用了"滚动条"的方式，这样有利于展示合作伙伴的相关信息。

（3）在活动直播专场中，为了诠释真正的活动直播，保利威的工作人员来到了2021腾讯数字化生态大会的现场，当场架机位、布场地，用实时解说的方式，足足播了6小时。

（4）在无延迟直播专场中，为了让大家真正体验到实时互动，我们采用了和观众直接玩游戏的方式，将游戏和无延迟直播的体验融为一体，让氛围持续高潮。

图 16-12　年会专属背景

（5）另外，还想和大家分享一个非常实用的玩法——客服直播间。我们为每场直播专门开放了客服直播间，客户在观看直播过程中有任何问题，都可以进入客服直播间咨询。客服直播间中有专业的直播工程师进行实时解答。最多的一场直播，有超过 200 人进行了咨询，这充分说明了直播的服务价值。

还有很多实用新颖的直播玩法，在这里就不一一分享了。总之，To B 直播，除了要有专业干货之外，还要做得有趣、好玩。

四、关于直播的两个问题

讲完案例，再聊两个大家比较困惑的问题。

1. 有了自己的直接平台，还需要用第三方私域直播工具吗？

从我们过去的实践来看，自有直播平台与第三方私域直播工具并不冲突，反而会相互赋能。第三方私域直播工具可以在一定程度上更好地满足大多数 To B 企业的业务需求。

To B 企业直播往往具有更强的服务性和目的性，对直播平台有更强的个性化需求和私密性要求，如观看权限设置、直播间品牌化搭建、精细化客户数据沉淀、客服直播间配置等。在这方面，第三方私域直播工具相对来说具有更强的针对性和功能性，能为 To B 企业的业务增长更好地赋能。

当然，自有直播平台和第三方私域直播工具也能够相互赋能。比如我们做直播，通常是在保利威的系统开播之后，再使用系统自带的云分发功能，将直播推流到视频号、抖音、知乎等各大主流平台进行同步直播。这样不仅能够有效触达这些平台零散的关注客户，也能让这些平台成为我们直播的内容分发渠道，实现更多渠道的覆盖。

其实，不管是自有直播平台还是第三方私域直播，核心都是充分运用直播的属性，以及直播平台本身所具备的能力，找到更适合企业增长的直播打法。

2. To B 企业如何用直播实现品效双增？

最后，再回到我们最开始的问题：To B 企业如何用直播实现品效双增？

我们目前探索出的答案是：在内容层面，用好直播的三重属性——工具属性、形式属性和容器属性；在营销效果层面，用好直播的两个能力——批量获客能力和线索转化能力。

我们之所以能在直播玩法上取得一些不错的成果，主要得益于我们的探索、实践和总结。此外，我们探索出的直播玩法，也会沉淀至产品、方案和课程层，输出并服务广大企业客户，这也算是对市场价值模式的探索。

随着直播与 5G、VR、AR 等技术的深度结合，不难想象，直播还会给 To B 企业创造更大的想象空间。我们希望大家和我们一起，在用直播实现品效双增的路上不断探索。

17

如何通过迭代官网实现 400% 线索增长？

——郑诗浩

郑诗浩 就职于国内某科技企业，从事生态运营工作，才云科技（2020年已被字节火山引擎 To B 业务收购）前市场总监。拥有 10 年市场品牌经验，在打造公司品牌影响力、构建行业生态关系及影响力方面经验丰富，曾主导公司融资发布会、千人伙伴大会等；曾从 0 到 1 打造国内前三的 K8S 技术社区，并担任中国云原生终端客户大会总统筹、中国 K8S 终端客户大会总统筹；曾负责运营伙伴获客增长系统，为企业带来 400% 的线索增长，在这期间主要工作包括分析目标客户群体的应用场景和痛点、搭建产品运营及在线营销体系、触达垂直领域目标客户。

本文主要分享官网迭代的底层逻辑，聚焦在官网的**内容**和**架构**上。下面分 3 个部分来分享市场部如何通过迭代官网架构实现线索增长。

一、找到目标客户，做出正确决策

我们主要通过如下 3 个步骤来找到目标客户并做出正确决策。

1. 点线面的调研

目标客户的调研，从如下 3 个维度着手。

（1）客户上容器云情况（**点**）：列出国内外 500 强、行业前 10 的名单，挨个调研其上云情况，按照时间、所选厂商、行业做统计，以方便后期检索。

（2）竞品，友商 PR 行业客户信息（**线**）：去看友商过去 1 到 3 年的公关重点，找出它们有哪些战略合作，属于哪个体系，哪些是它们已经攻克的客户，哪些是它们正在接触的客户，比如可能发现某厂商在哪几年集中攻克游戏行业的客户，某厂商正在集中攻克金融行业的客户。企业会在云头条、云技术社区、公众号中发布招标中标公告，这些都是信息来源。

（3）行业大趋势（**面**）：一种是潜在客户所处行业的趋势报告，比如金融业（以细分后银行里的城商行为主）、制造业（以汽车这类 To C 的行业为主）、电商餐饮业等细分行业的报告。比如在方正研究所的《中小银行上云白皮书（2018 年）》中可以找到以下信息。

（a）哪些银行业务需要上云，具体如图 17-1 所示。

（b）银行业上云情况如图 17-2 所示。

另一种是从全局角度出发的调研报告、白皮书、趋势报告。

2. 客户分层

所谓客户分层，就是根据客户特征按成单率的大小对客户进行分类。在进行客户分层时要注意，200 万客户的对接周期和工作量并不是 50 万客户的 4 倍，也许只是 1.5 ~ 2 倍。对创业公司来说，因为人手和资金有限，能够精准辨别大客户至关重要。

渠道服务	手机银行	微信银行	网上银行	电子支付	电话银行	第三方支付
	柜面综合业务前置	银联卡	ATM/POS	智能机具	智能柜台	银企直连
客户服务	统一客户信息平台	分析型客户关系管理系统	操作型客户关系管理系统	营销系统	呼叫中心	积分系统
产品服务	信贷业务平台	资金交易	财富管理平台	直销银行	互联网金融类系统	票据系统
风险管理	智能风控	审计系统	事后监督	监管报送类系统	司法查控	电信反欺诈
管理信息	财务管理	经营分析系统	综合报表	定价	资产负债管理	绩效考核
核心银行	核心系统	支付平台	电子验印	密押系统	集中授权系统	管理策略平台
内部支持	办公系统	员工培训学习	网点管理	人力资源	机房运维管理	邮件系统
基础平台	灾备系统（应用级）	统一认证	统一监控平台	灾备系统（数据级）	ITSM工具	短信平台

□最高优先　□次高优先　■中优先　■低优先

图 17-1　哪些银行业务需要上云

可以从以下几个维度来评估客户成单率。

❏ 客户问询产品的频率。

❏ 所在城市（一线、二线）。

❏ 所在行业。

对于从赞助大会及其他渠道获取的潜在客户，可以通过下面几种形式去激活：以 EDM 方式推送白皮书、产品新版本文档；通过手机号加对方微信，然后进行一对一沟通；邀请参加线下客户大会及认证培训等。

3. 勤跑前线

B 端客户，尤其是大型的 B 端客户，决策周期普遍较长，他们要考虑的东西以及涉及的部门都比较多。市场部需要了解谁在决策中会起到关键作用，关键人物是如何进行决策的。要多跟销售人员、解决方案工程师沟通，去感受前线的炮火，避免自嗨。

银行名称	上云概况	云端迁移举措
中国银行	已经形成包括存储虚拟化、计算虚拟化、网络虚拟化以及提供统一管理调度平台的IT架构	以青云QingCloud超融合一体化设备为载体,以软件定义的云平台为基础,实现了存储虚拟化、计算虚拟化、网络虚拟化以及统一管理调度平台的IT架构。与腾讯共建普惠金融、云上金融、智能金融、科技金融
中国农业银行	生产环境和开发测试环境虚拟化率分别达70%、89%	引入虚拟化、负载均衡、大数据等新技术,推广基础架构云平台,实现IT资源和服务快速交付、动态调整、弹性伸缩,提高资源利用率
中国工商银行	已经在互联网金融、第三方支付、纪念币预约等应用系统上实施了云化和微服务化改造	布局集中式和分布式架构体系,结合云计算、大数据等新技术手段,以架构优化为核心。基础设施云已实现大规模计算、存储和网络资源的池化管理和弹性供给
中国建设银行	已实现云计算在金融生产环境中的深度应用,核心账户系统在主机平台中	采用云计算技术构建基础设施环境,将计算资源、存储资源、网络资源统一打包成共享资源池。自主开发了全面自动化的云管理平台,先后实施了IT基础设施的服务器安装、版本部署、服务启停、日常巡检、配置对比等一系列自动化工具
中国交通银行	已实现基础设施以及生产运维云化	根据系统日常运维管理的需要,从服务自动化角度梳理运维云服务目录,将新系统安装配置、完备切换、基础架构资源划分、健康检查、系统备份等日常工作云化为可以随时获取的服务
恒丰银行	100%云化	应用两项突出技术:第一,多租户的安全隔离技术;第二,桌面云服务,保证用户能够在运行维护或者研发过程中在云端随时进行数据保存

图17-2 银行业上云情况

以下几种方式可同行并进。

- 跟着销售人员一起进行客户陌生拜访,听取客户的真实顾虑,直接了解决策流程。
- 跟行业会议中的CIO进行深入交流。
- 多参加一些专业平台或社区组织(比如To B CGO)的线下活动。

❑ 通过招标网站⊖了解客户中标需求。

通过点线面的调研、客户分层和勤跑前线这三步，可以得到客户画像和客户决策流程。

二、做好网站调研分析，通过迭代官网实现线索增长

我曾经从如下 3 个方向找了 20 余个云计算领域的网站进行调研分析：

❑ 国外较成熟的对标网站，比如国外 To B 领域的先驱企业的网站。

❑ 国内公有云排名前五的大厂的网站，感受细节设置。

❑ 招标容易碰到的国内云计算领域友商的网站。

分析思路就是站在客户的场景和角度，重点评估是否有点击网站上的问询按钮的冲动。当时我针对每个页面和小板块都做了很多的笔记，限于篇幅，这里仅拿其中 2 个页面举例。

（1）官网首页的风格，要基于目标潜在决策者画像做决定，其中包括客户年龄、职位等考虑维度。这是我们调研多家网站和目标受众后得出的结论。比如我们的 Banner 图采用的是科技风，如图 17-3 所示，这是我们调研得出的目标受众喜欢的风格。

图 17-3　Banner 图

⊖ 比如采招网（https://search.bidcenter.com.cn/）和中国电力招标网（https://www.dlzb.com/）。

除了 Banner 图，产品介绍、解决方案、标杆案例、合作伙伴等都是首页必备的模块，当然还有无处不在的问询按钮。

这里需要重点提醒的是，公司核心价值一定要提炼出来并体现在首页中。提炼核心价值的时候，可以结合客户的需求，比如我们根据客户投票"为什么选才云"勾选最多的 3 个关键词得到了这样的核心价值：结合谷歌十年容器实践，基于国内大型企业落地经验打造的容器集群智能云平台。

（2）在针对客户案例页面进行调研时，观察重点应放在项目背景、面临挑战、解决方案、客户价值这 4 个部分上，看不同公司是如何表述和展现的。遇到让你产生问询冲动的文字，一定要记录下来，然后仔细研究。这里强调一点：客户背书是加分项，要重点展示。比如以视频的方式展示（把客户视频放到网站的案例视频页面）或放客户的"一段话"（客户若是愿意提供职位、姓名、头像就更好了）。

在话术梳理及模板输出方面，要关注每个小单位的内容板块，优化组成官网的每一句话、每个词语。拿案例页面为例，客户案例结构模板由 8 个部分组成：

- ❏ 一句介绍的话。
- ❏ 客户简介。
- ❏ 所属行业。
- ❏ 面临挑战。
- ❏ 解决方案。
- ❏ 所用产品。
- ❏ 客户价值。
- ❏ 客户感言。

比如，面临挑战部分，可以按如下方式进行。

- ❏ 内容：从故障率高、效率低、费用多、人力损耗巨大以及无法适应快速增长的客户需求等角度切入，直击客户最关心的、影响收益的、跟前线业务挂钩的要害。
- 长度：2～4句，每句10～25字。

再比如，客户价值部分，可以按如下方式进行。
- 内容：以快速、大幅度、赋能为关键词，并配合具体的数据，突出产生的收益、节省的时间、降低的人工及资金成本、带来的利润和提高的效率。
- 长度：3～5句，每句15～30字。

可在每个小模块下面提供4～5个参考案例。

我们的官网页面就拆成了三大主题页面——产品页面、解决方案页面、案例页面。每个页面又拆成6～8个结构模块，每个模块都按照上述方式定好了规则。

接下来就要跟产品、研发、售前、销售等部门对接并达成共识了，最终确定整个官网改动的逻辑（击中客户痛点，让客户有点击问询按钮的冲动）。这个过程，可以让其他部门的同事按照要求填空写内容，市场部负责整合、润色及优化。

完成上述工作后，客户画像明晰了，调研完成了，内容也就差不多了。那么是不是就可以开始跟UI人员或外包设计师一起开始落地工作了？不是的，要时刻记得迭代官网的首要目的是什么。此时需要为接下来的工作排优先级。

- 对于那些最重要、最符合初衷的板块，一定要做到120分，甚至200分。
- 对于那些增色性的板块，要做到60～80分。
- 对于那些有了突发状况可以直接砍掉的板块，根据实际情况进行取舍。

官网迭代不是一蹴而就的事情，第一期的时候舍弃一些耗时长、难实现的功能，后面的二期、三期可以再迭代。在落地过程中，总会有不尽人意的地方，比如对网站改了七八稿还是觉得都不对劲，眼看要超期了，此时你就需要拿出来你的优先级排序看一看了。

三、推进官网迭代,针对可能的阻碍制定应对方式

可能有人会说,我们也知道官网迭代迫在眉睫,领先别人一些,就可能多抢占一个行业大客户。道理都懂,但是部门不配合、资源不足、优先级不够高,总有各种原因会阻碍项目落地。如何拉动官网迭代快速完成?

(1)你要表达清楚,做这个事情能给公司带来怎样的收益。这样可以引起全员的重视,尤其是高层的重视。

(2)你要尽量争取到高层的支持,让他们给你背书。这样不仅可以更容易得到其他部门的支持,对预算也会有帮助。对于官网迭代来说,哪怕仅多出 2 万元的预算,网站的呈现效果也会很不一样。比如我在才云做官网迭代时,就争取到了 COO 的支持。后期我跟产品、研发、售前、销售等部门的负责人确定框架优先级时都非常顺畅。大家一起明确了行业案例、行业解决方案、通用解决方案后,每个部门的领导把任务分配给部门内对应的人,这比我自己去找对应的人要高效得多。

(3)你需要让一线人员、研发人员、售前人员都参与进来,这样整个流程才会更顺畅。

(4)要采用一种更便于大家参与的方式,让大家都参与进来。比如采用填空题的方式,让一线人员直接把已有的客户诉求按照规定格式上报给你。

(5)保持一定的沟通频率。比如我当时就要求市场部每周通过见面、微信群、私信等各种方式关怀其他部门同事 3 次。如果每天奋战在客户现场的一线同事没及时回复,就打电话沟通,利用 5~10 分钟的时间听他讲。打电话时一定要录音,然后转为文字,梳理后保存下来。对于重点内容,要找他再次确认。

(6)官网内测版上线后,要发到全公司大群里,让所有同事帮忙找 bug,给找出 bug 最多的同事们赠送小礼物。这样有人在

日常工作中发现官网的bug或者可以优化的地方,都会积极私信我们。

(7)跟外包设计师沟通页面动效时要注意话术,尽量在UED部门同事的指导下与外包人员进行对接,这样能用设计师听得懂的语言表达你的修改意见,最大化还原你内心对官网的设定。

18

To B 企业官网搭建指南

——赵岩，马西伯

赵岩 致趣百川市场总监，数字营销实战 up 主（uploader，上传者）。曾任某软件公司 PHP 研发工程师；某 B2C 企业市场增长负责人、COO，负责搭建市场获客与增长体系，构建组织内部自动化流程体系，为品牌带来超 300% 的增长。2016 年至今，在北森、京东科技、致趣百川等 To B 企业负责市场数字营销体系搭建、营销与数据驱动整合解决方案落地等工作，为企业带来超 10 万条线索。

马西伯 上海雍熙创始人、CEO，15 年数字营销经验，曾就职于美国上市公司 salary.com，从事人力资源软件开发及服务工作。2008 年创办上海雍熙，服务的客户遍布全球，其中不乏世界 500 强、行业头部企业，提供官网开发及数字化营销服务，主要客户包括宁德时代、浪潮、西门子、GE、默克化工、博世、建发集团等。

官网是门面，具有很高的营销价值，还可以带来流量，并实现流量向销售线索的转化，进而影响公司营收。To B 业务是复杂的，客户在选择你之前会长期研究你的官网，了解你的产品、服务及成功案例，甚至创始团队信息，来获取与你合作的信心，打消心中的顾虑。

如果你的网站体验很糟糕，那么凭什么让客户相信你的产品很优秀？

- 品牌：客户会因为高质量的官网选择信任，也会在选型的时候为企业加分；官网上有价值的内容可以持续对客户产生影响，直至客户成功。
- SEO：官网可以通过 SEO 的方式在搜索引擎上获取大量流量，为品牌提供更多曝光机会。如果你的网站足够优秀，这些流量会源源不断地转化成销售线索，为你的商业发动机提供"汽油"。
- SEM：SEM 等线上广告会将流量引导至官网，优质的官网可以将这些付费访客转为线索，提高投入产出比。
- 客户成长基地：据调研，只要访客能看三到五篇发布在官网上的专业内容，就会对业务产生兴趣，注册成为销售线索。在销售线索转化成为成交客户的过程中，官网上的内容会起到加速的作用。

接下来将分享构建一个优秀的 To B 企业官网的流程。

一、To B 企业官网的作用

如果你是网站运营负责人，或者是数字营销总监，那么你肯定知道为什么官网很重要，以及运营官网能给部门和公司带来什么价值。但是当你去向公司内部其他人解释为什么要认真对待官网、好好做官网的时候，会很费力，会遭受很多质疑。

(一) To B 企业为什么要重视自己的官网？

To B 企业做好官网，可以得到如下几个好处。

1. 流量转化率高了

需要一个优质官网最现实的原因就是会获得很多访客。这些访客有的是知道我们品牌，通过主动搜索找到我们的官网的，有的是通过我们在搜索引擎上留下的痕迹寻迹而来的，有的是因为 SEM 一类的线上广告而来的。这些访客会着陆在官网的某个页面上（百度推广可能会着陆到基木鱼搭建的落地页上）。一个优秀的官网可以在同样数量访客到访的情况下获得更多的线索。如果你的官网规格足够高，那么其会成为转化利器，可以将源源不断的访客有效地转化成线索。什么样的设计和内容会让访客产生兴趣，愿意停留更长时间并了解更多内容呢？这后面会讲。

2. 能获取搜索引擎流量

一个有充足内容的官网可以在搜索引擎上获取大量的流量。如果你的某个关键词在所处行业关键词排名中进入前三，或你有成千上万个关键词获得有利排名，这些都会让客户在搜索引擎上搜索对应需求时发现你的网站，这可比销售人员直接登门拜访高效得多。通常与搜索排名相关的技术被称为搜索引擎优化，简称 SEO。

从搜索引擎获取流量是很重要的增长模式，SEMrush 数据显示，HubSpot 全网品牌关键词占比为 8.54%，自然关键词占比超过 90%，这些每天为 HubSpot 带来 1600 万以上的自然搜索流量。

3. 商务转化得到促进

眼睛是心灵的窗口，官网是企业的窗口。客户从第一次听说我们品牌到最后成为我们的客户，在任意一个生命周期环节中，都有极大可能来到我们的官网。每一次来到官网，客户心中都会有直观感受，或加分或减分。客户会对我们的品牌有一个累加判定，如果客户持续累加坏印象，销售人员的努力很有可能就因此付诸东流了。甚至对于很多 To B 团队来讲，有些线索都到不了销售手里，就夭折在官网这个环节了。

4. 品牌形象得到展现

我们看到一个不修边幅的人，大概率会认为这个人不靠谱。同理，如果我们看到一个很垃圾的网站，我们就会联想到这家公司不怎么样，这家公司的产品不怎么样。To B 生意的基础是信任，如果第一印象就很差，那你很有可能会失去很多潜在的生意。

在营销的每个环节上都做到极致、专业，那么背后不可见的品牌力量会给企业带来巨大的收益，这已经升级到影响客户的高度了。如果企业通过官网在客户心中留下了一个清晰且坚定的印象——"这家公司很靠谱，我要选它"，这无疑是完美的商业成功的体现。我猜这是所有品牌都在追求的最终目标。

（二）官网可以给 To B 市场营销贡献哪些力量？

一个优秀的网站运营人员在开始策划网站的时候就知道这个网站的未来。搭建好网站仅是开始，后期的网站运营策略也很重要。官网不仅可用于创造流量、转化线索，还可作为市场部核心数据生产场所，为营销人员提供有用数据。

- **网站运营数据**：通过网站运营数据，我们可以大致知道网站的运营情况，如每天有多少访客到访、跳出率及退出率如何，我们还可以通过官网上的热力图了解访客对网站信息的喜好。
- **客户行为数据**：通过埋点的方式，给网站上的交互事件做好标记，当访客触发相应的行为后，数据会上报给客户行为分析系统。我们可以通过事件分析、漏斗分析等了解访客在网站上的行为，进而优化网站的结构与交互过程，提高线索转化率。
- **内容消耗数据**：访客在官网上看了文章及视频，下载了资料，报名了线上直播与线下活动，这些数据对于数字营销来说都是非常有价值的。访客与我们交互得越频繁，就意味着他们越了解公司与产品，即越有可能成为我们的客户。
- **线索及客户数据**：官网是转化中枢，不仅可以承接流量，还可以转化流量，为企业提供源源不断的线索。官网还可以继承广告数据，当通过广告过来的客户完成注册操作后，官网可将相关数据同步给营销人员，这部分数据对于销售人员来说有着很重要的意义，因为销售人员知道自己接收的线索是什么关键词带过来的，就知道应该准备什么资料了。

二、To B 企业官网的状态判断及自检

随着我们对官网价值认知的深入，就会对官网的开发与运营付出更多的精力，不同的投入也意味着官网的质量也不同。官网大体可以分为 3 种，且分别对应 3 个阶段。
- **名片型官网**：一线人员介绍自己的品牌时，通常会告诉对方去官网了解自己的企业，此时官网就是企业在互联网上的一张名片。对于这类官网，策划之初就明确了价值，或许企业并没有期待它能起到更多的营销作用。
- **品牌型官网**：对于这类官网，企业会非常注重其上的品牌形象，官网虽然小，但是会做得很有质感。大多企业会动用很精良的设计以及交互资源，力求通过官网让访客认同品牌。
- **营销型官网**：这类官网具备明显的转化流程。企业期待通过这类官网去竞争 SEO 流量、承接品牌带来的自然流量，

期待用清晰有力的转化流程将流量转化成线索。整个官网都在获客上发力。

3 种官网的定位如表 18-1 所示。

表 18-1　3 种官网的定位

	页面数量	CTA 密度	SEO 规范	内容更新频次	设计特点	CMS
名片型官网	5～10	无 CTA	无 SEO 痕迹	无更新	无原创设计	无
品牌型官网	10～20	1～3 个/全站	无 SEO 痕迹	无更新	以图片、动画为主	新闻中心
营销型官网	20～50	1～3 个/页	有 SEO 规范	每周更新	突出转化逻辑	资源中心

三、To B 企业官网的搭建步骤与流程

如果你是一个从事市场相关工作的人，那么你很有必要了解网站构建流程，因为当你了解网站是怎么做的后，你就可以跟产品研发团队进行有效沟通，至少在提需求的时候，可以很好地评估项目研发周期。下面就来简单介绍官网的构建流程。

（一）制作官网的总流程

一个官网大概要通过如下几个步骤才能制作完成。

1. 策划

早些年，市场部要做网站，需要提供 MRD 文档（市场需求文档），项目经理基于此文档开发网站。如今市场部已经不产出 MRD 文档了，而是直接产出线框图。

线框图是原型图的早期版本，其中不包括交互相关内容，但是会把页面结构和内容结构讲得很清楚。线框图能解决一个问题，那就是不同页面要表达的内容是什么。市场部是最了解客户需求的团队，如果我们向后追溯就会发现，除了市场部，没有哪个团队可

以把"页面要表达什么"这个任务承接下来。

2. 网页设计

网页设计师会根据网站原型图进行网页设计，相当于把策划的想法用 Photoshop 画成图，这个过程需要大量的沟通，因为设计师提供的是设计思路，表达形态是策划（网站的产品经理或者项目经理）决定的。比如，按钮用圆角还是直角，一个页面的颜色如何分布，这些都在此范围内。

很多网页设计师会先制定网页设计规范，以保证 To B 官网具有足够的专业性。对于 To B 企业而言，官网首先要严谨与专业。因为客户会通过官网联想到你的产品的质量，如果你的官网毫无专业性可言，那么客户会认为你的产品也是靠不住的。官网的专业性取决于很多因素，网页设计就是其中之一。

3. 前端排版

设计师产出的是什么？是一张图片，这张图片还不能称为网页，仅仅是图片级别的产出，这时就需要前端工程师介入了。前端工程师可以把这张图片切成一个一个的小单元，再用 DIV+CSS 技术将这些单元重组成页面，此时的页面是由 HTML 代码组成的，可以在浏览器中打开。

早些年，DIV 和 CSS 还不成熟，前端工程师会用表格来进行页面排版。首先建立一个大表格，大表格里面放小表格，经过层级嵌套就搭成了一座房子的骨架，接下来用图片和文字装修这座房子从而形成网页。后来有了 DIV 和 CSS，人们开始用 DIV 来搭房子，用 CSS 来做装修。DIV+CSS 的方式比表格方式先进得多，逻辑更清晰，占用资源更少。

如果你的网站是一个静态网站，也就是没有内容系统，不需要从数据库里调取数据，那么经过前端工程师处理后就可以用了。但是这样简单的网站已经很少见了，尤其在 To B 领域。内容会帮助我们获得客户的注意力和认可,所以 To B 企业的官网会很重视动态内容,如案例与资源中心。

4. 程序

如果需要网页与数据库沟通,需要从数据库里动态得到内容,就要工程师上场了。工程师通过一些代码,让网站上的内容可以动态操作数据库,对数据库里的信息执行增删改查等操作。

经过以上几个步骤一个网站就做完了,但是此时网站仅存在于研发人员的电脑上。如何让所有人通过一个域名就可以访问到你的网站呢?此时就需要运维工程师帮忙了。

首先你要买一个虚拟主机和域名,在阿里云上购买即可。买一个 com 的域名一般只要几十元,但要去备案。在阿里云后台申请备案后,系统会给你发送一个背景布,需要你实名认证且上传照片和保证书,证明这个域名是归你所有的。虚拟主机的价格一般为几百元,这是一个优质虚拟机的最低价格。考虑到风险问题,一般不建议大家买太低价格的虚拟机。阿里云几百元的虚拟机支撑一个小型官网足够了,而且阿里云还支持弹性扩容。

域名和虚拟机都买好,把开发好的网站代码上传到虚拟机,安装解析好的域名,也就是将域名与虚拟机给你分配的 IP 绑定在一起,别人就可以访问你的官网了。

以上就是一个网站开发的总流程,每个阶段都由不同职能的伙伴提供支持,当然大部分公司是没有这样完整的团队的,在这些公司中,要么由一个人负责全流程,要么外包给专业的供应商。

(二)明确官网搭建(改版)的目的

好多伙伴都和我说过想对官网进行改版。网站改版是一件很大的事情,从策划到研发到上线,动用的资源很多。我预估了一下,一个 To B 官网进行一次改版,至少要消耗 10 万元,平均需要

3个月的时间。其实很多网站不需要推翻改版，只需要升级。如果你真的要对官网进行改版，应该先想好改版的目的。

2016年我（赵岩）对我们的官网进行过一次改版，当时是因为我们的官网的底层实现语言是C语言，而我们团队没人懂C语言，在市面上找到一个可以做C语言网站开发的人又很难。为了未来几年的发展，我们进行了网站改版，把底层完全改由用PHP实现。这样的网站改版目的是合理的。

另外，我们想优化官网的转化率，但是发现一个现象——运营人员对官网不可控，牵一发动全身，改任何一个小的东西成本都很高。我们要想达到优化转化率的目的，需要改的东西很多，成本比重构整个网站低不了多少，于是决定重构官网。

所以当我们想进行官网改版时，要清晰地知道为什么要改版，改版之后得到的收益是否可以覆盖我们牺牲的成本，这里还不包括机会成本。

对于大部分网站，我都不建议以改版为目的进行优化，而是基于原有的环境进行持续升级。由此也可以想到，一个底子良好、基础牢固的官网是多么重要，这样的官网可以支撑一个公司发展四到五年，网站开发团队可以基于此持续增加页面和内容。

很多官网开发项目启动前目标定义不清，这会导致在项目推进过程中失去方向。这就像大海中航行的船只，如果没有方向，很容易迷失在大海中。

常见的官网开发（改版）目标如下。

- ❏ **改变性质**：比如品牌型官网向营销型官网改变，以增强官网的营销能力，其中包括获取流量和将流量转化为线索；再比如当前的网站底层基础薄弱，无法基于此进行优化开发。
- ❏ **网站"装修"**：基于品牌的新定位对官网进行升级，使其内容、视觉、交互体验均得到提升，从而期待企业在官网端得到更多客户认可。
- **提高转化率**：包括增加落地页、更改文字等常见行为，通常会结合 A/B 测试策略进行网站的微调。

（三）官网的栏目规划

我们在盖房子的时候，会先打地基，然后搭建房子的骨架，接下来添砖加瓦，这是正常的顺序。做网站策划也是一样的。在做网站策划的时候，我们要先考虑网站的栏目结构，也就是网站要有哪些页面。To B 企业的官网有自己的特色，因为 To B 企业的官网不仅要展现品牌，还要承担获客的职责。

To B 企业的生意有如下几个特点。
- **需要专业能力**。客户在选择一个合作伙伴的时候，当然会期望这个伙伴是专业的，无论是产品还是服务，都希望其能做到完美交付。
- **客户会钻研我们**。因为 To B 生意的客单价都很高，客户会花大量的时间去钻研我们，直到完全打消心中的顾虑，产生足够高的信任。
- **决策和考验周期长**。意向客户会在很长的时间内观察我们的动向，在从陌生人到成为我们的客户的过程中，他们会跟我们频繁接触，并期望得到更多共鸣。

站在官网负责人的视角，传递什么样的信息才可以算一个合格的 To B 官网呢？我们将一个 To B 官网要传递的信息总结为 VIP（Value、Insight、Person，价值、洞察、人）结构。

1. 价值

客户来到一个官网最先想要了解的就是这个公司是做什么的，卖什么产品，这些产品能否帮到他。所以我们需要在官网的首页、产品页、解决方案页充分表达我们是做什么的，以及我们是如何帮助客户的。大多数情况下我们在商城买东西的时候，都默认知道自己要什么，比如我要解决洗衣服的问题就会想买个洗衣机。与这种需求相匹配的解决方案，在我们脑海中是天然存在的，但是在 To B 领域不是这样的。To B 领域有很多人仅知道需求是什么，但是不知道什么产品可以满足这样的需求。这也是当前所有 To B 企业需要解决的问题，很多人把解决这个问题的过程称为教育市场。

假设我们已经很清晰地告诉客户我们是什么组织，以及我们做什么产品与解决方案，那么客户是不是就会积极找我们合作？远没有这么简单！如果真的这么简单，那么 To B 企业的官网就会提供支付接口了。

客户在知道我们可以提供什么支持后，还需要什么信息呢？那就是我们是否有资格成为他们的合作伙伴。To B 企业的官网，会在产品页和解决方案页充分表达企业和产品价值，目的就是告诉对方，我们有这个资格。

2. 洞察

做 To B 生意的每一家企业都应该是所处领域的专家，否则怎么能服务好客户呢？客户在选型的时候也会考虑对方是否有行业经验，因为现在早已不是有了产品就能解决问题的年代。

客户在选择一款 To B 产品的时候，很大概率并不知道这款产品能为他解决什么问题，如何解决他的问题，是否足够专业。谁能先解决这些客户困惑，谁就能在客户心中塑造一个专家形象，谁就能获得客户的关注与信任。

To B 企业的官网会用最核心的资源、案例来应对上述问题。

3. 人

产品和解决方案是客户需要的，资源中心和案例也充分表达了这家公司是能解决客户问题的，这些外在因素都解决了，接下来就要进行高维度的思考了，那就是价值观共鸣。若是一家公司的态度、价值与客户心中所想是完全一致的，那么这个客户在同等条件下，会优先选择这家企业，因为这家企业跟他的价值观一致。所以我们需要在官网中展现我们的态度、观点及团队风貌等容易引发客户共鸣的内容。

任何细节都可以表达这家公司的态度，比如设计风格、内容布局、交互体验等。To B 企业一定要认真对待官网，因为访客会从官网展现的内容联想到很多东西，比如通过官网就可以判断产品是否严谨、靠谱。

VIP 结构是一个标准结构，这个结构可以等同于一个网站的主导航。很多时候我们可以自定义主导航结构，但是一定要注意层级感。比如我们去看一个售楼处的样板间，在我们的思维结构里，可能要先知道这个房子有几个房间，然后才会去关注床。客户在体验一个 To B 官网的时候其实原理也是这样的，他们会先关注产品、解决方案、资源中心、主导航等大模块，之后才会找一个自己感兴趣的频道点击进去继续浏览。判断一个链接是否要反复出现在主导航上，首先要看它的力量是否足够支持其成为最顶层的存在。

我（赵岩）曾经遇到过这样一个情况：CEO 跟我讲，我们新出了一款产品，这款产品很重要，相关介绍要放在主导航上。但是因为这款产品的介绍会引发导航层级的混乱，而且这款产品完全没有重要到哪怕引发混乱也要出现在主导航上的程度，所以我拒绝了。

我专门与 CEO 沟通了一次，表达了我不希望因为这款产品破坏网站结构的想法。我强调，这种行为不仅不能给产品推广带来帮助，还会破坏网站的体验逻辑。我建议通过其他方式来解决产品曝光的问题，比如在网站的最顶部加个广告条。CEO 最终同意了我的建议。

在进行网站运营的时候，务必要优先保证网站本身的框架结构，在结构稳定的基础上才能丰富内容或满足其他需求，千万不要本末倒置。

（四）确定色彩、距离、动效等的规范

从细节处定标准。苹果的网站为什么看着舒服、专业？因为其背后有严格的设计规范及标准。

1. 色彩

色彩是品牌的传承，也是情感的有力传递。官网的配色一般基于企业的 VI 系统，这是一种品牌策略，我们必须遵循。但是仍然有很多企业并没有完善的 VI 系统，这时设计师需要在 Logo 色彩的基础上衍生出辅助颜色。

从客户角度出发的网页配色方针如下。

- 单独使用鲜艳色彩可明确传达需求。
- 多种鲜艳色彩互相搭配时必须注意明度差距。
- 使用鲜艳颜色做设计时，色块面积设置得比较小，容易取得色彩平衡。
- 大面积鲜艳的色块容易引起不适。
- 低饱和度的颜色适合大面积使用，想要强调的地方采用鲜艳的颜色。
- 若想采用无色彩的设计，那就一定要有好的图片，不然页面会变得寡淡，没有看头。

大部分企业在做网站之前已经设计好 Logo 及整套的 VI 系统（但是没有针对网页应用进行专门说明），官网的设计肯定要延续这整套 VI 系统。但是 VI 中的颜色在平面打印中效果还不错，转成网页后颜色就不够美观了，这要如何处理？

网页使用的是三原色，需要把 VI 系统中定义的 CMYK 的颜色转为 RGB 色值，转换后的颜色在网页上显示的效果与平面打印效果如果不完全相同，或网页上颜色不够美观，可以减少主色的使用，增加辅助色。辅助色可在主色的基础上酌情调整色值。网页的显示效果由显示器分辨率、电脑显卡、渲染技术等决定，可以通过

过渡色、透明度对 VI 系统规定的色彩进行调整。

网页配色比例公式：

$$主色：强色：辅助色 = 70：5：25$$

2. 距离

合适的距离设置可以让重点更明确，可以让阅读更舒适。与距离相关的具体要求如下。

❏ 在网页中，没有绝对距离，只有相对距离。
❏ 行间距与字体大小相关，无固定距离。
❏ 行间距的倍数一般为 1.2～1.8。
❏ 字号越大，字间距越大。

3. 动效

在 UI 动效设计中，动画最优的播放速度是 200～500ms/ 帧，这个数据同样来自人类大脑的认知水平，小于 100ms/ 帧的动画人类是很难感知到的，而大于 1s/ 帧的动画又会让人类觉得有延迟，不够流畅。但是也有特殊情况：如果你要在页面中设计一些创意动画，其出发点就是引起注意，这时就应该抛弃这些规范，把播放速度做慢一些，把播放时间做得更长一些。另外动画的持续时间不仅跟它的移动距离有关，还跟它本身的大小有关系。小的元素或者变化不大的动画应该移动得更快，而大的元素或者复杂的元素持续时间稍长一些看起来会更好。

为了让动画看起来不会太机械，物体在运动时应伴有一些加速度，就像现实世界中的运动一样，不会有绝对匀速的运动。这样可让客户更容易接受。缓动的物体会比线性运动的物体看起来更加自然，缓动的速度可以用贝塞尔函数来描述。关于贝塞尔函数的内容，大家可以查阅其他相关资料，这里不再展开。

(五)网页设计,留白与美

留白应该是最高级设计能力的表现。留白的目的有如下几个。

(1) **在视觉层面给予用户一定的放松时间,也就是产生所谓的呼吸感**,让网页显得更加舒适自然。

(2) **突出主题,让网站更有层次感**。若是页面的每个部分都有清晰的视觉焦点,主次分明,那么客户永远都不会在这里迷失和分心。想要让一个元素足够吸引客户的注意力,往往需要通过周围的留白来衬托,这样的设计所营造的客户体验更为优雅。留白并不一定必须是白色的,它可以是其他任何颜色。留白的另外一个名字是"负空间"。留白能够衬托和凸显视觉主体,这也是它发挥作用的主要途径。

(3) **创造更多、更丰富的想象空间**。留白的作用就像我们常说的"此时无声胜有声",能把人们带到一个拥有无尽想象的时空,让人们在这里自由畅想。留白还能创造出设计版面的戏剧性,只要我们能合理运用,它将更好地帮助我们实现信息传达的目的,为平面设计作品增添更多魅力。

(4) **极简主义风格是留白的高级运用**。在极简主义盛行的今天,"少即是多"被设计师奉为准则。控制配色方案的数量、限制视觉元素的数量,在清晰的层级之下呈现最核心的元素,抓人眼球,直击核心,这些都是极简主义的体现。这样的设计对于留白极为依赖,因此,在这种风格下留白就更重要了。

尽管留白看起来不复杂,但是在复杂多变的设计环境之下,要想做好往往并不是一件简单的事情。优秀的留白设计能够在简约风格和功能可用性之间达到平衡,而要做到这一点,需要相当多的实践和积累。

(六)交互开发,细节里的艺术

动效交互、视频、图片、文字引起的感知效果是依次降低的。

动效交互让网站更加立体，可以更好地打造网站记忆点，且不打搅客户。

（1）**打造记忆点**。从客户品牌或者客户业务出发去设计动效。"浓妆艳抹"的设计只会让人感觉浮夸，因为商业设计中的动效都是为了传递内容，原始的出发点不能变。交互要更好地让客户记住你的品牌或者更好地理解你的业务，太过浓艳的设计会分散用户的注意力，让用户抓不住记忆点。

（2）**不打扰客户**。一个优秀的动效交互设计，不会是刻意的，更不能分散客户对目标的注意力。有些时候，我们都在为网站做减法，能优化的优化，不能优化的就把动效去掉。动效不能影响客户对核心内容的阅读，不能影响客户体验网站的效率。

（3）**要考虑和客户的交互，让对话更有趣**。网站和平面物料的最大区别是可以进行人机交互，点击、鼠标经过、滚动条的滚动等都会让网站给你反馈，这也是网站最有意思的地方。体验式浏览可以增强阅读内容的感受，让客户参与到动画的过程中，让人留下更深印象。

（4）**动效本质源于现实，不要打破自然规律而让人难以接受**。网页中动效应该要反映客观物质世界的规则，例如加速、减速、弹性跳、摩擦等。模仿现实世界的物体运动规律是我们执行动效落地的基础，也是满足客户心理预期的基础。

（七）程序接入，构建一个动态的网站

网站涉及的编程技术分为前端和后端两种。

1. 前端程序

前端程序应更关注交互和体验，偏向客户端。

当网页设计稿做完之后，首先需要前端技术人员通过编程技术将网站做成可交互的，比如提供鼠标点击、下拉菜单等交互

方式，比较复杂的动效交互需要前端技术人员提供支撑。现阶段 HTML5 和 CSS3 可以实现非常炫酷的交互，而且可以实现屏幕适配，也就是根据不同屏幕尺寸展示不同的效果。

在前端开发中需要注意浏览器兼容性、屏幕适配性、搜索引擎友好度等。

PC 端主流浏览器如表 18-2 所示。

表 18-2　PC 端主流浏览器市场占有率表

序号	浏览器	市场占有率
1	Google Chrome	77.23%
2	Safari	4.94%
3	搜狗高速	4.09%
4	QQ 浏览器	3.87%
5	Firefox	3.46%
6	其他	2.15%

移动端主流浏览器如表 18-3 所示。

图 18-3　移动端主流浏览器市场占有率表

序号	浏览器	市场占有率
1	微信浏览器	27.66%
2	手机百度	17.11%
3	Safari 移动版	12.75%
4	华为浏览器	12.56%
5	Chrome 移动版	9.37%
6	QQ 手机浏览器	4.47%
7	MIUI 浏览器	3.9%
8	其他	2.81%

主流分辨率如表 18-4 所示。

表 18-4　主流分辨率表

分辨率	占比	分辨率	占比
1920 × 1080	25.24%	1600 × 900	2.33%
其他	9.82%	414 × 736	1.2%
1536 × 864	8.07%	800 × 600	2.26%
360 × 780	5.74%	393 × 851	1.2%
414 × 896	4.06%	375 × 667	1.05%
1280 × 720	6.49%	393 × 873	0.99%
1440 × 900	5.27%	1280 × 800	1.4%
1366 × 768	5.43%	392 × 800	0.88%
360 × 800	2.7%	2560 × 1440	1.18%
375 × 812	2.4%	1440 × 960	1.08%

搜索引擎是否友好，主要体现在如下几个方面。

❑ 具有完整的标题说明、关键词标签。

❑ 根据语义使用标签，比如 h1、h2、h3 为标题（h1 标签每个页面只能有一个），p 标签为段落。

❑ a 标签要有 title 属性。

❑ img 图片标签要有 alt 属性。

2. 后端程序

后端程序是维护、功能及安全的保障，偏运营端。

后端程序可实现网站的逻辑功能，以及网站内容的录入修改。有些网站完全没有后台管理功能，有些则后台管理不完善，只有专业的编程人员才能完成内容更新，普通的运营人员根本无法完成维护工作。这样的后台都属于不友好的。如果运营部门的同事可以非常方便地进行网站的数据修改，那么官网上的内容将能最大化配合公司市场活动。相反，如果所有内容都需要第三方公司或者专业人员支持，官网的营销效果将大打折扣，同时会带来更多的成本。

后台是否完善、便于维护，与所用的开发语言有很大关系。

那么如何选择后端开发语言呢？常见的后端开发语言有 ASP、PHP、Java、.NET。

（1）ASP 是绝对不推荐的，这属于过时的编程语言，如果官网用 ASP 开发，就可能因为技术过时而导致漏洞多且不好维护。

（2）对企业官网来讲，强烈推荐使用 PHP 开发。PHP 的开发效率高，维护速度快，特别适合用于网站开发。百度搜索引擎和新浪微博都是用 PHP 开发的。

（3）与政府、金融等相关的项目，用 Java 开发的居多。这类项目一般都比较重，开发和维护成本高，迭代慢。

（4）.NET 与 Java 有很多相似之处，但是其总体不如 Java，属于替代 ASP 的过渡型编程语言。

（八）内容管理系统

网站以内容为主，所以专门用于网站管理的软件称为内容管理系统（CMS）。CMS 可以帮助快速构建网站后台。

1. CMS 概括

CMS 可以节省程序开发时间，帮助快速实现网站后台管理，并在后台实现模板编辑等功能。但是，大多数传统 CMS 都是为专业的前端或者后端人员开发的，所以使用 CMS 构建的网站后台使用门槛高。对于内容维护，普通运营者可能很难完成。所以决定使用 CMS 构建网站后台前，需要充分考虑客户的使用成本。

国外知名的 CMS 主要有 wordpress、Joomla、Drupal。其中，使用最多的是 wordpress。wordpress 非常成熟而且在国外有很好的生态，各种插件也非常多，较易用。最重要的是，它是开源的，不论是个人还是企业都可以免费使用。但是，wordpress 在我国生态不完善，可用插件不多。wordpress 既能做企业官网又能做商城、论坛、博客，这个万金油的属性导致其需要加载大量资源，这会导致网站打开较慢。而且基于 wordpress 做深度的二次开发，需要具备专业的技能。

国内最知名的 CMS 是 Dedecms，但是其对建站的客户不是免费的。老牌的 CMS 还有帝国 CMS、phpcms 等，但是这两款产品都已经很久没有更新了。如果企业选择自行开发网站，建议还是选择商用的 CMS。

2. 致趣百川 CMS

致趣百川在 2021 年下半年面向 To B 企业发布了全新的 CMS，旨在重新构建 To B 内容体验。致趣百川的这款产品是为 To B 企业定制的，功能强大、易用性好，最重要的是对底层思考很全面，增加了很多智能化应用。

致趣百川的 CMS 具有 5 个典型能力。

1）内容集中化

致趣百川 CMS 构建了一个面向市场部的内容中心，通过该内容中心可以集中管理所有内容，如文章、视频、下载资料、活动预告及回放等。致趣百川 CMS 还支持多种业务应用场景，比如页面资源调用。

2）内容结构化

如何理解内容结构化？比如为了通过内容整体凝练出来一个品牌，很多团队会将这个品牌定位成顶层组织，然后向下传递并逐级拆分，这就会形成更多的独立细分组织，这种形式就是结构化。将内容分配在不同的类别下，然后通过构建的内容索引让内容呈现聚合状态，会吸引有不同需求的人找到自己感兴趣的内容。

3）内容个性化

我们期望让关注某类内容的访客，在当前页面推荐位置也能看到其他相关的内容，以增加访客停留时长，降低跳出率。当然，从客户体验视角考虑，这样的布局也会让客户感觉很流畅。让人流连忘返的网站才是好网站,但是流连忘返往往不是一条内容可以实现的,需要多条内容共同作用,形成一个体验流。

相关文章出现的位置大多在文章详情的右侧或者底侧,如果我们想人为控制内容的相关性,有什么办法?在致趣百川 CMS 里,可以按如下方法操作。

- ❏ **手动选定**:通过手动设置,让不同的内容彼此关联。比如将《内容运营的三条法则》与《致趣百川内容成熟度白皮书》《如何让你的内容既有流量又有效果》关联到一起。
- ❏ **配置推荐规则**:我们要想为不同属性的客户推荐不同类型的内容,就要先给客户打上清晰的、具备归类能力的标签。标签可分为属性标签和行为标签两种。无论是基于哪种标签进行个性化内容推荐,都需要提前设定好规则。
- ❏ **机器学习**:当设定好目标后,可通过机器观察事件产生的原因,以精准掌握成功的因素,比如某个事件的成功是由属性信息、行为信息,还是两者的结合带来的?当我们知道机器学习的结果后,就进入了分析提炼阶段,如果可以得到一个共识,就等于发现了增长的密码,然后通过智能机器人就可以自动提高内容的转化率了。

4)内容互动性

当我们想去衡量内容价值的时候,其实就开启了一个反向思考的过程。有目的地创作内容,是提高内容团队战斗力的良好方式。当我们期望内容可以直接带来线索时,通常会在一篇文章的内部增加跳转链接,也会在文章底部增加下载其他资料的广告。但是这仅是捋顺了转化逻辑的第一步,向下深挖,如何提高文章对下载的贡献,即如何通过文章引导提高下载的转化率?增加内容的互动性是一个有效的办法。

我期望让用户在不同的文章中都看到某个资料的下载信息,此时这些文章就变成了号召行动(CTA)的供养体,所有文章都在说服访客去完成下载动作。因为流畅性决定了转化率，所以我可以在内容列表里插入号召行动的板块，比如在内容相关推荐位置插入号召行动板块、在内容底部增加号召行动板块。无论在哪里添加号召行动的板块，只要注重内容与号召行动关联性强，转化率就会大幅度增加。

5）内容数据分析

我们能拿到的指导我们决策的数据少之又少，尤其是内容团队，这类数据基本只有公众号发布的内容的阅读量、粉丝增减数量。企业一般都会问内容营销团队这样的问题：你们的内容到底带来了什么效果？是否贡献了线索和商机？

内容营销数据与财务数据之间似乎总隔了一层捅不破的纱。为了解决数据问题，很多前辈尝试了各种办法，比如在内容中的超级链接上增加 UTM 参数，让每个链接都可以被有效跟踪。但是这些方法都不是很智能。有什么办法像 BI 一样，可以在后台直接看到内容的结果？

在致趣百川 CMS 数据分析板块中，就可以一目了然地看到内容效果，这里有一些你期望看到的数据。致趣百川 CMS 数据分析板块具有如下功能。

- ❑ **CTA 相关数据分析**：致趣百川 CMS 从内容视角转变为 CTA 视角，数据分析主题从内容上转移到了 CTA 上，这是一个十分巧妙的思考。CTA 就像脉络一样，布局在各条内容里，而流量到线索的数据会通过 CTA 源源不断地流入数据库，因此我们可以获取 CTA 的展示数据、点击数据、提交次数及线索量。知道这些数据后，就可以有的放矢地进行转化率策略优化了。
- ❑ **归因分析**：致趣百川 CMS 提供了归因分析功能。这个功能可以很好地处理线索转化复杂性问题。如果客户完成转化了，若是仅通过访客最近访问的内容或者最后一个行为就判定我们的营销有效,就显得过于草率了。在访客行动之前,他会经历很多。究竟是哪些内容积累了客户的情绪,使其注册成为线索?知道了这些,就可以有针对性地进行内容布局,提高客户转化率了。这就是归因分析功能要完成的事情。

四、网站运营的方法、技巧与工具

(一)内容填充

官网建设完成并上线,这仅是走完了万里长征的第一步。我们还要给官网增添更多的内容,让官网看起来更饱满。这些内容是访客了解我们品牌的基础,访客通过这些内容得到关于我们的信息,在信息中了解品牌价值。在官网填充的过程中,如果遵循一些技巧,会让官网获客和转化能力更强。

- **内容构建基于关键词库**。官网的页面之所以会被搜索引擎收录,一般是因为网页上某个关键词被搜索引擎收录了。当页面上的内容足够优质时,该页面就会获得好的排名。在搜索引擎上获得好的排名后就可以得到更多的自然流量。所以在构建内容之前应先准备关键词库,让内容围绕关键词库展开。
- **使内容带有转化属性**。设置3~5个基础页面,让大部分页面都指向这几个基础页面。在基础页面里设置好高质量的下载内容,这类内容带来的自然流量有更大概率转化为线索。
- **塑造内容品牌**。在官网中上传的内容应保持专业性。另外,想通过内容向客户传递公司品牌价值以及品牌在行业中的地位,就要多生产对客户有价值、有帮助的内容,如模版类、教程类的内容。

(二) A/B 测试

A/B 测试的原理是将客户自然分成两部分,然后为两部分随机分配流量,观察两部分客户对不同行为的触发情况,比如点击按钮或者点击链接。通过 A/B 测试可以帮助完成网站优化、网站迭代,从而提高网站的转化率。

不过目前 A/B 测试在 B 端业务领域用得比较少。因为只有流量足够大,A/B 测试才有价值,而 B 端官网的流量通常较小。

(三) 埋点与数据分析

如果你想知道某个按钮的点击情况,那么就需要在这个按钮被点击的时候执行一段代码。这段代码通过一条藏在网站或 APP 上的线路(SDK)将点击事件用客户察觉不到的方式记录在某个系统里,为的是采集数据从而进行事件级的分析。这段被执行的代码就是埋点。

目前市面上有两种类型的网站数据分析工具,分别是以百度统计为代表的免费流量分析工具和以 UBA 为代表的客户行为分析工具。

百度统计目前提供流量分析、来源分析、客户基本分析等功能,可以分析的维度以流量为基准,通过它可以了解访客数量、浏览页面数量、访客地区分布、访客年龄分布、流量的页面上下游以及基本的广告效果等。

企业在创业初期,通过百度统计这样的工具就足以应对业务增长问题。但当数据积累到一定量级后,就需要更细致地进行分析了。这时候初级的数据分析工具或产品就不能满足需求了,引入 UBA 产品成为一种必然选择。

UBA 具有如下典型能力。

- ❏ **强大的数据分析能力**。UBA 基于 User-Event 模型构建的分析能力,可以进行事件分析、漏斗分析、归因分析、智能路径分析、热图分析等。
- **客户数据存储能力**。客户数据存储是 UBA 与百度推广免费版的核心区别。有了客户数据就有了客户运营能力，就可以跟 CRM 接壤，构建线索孵化池。
- **更深维度的数据分析能力**。相对于简单的页面级分析，因为可以基于埋点通过事件上报数据，所以 UBA 可以进行更深维度的分析，比如判断不同浏览器的转化漏斗差异，或者基于细分客户群体进行数据分析等。

（四）辅助运营工具推荐——Wowpop

Wowpop 可以增强网站运营能力，具有如下功能。
- **改善网站功能，让网站运营更灵活**。3 分钟即可为网站增加自定义弹窗，在不破坏或者影响网站结构的基础上增加浮窗通知。
- **退出挽留，提升转化效果**。可以根据不同页面定制特定的引导浮窗，促进客户完成注册、试用等留资行为，并可以在网站上增加退出挽留功能，提升留资概率。
- **优化客户流程**。通过个性的浮窗优化网站内链关系，在不同板块间做好串联，优化客户旅程。
- **内容优化**。可以根据关键词显示对应浮窗，以强化或补充网站上现有的内容。
- **数据沉淀**。全程采集浮窗展现及客户点击行为数据，为客户旅程优化提供依据。

19

信任生长：To B 品牌之路

——黄海钧

黄海钧 To B 品牌专家、公众号 ToBBrand 主理人。拥有 16 年品牌及营销实战经验。曾任正邦品牌顾问机构策划总监、纷享销客 CRM 市场副总裁、科创板上市公司慧辰股份 CMO 等职。2021 年年初创立突彼咨询，专注于为 To B 企业提供品牌咨询服务。

一、关于品牌的基本认知

刘润老师讲过一句话："人与人之间最大的鸿沟，不再是信息不对称，而是认知不对称。"我觉得非常有道理。很多 To B 圈内人士就 To B 企业该不该做品牌、什么阶段做品牌、怎么做品牌等问题各执一词，为什么？我认为就是因为认知出现了偏差。我做 ToBBrand 订阅号的初心就是"重构 To B 品牌认知"。

当前的我们完全淹没在一个消费的世界里，奥格威、科特勒、叶茂中等我们所熟知的品牌营销大师的理论与实践体系几乎都是根植于消费市场。因此，在我们的潜意识中，已经接受了有关消费品牌的基础认知设定。这存在很大的问题。作为 To B 领域的品牌操盘手，我认为首要的任务是构建正确的 To B 品牌认知。

To B 企业的品牌认知从人群角度看主要包括如下 3 个层面。

- **CEO 品牌认知**。这是 To B 企业品牌工作的地平线，也是天花板。没有 CEO 的认同与支持，品牌工作很难启动，更难以持续有效地推进。
- **CMO 品牌认知**。CMO（或市场 VP、品牌总监）是品牌主要的操盘手，其认知直接影响了品牌工作的路径、方法、效率及效果。同时，CMO 还承担着教育和引导 CEO 认知品牌的重任。
- **团队品牌认知**。无论 PR、文案还是设计相关人员，他们的认知都对品牌的精神与气质的落地水准有直接影响。毕竟，CMO 还得靠团队干活。注意，这里所说的团队也包括外围合作伙伴。

二、To B 品牌的本质

To C 领域的品牌，核心是解决如下 3 个问题。

- **识别效率**。在一堆同类商品中，消费者会在脑子里快速筛选出某几个听过或熟悉的品牌，然后进入心智决策流程（比如综合考虑价格、功能、样式等因素）。在这个过程中，品牌的作用就是简化信息筛选过程。
- **信任暗示**。品牌，尤其是知名品牌，会在消费者的潜意识中暗示产品是安全可靠、值得信赖的，从而形成"信任"的条件反射。
- **体验匹配**。品牌具有社交价值、情感价值，即每个品牌都具有独特的价值主张、风格调性，消费者往往会选择与其喜好、审美、社交身份等相匹配的品牌。

如果我们基于上述认知去讨论 To B 品牌建设，那么必然会进入误区。To B 企业做品牌，到底为的是什么？答案只有一个——信任。

To B 产品鲜有在货架上直接进行销售的，且大多处在一个专业领域里，客户集中度较高。To B 产品不像 To C 产品那样，动辄有数十上百个品牌，容易让客户产生选择性困难。因此，To B 品牌在客户识别方面的作用就不是那么重要了。而对于体验匹配，就更不是 To B 品牌要解决的主要矛盾了。

To B 商业的本质是生态化价值网络之间的价值传递与整合。在 To B 企业的采购决策中，有 3 条弦绷得最紧——价值、成本、风险。特别是第三项，无论负责采购的个人还是企业组织，对风险都具有天然的敏感和恐惧。信任，是抵消风险恐惧的最有力武器。

在 To B 商业中，迥异于消费市场的是，所有 To B 交易都会订立明确的合同契约关系，这样做为的是依靠法律手段夯实信任关系，防范潜在风险。但是，只有在确定了合作之后才会签署商务合同，而品牌是前置的第一信任状！

同时，To B 品牌是决策时多个利益群体的最大的共识公约数。通俗地讲就是在企业或政府采购项目中，进行群体决策时，不同群体可能对方案、技术、价格等有不同的看法，但在品牌方面却能很快达成共识。选择一个知名品牌意味着谁都不用承担不确定性的风险责任。

讲一个我亲身经历的场景。在某制造型企业 ERP 选型决策线上会议中发生了如下对话。

IT 总监：各位领导，此次 ERP 系统切换项目我们总共约见了 4 家供应商，这些供应商都提供了详细的方案及报价。我现在结合 PPT 做一下汇报……

董事长：这几家谁比较有名？

CEO：SAP，这是全球最大的 ERP 软件厂商，甲骨文也是。

董事长：SAP 是哪个国家的？

IT 总监：德国的，很多 500 强企业都用这家的系统。

董事长：德国的可以。德国制造业很成熟。那就用这家的吧！你们有什么意见？

CEO：我认同，毕竟品牌摆在这里了。

IT 总监：我也同意。

……

我曾经在一次演讲中说：信任，是 To B 品牌的第一性原理。

三、To B 品牌"可信赖行为"的管理实践

品牌是过程，是手段，更是结果。其意思是说，品牌作为一种经营手段，对于助力获客、驱动增长具有重要的功能价值。但对于企业来讲，其经营的最终成果就是"品牌"，也可称为"品牌资产"。

因此，对于 To B 企业来说，若品牌是银行账户，那么信任就是货币。我们做的每一个经营动作，都是为了向银行账户持续存入信任货币。当然，有些企业也会支取甚至透支信任货币，最后造成信任破产。

从这个意义上说，To B 品牌的建设过程，实质就是一个信任生长的过程。我为什么用"生长"而不是"增长"呢？因为我觉得品牌是一个生命体，它具有生命力。

放到具体的品牌工作当中，我们如何去驱动信任生长？结合品牌资产相关理论，我将 To B 品牌战略管理的核心分为 4 个层级——**品牌知名度、品牌认知度、品牌美誉度、品牌信任度**，如图 19-1 所示。

❑ 品牌知名度：即品牌名称、标识、口号（Slogan）等，这些

内容广为人知，被客户提及的概率很高，这是品牌建设的基础。
- 品牌认知度：意味着受众对品牌更深层次的认知，包括品牌是做什么的、为谁服务、有什么特征及优势等，其核心是客户对品牌的价值认知。
- 品牌美誉度：客户随着对品牌价值认知的加深，对企业的产品与服务的好感逐步加深，就会形成对品牌的美誉度。当然，客户也可能通过第三方验证品牌的美誉度。
- 品牌信任度：To C 消费领域经常讲品牌忠诚度。我认为在 To B 场景中，没有绝对的忠诚，更多是基于利益、投入、风险等综合考量后得到的"有条件信任"。这种信任关系经受住了长久的考验，同时企业在技术、专业等方面建立起了绝对优势壁垒，客户慢慢就会形成对该品牌的深层信任——接近无条件信任。我认为这是 To B 品牌客户关系中的最高层次。

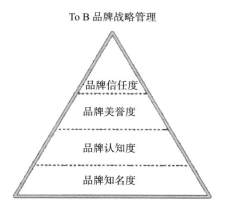

图 19-1　品牌战略管理的 4 个层级

上面介绍的 4 个层次整体上是一个从信息（从基础信息到价值信息）到信任（从有条件信任到无条件信任）的过程，如图 19-2 所示。

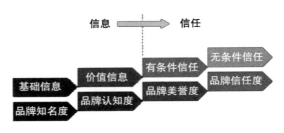

图 19-2　从信息到信任

德国社会学家西美尔开启了当代对社会学信任研究的先河，他特别强调"交换的一个重要条件是信任"。而 To B 领域成交的本质就是一个生态价值网络之间供需双方的价值交换。

对于信任，你不可能对其本身进行管理，只能管理"可信赖"的行为。按照这个思路，我们接下来展开聊聊 To B 品牌建设中的可信赖行为。管理可信赖行为是我们工作的一部分，体现在品牌公关、内容营销的方方面面。

1. 品牌知名度与可信赖行为管理

如前面所述，品牌知名度是品牌建设的基础层级，或可称之为入口。知名度，通俗点讲就是听没听过，看没看过。

在 To B 营销场景中，客户听没听过品牌将对后续的营销动作产生重要的影响。一个销售人员初次打电话给客户介绍自己时，如果客户对该品牌完全不了解，则破冰难度是巨大的。因此，对于一个 To B 品牌的操盘手来讲，首要的任务是在资源有限的条件下，尽可能让更多人、更多目标客户知晓自己的品牌。

下面介绍对品牌知名度的可信赖行为进行管理的具体方法。

方法 1：提高品牌要素的识别效率。在这个注意力高度稀缺的时代，务必要提高品牌名称、Logo、Slogan 等品牌要素的识别效率。

品牌名称要力求简单易记、易传播。步步高的创始人段永平曾经说"（品牌）名字多一个字，就要多费一千万的广告费"。另外，品牌名称中要忌用生僻字。

名称本身可释放出信任因子，无论人还是公司，其名称本身就自带气质。

独特的 Logo 容易给人留下印象，客户通过 Logo 能迅速建立与品牌的认知关联。好的 Logo 还可以给人塑造一种信任感。很多人在初次接触一家公司时，如果看到这家公司的 Logo 在品质、品位上都不够好，就会觉得这家公司的产品与服务也不好。这虽然是一种心理偏见，但不可否认会发生这样的情况。除了 Logo，Slogan、官网、公众号、海报等都是如此。

方法 2：To B 品牌要抓住一切曝光的机会，将每一次曝光都看作一次信任暗示。因为人和人之间的感情关系是在持续的互动中不断加深的。

对于 To B 品牌曝光，我的处理逻辑是市场网格化，即先在纸上画多条横线和竖线，形成一个个方格，如图 19-3 所示。横线代表不同的目标群体，比如客户决策者（CEO、总裁）、业务负责人（比如销售、人事、财务等部门的副总裁）、IT 负责人（CIO、IT 总监等）、采购负责人等。竖线代表不同的行业领域，比如快消、医疗、金融等。一横一纵交叉的节点就是品牌传播的着力点。找到与交叉点相关的媒体、社群组织、资源平台等并与之进行合作，精准影响目标受众。这个网格的颗粒度越细，意味着我们对目标市场的管理精细度越高，传播越精准有效。

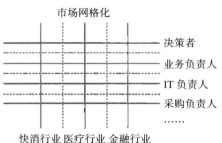

图 19-3　市场网格化示意

2. 品牌认知度与可信赖行为管理

品牌认知的核心是价值认知。这是 To B 品牌营销的关键。之所以很多 To B 品牌营销失败了，就是因为这方面没做好。

下面介绍品牌认知度中进行可信赖行为管理的方法。

方法 1：价值的客户化。

客户化就是转换立场，即从介绍产品功能、产品卖点、技术参数变成介绍客户价值。To B 企业往往具有较高的专业门槛，我们在介绍自己的产品时，往往会陷入自嗨的坑里去，一味堆砌专业术语、技术参数等，这类内容客户完全听不懂，自然就无法有效获取到有用价值。

举个例子："BPM 强大的自定义流程能力，可大大提升可扩展性，通过业务流程引擎驱动业务协作""通过业务流程的自定义管理，将业务协作效率提升 30%"，这两种不同的描述中，明显后面一种更易懂，更容易让客户对价值产生感知。

方法 2：价值的具象化。

具象化就是加强与目标客户的深度触感连接。与客户接触的深度决定了客户价值认知的深度，所以我们需要加强与目标客户的深度触感连接。这也从另一个层面上解释了 To B 企业离不开销售团队的原因。销售人员拜访客户就是一种触感连接，其可加强客户对品牌的具象化认知，与企业形成信任。

在品牌营销、销售实践中，组织客户沙龙、邀请客户来公司实地参观考察等，都是认知的具象化手段。我们往往会发现，当客户参加一次公司主办的沙龙或来公司实地走访后，销售签单成功率会大大增加。

方法 3：价值的显性化。

显性化就是使价值可视化。在 To B 的价值场景中，有一个经典公式——"通过使用 ×× 产品或服务，成本降低了 ××，效率或业绩提升了 ××"，即向客户传递明确的价值成果数据。价值不显性化，产品就不好卖。很多 To B 产品出现叫好不叫座的情况，其背后的原因就是这个。

乔布斯当初在台上推荐 iPod 时所讲的"30 000 Songs in your Pocket"（将 3 万首歌放进你的口袋）和 OPPO 手机对 VOOC 闪充技术的解读"充电 5 分钟，通话 2 小时"，都是价值显性化的典型代表。

3. 品牌美誉度与可信赖行为管理

俗话讲，金杯银杯不如客户的口碑，金奖银奖不如客户的夸奖。口碑是信任的表达。也有人说，信任是最高层次的喜欢。

下面介绍对品牌美誉度中可信赖行为进行管理的方法。

方法 1：打造标杆客户案例。

人们潜意识中都希望参考与跟风他人，所以标杆客户案例成为 To B 品牌内容营销最佳的素材。TechValidate 的一份调查显示：54% 的 To B 营销人员表示分享客户故事、经历以及使用无偏颇的第三方客户证明是极其有效的营销方式。

方法 2：打造企业自己的美誉度体系。

英国社会学家吉登斯对如何实现美誉度进行了概括：符号系统、人格信任和专家系统。

在符号系统中，人们对符号的认可和赞誉会不断积累，达到一定程度后就会产生超级符号。比如我们看到穿制服的警察与看到穿便衣的警察，心里产生的感觉是截然不同的，这就是符号系统导致的，在这个过程中警徽、制服就是超级符号，这些超级符号积累了充足的美誉度。在不同的行业，有不同的超级符号，比如 Intel 标签是超级符号，Lycra 三角形标牌是超级符号，利乐包装也是超级符号。所有企业都希望自己的 Logo 能成为这种超级符号。

除了超级符号，还有人格信任，这更多体现为品牌代言。但是在 To B 领域用明星进行代言的较少，用知名客户、意见领袖进行代言的较多。无论什么类型的代言人,都在为品牌说好话,为品牌积攒美誉度。

企业打造专家系统也是出于美誉度的考虑,专家证词、第三方机构的认证(如 Gartner 报告)都是专家系统的重要组成部分。

4. 品牌信任度与可信赖行为管理

信任度,尤其是深层次的客户信任就是品牌的复利。"争取一个新顾客的成本是留住一个老顾客的 5 倍,一个老顾客贡献的利润是新顾客的 16 倍",这个说法大家都耳熟能详。所以留下对我们已经产生信任的老客户非常关键。

信任分两种——有条件信任和无条件信任。有条件信任来自高级思维支持的知道感(意识计算,利益权衡);无条件信任来自先验的知道感或者确信感,如父母、老师。

下面简单讲一讲在品牌信任度中进行可信赖行为管理的方法。

方法 1:不仅生产产品,更生产知识。

To B 企业一般都根植于某个细分专业领域,这决定了企业必须是"老师"与"专家"的角色,要做行业的首席知识官、行业的权威发言人。试想一下,如果客户把你当作专家、老师,产品的成交能力与议价能力会怎么样? To B 企业往往都会配备售前专家,就是出于这个原因。

方法 2:通过"第一"与"唯一"实现无条件信任。

在高度上成为第一,在角度上成为唯一,这是品牌定位中经常用到的法则。在 To B 品牌营销中,明确的品类标签的确代表着一种能力上的确定性。

在 To B 场景中,做到唯一很难,这往往需要捆绑相应的技术专利,相对来说第一会更容易实现。第一的头部品牌位置可以带来巨大的品牌流量,两个头部品牌往往占据所在领域近八成的市场份额!

如果你的品牌能成为公认的行业第一,就会让客户形成一种无条件信任,从而获得源源不断的流量。

方法 3:信念是高层次的信任。

信任的最高层次是信念。因此,To B 品牌在营销和传播中要有机结合品牌使命、愿景等信念层面的内容。比如 IBM 的智慧地球、GE 的绿色创想、华为的"以客户为中心,以奋斗者为本"等,本质都是从具体的产品与业务中跳开来,诉诸更高维的使命与愿景。

就像纷享销客 CEO 罗旭说的那样,"一个企业的成功,不在于你做什么,而在于你主张什么;不在于你生产什么,而在于你创造什么。"真正成功而伟大的企业,都有更高的追求。

方法 4:千万不要"拆毛衣"。

我记得小时候,妈妈织一件毛衣需要熬很多个夜晚,但拆掉一件毛衣仅需几分钟。信任就和毛衣一样,织的过程一针一线非常漫长,须付出很大的心力,但毁掉信任却极其简单。

因此,对于企业来讲,尤其是具有很强行业属性、客户群体也不是那么广泛的 To B 企业,更要珍惜羽毛,踏踏实实地织好自己的"毛衣",千万不要欺骗客户,因为欺骗是信任最大的敌人。也不要迷信公关,公关并不是万能的。一旦因为某些问题引发"拆毛衣"的过程,那几乎是不可阻挡的。

信任,未来将成为企业最大的红利。信任,是 To B 品牌的第一性原理。To B 品牌成长之路,就是信任生长之路。

最后,再强调一遍关于品牌的认知:**品牌,是公司经营的手段,更是公司经营的最终成果。**

20

To B 企业如何通过高效的组织建设驱动业绩增长？

——王帅

王帅 近 10 年 To B 行业市场、运营从业经验。现任令牌云（上海）科技有限公司市场总监。令牌云专注于数字身份领域的市场研究与探索，曾为京东金融、360 数科、度小满金融等数十家头部互联网企业及金融机构提供全场景身份认证解决方案。

To B 企业如何通过高效的组织建设驱动业绩增长？我把这个驱动过程分成以下 4 个部分。

❏ 建立优秀企业文化，企业主每日四问；
❏ To B 企业管理上的痛点；
❏ 管理驱动增长的实战方法论；
❏ To B 企业人才孵化。

下面我们就针对这 4 点进行深入介绍。

一、建立优秀企业文化,企业主每日四问

员工工作动力来自两个方面——理想驱动、利益驱动。

大多数人出来工作,都是为了挣钱养家,只有一小部分人是为了实现自身理想,或是两者兼有。优秀的企业文化可以激发员工潜能,形成团队凝聚力,让员工由利益驱动转变为理想驱动,实现1+1>2 的效果。

企业文化由如下 3 个要素组成。

❑ **使命**:企业创办的理由及初衷。
❑ **愿景**:企业可实现的最高目标。
❑ **价值观**:企业由使命通往最终愿景所信奉的教条。

好的企业文化可以让员工提高认同感,驱动员工与企业共同成长,甚至进一步反哺品牌形象,吸引更多具有同样价值观的优秀员工、客户为企业建立品牌壁垒,提升品牌价值。海底捞就是非常典型的例子。

当然,由使命、愿景、价值观组成的企业文化,不仅是企业的 Slogan,还要实际落地到日常工作当中,否则只是东施效颦。

有些企业在这一点上做得非常出色。优秀的企业文化在创立初期就已经在内部定下基调,后续招来的员工也是具有共同价值观的、认同企业文化的人,这样自然而然就产生了凝聚力。也有一部分企业,经过多年的探究、摸索,总结出一套适用于自身的使命、愿景、价值观,并将其付诸实践。

我接触过一家健身企业——超级猩猩,其企业文化在落地方面做得非常到位。这家健身企业 80% 的增长来自口碑,而口碑得益于团队内优秀的教练。该企业在创业初期选拔教练的时候,重要的评判标准之一就是看面试人是否真正热爱健身,是否发自内心认同健身教练这个岗位、认同超级猩猩的企业文化,而后通过吸引力法则,聚集了大量具有同样价值观的员工,最终做出了口碑。

超级猩猩的企业文化可以总结为温暖、活力和坚毅。他们在招人的时候，也从这三个方向入手，判断员工是否具备这三个特点。如果一起工作了一段时间，发现某个员工不认同企业文化以及公司价值观，最终会裁掉这个人。

要想建立优秀并可落地的企业文化，身为企业主每天醒来都应该问自己如下 4 个问题。

- ❏ 建立企业的初心是什么？
- ❏ 在未来想达到什么样的目标？
- ❏ 通往这个目标我们要具备怎样的价值取向？
- ❏ 我们的价值取向是否真正落地到公司每个部门、每个管理者、每个员工，而不是空话？

企业文化是公司发展的灵魂，企业一旦有了灵魂，管理上就能事半功倍。现代化企业管理的首要目的是让员工提高效率，最终实现产出的增长。

二、To B 企业管理上的痛点

对于 To B 企业来说，管理方面的痛点主要体现为如下 3 点。

1. 内容产出不够

随着线索获取成本逐年上升，内容营销开始成为 To B 企业获客的常用手段，但是很多管理者发现，内容带来的直接产出很难达到预期，品牌效果难以量化，可竞争对手都在做内容，自己不做又怕跟不上潮流。最后导致"食之无味，弃之可惜"的结果。

内容本身涉及多个不同维度，每个维度的内容所承载的任务也有所不同，有些是为了品牌曝光，有些是为了引流，有些是为了孵化客户并实现转化。因此，内容可以做成如下类型。

- ❏ **SEO 优化文**：发布于站内，注重关键词堆砌，用于引流。

- **行业资讯**：多发布于第三方媒体号，用于品牌曝光。
- **产品教程**：多发布于站内、第三方媒体号、百度经验等平台，承载一定的 SEO 属性，用于引流和品牌宣传。
- **解决方案**：多发布于官方自有渠道，例如官方网站、博客、公众号等，用于孵化私域流量客户。
- **客户案例**：同解决方案。
- **产品功能介绍手册**：同解决方案。
- **深度软文**：多发布于第三方论坛、网站、公众号等易于传播的渠道，用于直接获客及品牌宣传。
- **白皮书**：同深度软文。
- **PR 文案**：多发布于新闻媒体网站，用于品牌宣传。
- **蹭热点的文案**：发布于各个渠道，用于引流及直接获客。（要特别注意的是，跟产品不沾边的热点不要乱蹭，因为没有任何作用。）

综上，如果我们让内容团队把时间大多用于输出品宣文案上，就会导致最终产出（线索）不足。这时候应该调整策略，让团队转而输出深度软文或白皮书等容易直接产出线索的内容。

2. 市场弹药不够

To B 企业需要市场部提供源源不断的 MQL 作为弹药输送给销售人员。但实际情况是，市场部提供的弹药数量远远不能满足企业日益增长的需求。这体现在两个方面。

（1）**线索获取难**。虽然竞价的获客成本与日俱增，但不得不承认目前它依然是 To B 行业主要依赖的线索获取渠道。虽然目前还可以通过信息流、展会等方式获取线索，但是没有数据表明信息流在 To B 行业能替代竞价。而通过展会获取的线索的质量一般不高，目前依赖展会渠道的始终是那些有着高客单价的大型 To B 企业。

（2）**线索到 MQL 的转化率不理想**。这部分转化非常容易受客户个人情绪影响而产生波动。所以专门负责这部分工作的 SDR 人员，虽然相比几年前要轻松一些，但依然相对辛苦，他们的离职率也非常高。

综上，线索获取一直都是每个 To B 企业最关心的问题，但这是短时间内无法改变的。但在线索到 MQL 的转化率上，我认为有一定的提升空间。

3. 销售业绩不好

每个 To B 企业似乎都有销售业绩不好的问题，而且都想把它快速解决掉。似乎每个 To B 企业都曾上演过销售部和市场部的爱恨纠葛，产品部偶尔也会参与其中。业绩不好时，销售部抱怨市场部提供的线索质量不行，抱怨产品问题太大。本节抛开这些问题不谈，专门讲一下销售部自身的客观原因。

我分析了我们的 CRM 中接近 3000 条的客户跟进数据，发现几个有意思的现象。

- 95% 未接听销售人员电话的客户，都会在 7 天内被频繁跟进，直到接听销售人员的电话为止。
- 准商机客户（没有转化为商机，也没有主动释放的线索）7 天后就被搁置的比例在 58%，就算做得非常好的，这个数字也在 20% 左右。
- 55% 被销售人员加了微信并发过资料的客户，若是企业的销售人员没有及时再次跟进，那么一段时间后再次被联系时，他直接拒绝销售人员的概率非常高。
- 7 天内未成交的小金额商机，后续要想成交，需要跟进 1 个月左右。
- 企业会对线索渠道区别对待，其中通过竞价获得的客户线索，从首次跟进到二次跟进的间隔普遍在 7 天以内，而通过信息流获取的客户线索，这个间隔要延长到 2 周。

基于上述发现，我们得出如下几个结论。

- 销售人员喜欢频繁跟进处于放弃边缘的客户，以便能够快速做出放弃决定，不在他身上浪费功夫。而对于意向明确但在短时间内不能成交的客户，跟进热情会快速下降，而且后期跟进频次不如跟进那些处于放弃边缘的客户的频次高。
- 销售人员跟进线索的热情下降的原因来自两个方面：一个是害怕客户给出否定答案，产生恐惧心理；另一个是喜新厌旧，每天都有新的商机可以跟进，就把之前的忽略掉了。而在你长时间不跟进客户的情况下，竞争对手是很容易乘虚而入的。
- 已经加了微信并给其发了资料的客户的流失率非常高，如果仅想靠每周发发公众号的案例就转化他们，基本是无法实现的。更何况，也不是每个销售人员都喜欢转发这些东西。根据这种情况，销售部的领导要时刻对整个团队的客户情况进行把控，帮助团队成员推进线索跟进节奏。

三、管理驱动增长的实战方法论

要想实现增长，管理是必不可少的。对于企业来说，管理主要从下面 3 个方向展开。

1. 对组织架构的管理

我们在搭建组织架构、设定岗位时，要遵从分工的原则，即使同一岗位也要尽可能做到细分。

细分并不意味着要花费更多的人力成本，而是尽可能对现有人员岗位进行优化，把同一岗位上多名员工负责的工作跨度过大的部分进行拆分重组,分成多个全新的岗位,形成分工运转,提高效率。

比如,我们公司内容团队有两位员工,在最开始创作内容的时候,都是各自创作、各自排版,然后各自发到各种渠道,效率有些低。后来我对他们的工作进行了拆分,让一个人专门负责写,另一个人负责排版和图表制作。这样分工之后,效率有了显著提高,而且他们都感觉工作量比之前减少了不少。当然,这也是因为两位员工刚好一个人擅长创作,另一个人擅长排版。假如两个人没有这样明显的特征,也可以采取轮岗的形式。

2. 对客户资源的管理

对于一般的 To B 企业来说,客户生命周期大体可以分为陌生线索—线索—MQL—SQL—商机—成交—续费/增购/转介绍。这样的划分,也是基于自动化管理理念,部门之间各司其职,协同推进客户状态转化。

1)总体的管理方法

市场团队通过广告投放、短信营销、邮件营销、展会、内容营销、资源置换、渠道合作等多种途径获取线索;SDR 团队负责推进将线索转化为 MQL 的过程,并最终输出给销售团队;销售团队则负责完成从 SQL 到成交的转化;客户成功团队负责成交后的续费、增购、转介绍。在整个过程中,所有团队都要将转化失败的客户重新给到 SDR 团队。

有些企业在组织架构上分得更细,比如针对销售部,会根据业务形态拆分出售前技术团队、KA、项目组,让它们负责商机到最终成交的转化。但是无论如何细化,在线索流转过程中难免会出现扯皮或数据混乱等问题,这也是一众 CRM 厂商存在的价值。

通过 CRM,我们可以管理所有流程内的客户数据,包括客户信息、状态划分、跟进情况、产出情况等。如果 CRM 能有效配合管理制度,就可以在一定程度上解决扯皮或撞单等影响效率的问题。

2)我们对撞单和扯皮问题的实践

对于撞单现象,我们会根据 CRM 里最近的跟进记录进行评判,如果 20 天内某销售人员对客户没有实质性的跟进,我们就会要求他把这个客户转出去。这样做还有一个好处:促使销售人员在 20 天以内推进客户转化。虽然这样做会导致某些销售人员进行假跟进,但造假的次数多了必然会暴露,若仅是偶尔造假,那也是可以接受的。所以总体来说,这样的做法利大于弊。

对于销售部与市场部关于客户质量的扯皮,我们是这样解决的:通过 CRM 中的筛选机制横向比较同一批转出的线索,看其他销售人员是否也普遍反映这批线索的质量有问题。如果是,那么基本可以断定这批线索的质量确实不高,这时我们会把这批线索打回,让 SDR 团队重新筛选,并在绩效中给予相应的扣分。当然,对于频繁抱怨线索质量的销售人员,我们也会重点观察他的跟进情况,在与对应销售主管沟通后再结合他的日常表现及最终产出,针对该销售人员给出综合性结论。

3. 对员工的管理

对于人的管理,我们基于一条原则——时间原则:**一定时间内总共做了多少事,以及什么时间该完成什么事。**

当一件事或一个目标有了时间限制时,团队推进这件事或是目标的效率就会非常高。尤其是针对突发的紧急事件,将对应的工作拆分并依据时间原则分配给团队内的小伙伴去处理,效果会非常好。

对自身的管理也是一样。当我们觉得某段时间个人产出太低,不妨新建一个 Excel 表格,将目标拆分并详细列出来,再为每个细分任务限定完成时间,一段时间后我们就会发现自己的工作效率提升非常明显。

绩效考核制度就是基于上述原因演化来的。目前最主流的两种绩效考核方式是 OKR 和 KPI。

OKR 是对一段时间内要达成的最高目标进行拆解。这就相当于先给员工规定一个上限，告诉员工需要达到的终极目标是什么，然后帮其把终极目标拆解成几个小项。具体到某项具体任务，员工要自己设计对应的指标以保证最终完成该任务。在这种考核方式下，员工对目标的执行有很大的主动权，因此对目标本身也会有强烈的认同感和参与感。

对于中小型企业来说，我更推荐使用 OKR 作为绩效考核方式。

KPI 设定的初衷，是保证员工完成自己的基本工作任务，在此基础上根据实际情况进行奖惩。

简单来说，KPI 是公司让员工干什么员工就干什么。OKR 是公司告诉员工要干什么，具体怎么干让员工自己决定。所以说，KPI 更保守，OKR 更激进。处于高速增长阶段的企业，更需要 OKR 这种激进的方式充分调动员工积极性，以达到快速增长的目的。处于平稳发展阶段的企业，更适用 KPI，只要员工能按时完成公司设定的各项基本考核指标，企业就能够长久稳定地发展下去。

在我的理解范畴内，整个 To B 行业都处在一个高速发展阶段，更适用 OKR，至少市场部是这样的。同时，OKR 在实际执行中更注重时间的把控，比较贴合上述时间原则。比如我们公司，当我把团队绩效考核方式由 KPI 改成 OKR 后，员工的干劲儿确实变大了，产出也有明显提升。

四、To B 企业人才孵化

对于 To B 企业来说，最缺的就是人才，尤其是懂行的人才。

To B 企业的产品与业务逻辑相对 To C 企业来说，要复杂得多。以我的前东家为例，其产品除了包含 CRM 和项目管理这些主营模块之外，还有绩效、物资、人事、费用、考勤、审批、企业文件、进销存等多个模块。由此可知，培养出一个精通全部产品线的员工有多么不容易。

对此，我认为企业主与管理者可以做一些尝试。

1. 管理者：善将兵

韩信是我国历史上最杰出的将领之一，入选了武庙十哲。除了军事才能外，韩信最让人不可思议的地方就是，他总能在很短的时间内将普通百姓训练成精锐士兵。

身为企业管理者，我认为大家都应该向韩信学习，做到善将兵，帮助企业从内部孵化出源源不断的精兵。

对此，我构建了一套以 SDR 为核心的人才培育体系。

销售是公认的离职率最高的岗位。对 To B 企业来说，SDR 的离职率比销售的还要高。SDR 的工作职能比较简单，因此一般都由实习生或刚毕业的职场新人来担任 SDR。可 SDR 每天的工作压力却很大，若是对应的薪酬制度设计不合理，员工撂挑子不干就成为自然的事了。

基于上述原因，我单独为 SDR 岗位设定了制度：工作一年以上的 SDR，可以申请转到公司其他岗位，包括运营、市场、销售、客服。如果其他岗位有用人需求，会优先考虑 SDR 而不是对外招聘。因为对于企业来说，熟悉公司业务比熟悉岗位职责更重要。SDR 经过一年时间的磨炼，对于公司的业务已经有了一定的理解，转岗会有一定优势，这比对外招聘对企业更有利。当然，SDR 想要转岗需要提前半年报备，并在半年时间内利用下班时间学习相关岗位知识。如果同一岗位出现竞争，则根据工作表现择优录用。

这样的做法可以让 SDR 岗位的离职率降低，公司也因此有了源源不断的人才来源。

2. 企业主：善将将

汉五年，刘邦因为猜忌韩信而夺了他的兵权，改封他为楚王。后来直接把韩信擒了，囚禁在京城，于是发生了下面这个韩信与刘邦对话的名场面（原文出自《史记》）。

上尝从容与信言诸将能不，各有差。上问曰："如我能将几何？"信曰："陛下不过能将十万。"上曰："于公何如？"曰："如臣，多多而益善耳。"上笑曰："多多益善，何为为我禽？"信曰："陛下不能将兵，而善将将，此乃信之所以为陛下禽也。且陛下所谓天授，非人力也。"

韩信死到临头还在说刘邦最多只能带十万兵，而自己带兵越多越好，但韩信对刘邦的能力是非常认可的：刘邦善将将。

身为企业主，也应该做到善将将，知人善任，从基层培育、提拔、管理人才，并且要有功必赏。为此我认为，企业应该建立明确的晋升制度。明确晋升制度，我觉得对于中小型企业来说非常重要，这能够节省大量的人力成本与时间成本。

除了前面提到的 SDR 人才培育体系，其实不论是懂得业务逻辑的基层员工还是管理者都可以在团队内部孵化，形成企业人才体系闭环。具体内容我就不展开了，因为不同企业可以有不同的做法，这里只是给大家提供一个方向，打开一扇大门。

21

用品牌突破增长瓶颈的策略与方法

——张艳

张艳 To B 品牌营销领域的资深人士,拥有丰富实战经验,曾在 IBM、SAP 负责市场工作,亲历企业重大品牌战略变革过程。自 2013 年起作为品牌咨询顾问,帮助众多中国优秀科技企业制定品牌战略,提升品牌势能,实现战略目标。

近几年,快速成长的 To B 企业正面临一系列挑战:出现在客户采购候选名单上的供应商越来越多,产品功能各有所长、难分伯仲,下力气描述产品价值却发现和友商越说越像,推出新产品、获取新客户的成本越来越高,基于各种市场红利的自然增速放缓……

上述所有这些业务压力传导至市场部,就变成了 To B 市场负责人必须面对的难题:营销获客 ROI 能无限提升吗?市场部有没有引擎来推动业务持续增长?

放眼全球 To B 最佳商业实践,众多领先企业的成功经验带给我们激励和思考:打造具有强势市场地位的品牌是企业重获竞争优势的不二之选，市场部可以辅助 CEO 制定有效的品牌战略并创造性地实施，形成竞争对手难以复制的差异化壁垒，释放企业持续增长的潜力。

一、To B 企业到底要不要建设品牌？

关于 To B 企业到底要不要建设品牌的争论，从中国成为"全球制造工厂"声名鹊起的那一刻起至今，就未停息过。

2014 年 5 月 10 日，我国提出推动中国制造向中国创造转变、中国速度向中国质量转变、中国产品向中国品牌转变；自 2017 年起，每年 5 月 10 日被设立为"中国品牌日"，强调要着力打造中国自主品牌，讲好中国的品牌故事，提高自主品牌影响力和认知度……企业品牌建设，俨然上升到国家层面。从中不难看到，能把握趋势并打造好品牌势能的企业，将有机会迎来一份新红利。

截至今日，大量中国原创的 B2C 消费品牌从无到有做得风生水起，把品牌与消费者的价值连接发挥得淋漓尽致，赚得盆满钵满；而在这一波由政策推进的品牌崛起浪潮中，大多数中国 To B 企业的 CEO 们，依然把注意力放在单纯追逐短期销量上，忽略了用品牌表达自主创新的初心，忽略了用品牌建立与客户的信任与共鸣的可能，而仅是向市场负责人追问每一份市场经费带来的即刻销售效益。

本文力图帮助 To B 市场人与 CEO 建立有效的关于品牌的对话，回答 CEO 围绕品牌投资的各种困惑，澄清认知，警示误区并指明品牌建设的关键举措，促进更多优秀企业打造卓越的中国 To B 品牌，助力企业从强大品牌势能中赢得声誉和客户信任，获得持续增长的新动力。

二、CEO 的纠结：To B 企业要不要进行品牌投资？

CEO：我们以好产品为核心竞争力，资源要投到研发、生产上，有必要做品牌吗？

首先，做出好产品是企业的本分，也是成就一个好品牌的前提条件。在品牌圈子里有句老话，"好传播是毁掉一个坏产品的最快路径"，可见品牌建设的真正目标，不是把一个坏产品包装成令客户心动的好产品，而是基于产品真实的差异化优势及客户洞察，将其价值完整、清晰、准确传递给目标受众。

其次，随着技术门槛不断降低，模仿和复制产品功能的代价越来越低，以往产品的先发优势在今天的市场格局下，已不足以形成竞争壁垒，保护周期也被极大拉低。也就是说，产品想凭借快人一步的功能优势领先对手多个身位已无法实现。而被各厂家内部专业人士津津乐道的细微功能差别，对于大多数企业客户来说，根本没有太大感受。在同质化产品选型的迷阵中，企业客户最后只关注价格，这就造成了高品质、低价格的红海竞争局面。所以，To B 企业有必要在品牌方向上寻找新思路，寻找能向客户提供产品功能之外的差异化价值的方法。

全球 PLG（Product-Led Growth，产品驱动型增长）代表企业 Zoom 的创始人袁征曾表示："不少人对 PLG 有个误解，以为 PLG 型企业不需要品牌营销，这是不切实际的。PLG 是基础，在这个基础之上做市场营销，会事半功倍。"由此可见，产品品质是 To B 品牌价值塑造中的重要元素，但过硬的产品只是业务增长的必要不充分条件，还需要配合有意义的品牌内涵，以激发客户对品牌的独特联想。

在现代企业管理理念中，品牌属于无形资产。因为不直接体现在资产负债表上，所以其赋予企业的价值很难在短期内被直观量化。面对日益过剩的产能和愈演愈烈的价格战，作为市场人，我们需要督促 CEO 做出选择：是打造品牌差异化价值为自家产品背书，还是单纯在差异不大的产品上下功夫？

CEO：企业采购都是理性决策，而在功能和价格上我们都不逊色，还有必要做品牌吗？

To B 企业采购决策的流程相对复杂，选型小组成员从各自专业角度对候选供应商进行全面评估，似乎每一个环节都是依靠硬指标进行的理性判断，例如功能、质量、服务和价格等。但近年由贝恩、埃森哲、领英等机构针对多个 To B 品牌营销进行的调研表明，这个看似严谨的过程掩盖了一个事实：在产品基本功能等理性指标相近的情况下，选型人做出最终决策前会带入更多个人主观的价值联想和情绪（尽管人们不愿承认这类决策带着强烈感性因素），哪个品牌更能降低他们的焦虑感、提高他们的成就感，哪个品牌就更能引发他们的好感和共鸣，其背后的产品最终获胜的可能性就更大。

厂家在深入了解不同客户的采购顾虑与动机后，用品牌动作去宣讲产品能带给他们的有针对性的价值收益，并打消其顾虑，满足其期待。经过长期不懈的经营，品牌最终会在客户心智中留下认知。所以，To B 品牌传播中，最重要的是关注业务场景中的人。

CEO：大企业才需要做品牌，我们是小公司，有必要做品牌吗？

这里面中有一个隐藏观点：品牌建设是大公司花大价钱才能做的事情。在 To B 企业发展历史上，不乏如 IBM、卡特彼勒、杜邦、SAP 等人们耳熟能详的大企业，常年投入巨资打造高价值品牌。但这并不能证明中小企业、初创企业就不能做品牌。

近年来新崛起的 To B 独角兽企业（如 Salesforce）都在产品商业化初期就制定了鲜明的品牌战略，在公司内外积极宣讲其品牌意义及企业信念，并采取主动的传播策略。Salesforce 创始人贝尼奥夫在创立公司那一刻，就明确了品牌定位——CRM 领域的创新挑战者。Salesforce立志要重新设置行业议程，引领行业发展方向。其通过不断抛出高话题性的公关内容，并由创始人亲自躬身入局开拓、维护媒体朋友圈，成功在市场上引发了关注和议论，再经过持续的观点输出，配合给力的产品和模式创新，以小博大，建立起品牌知名度和识别度，快速赢得了企业客户的青睐，并最终成功替代传统市场领导者Siebel，成为新晋品类王。

Salesforce对于品牌含义的执着，甚至体现在选择上市股票代码的方式上，它没有像其他公司那样用公司简称作为股票代码，而是直接选择CRM作为代码，并结合云形状的Logo，将CRM和云这两大理念牢牢根植在客户对品牌的印象中。今天，Salesforce年度客户盛会dreamforce已成为业界最期待的科技盛会之一，数以万计的客户、商业伙伴和媒体记者在dreamforce这个平台上领略Salesforce品牌的魅力，成为Salesforce品牌信徒。这为Salesforce构建了超越产品的独特竞争壁垒。

如果你是初创企业或小企业的市场负责人，那么你的品牌工作可以从这里开始：把创始人的创业理念体现在品牌内涵中，如我们是谁，我们为何而来，我们解决什么问题，我们能带给客户什么价值，我们有什么独特的能力，我们正在做怎样的尝试和努力，我们帮客户取得了哪些初步成果……做到先自明再共鸣，对内让所有团队成员都要对上述问题的答案熟稔于心，对外以媒体公关作为此阶段品牌发声的首选项。这里还有个"小彩蛋"，有魅力的初创品牌，会因品牌使命和理念深深打动优秀人才，使其加入企业团队。

三、CEO的困惑：品牌对To B企业到底有什么用？

（一）从客户视角看，品牌到底有什么用？

从客户视角看，品牌具有如下作用。

（1）**帮助客户简化决策过程**。这是品牌最重要的作用。在漫长而复杂的 To B 决策过程中，选型人员会投入大量的时间和精力对各厂家方案进行评估。To B 企业传统的应对方式主要是通过销售人员进行一对一沟通，在今天的商业环境中显然这种方式的效率不能满足需求。

知名内容营销机构 CMI（Content Marketing Institute，内容营销研究所）连续 5 年开展的 To B 采购行为分析报告显示：约 70% 的选型工作在厂家销售人员拜访之前已经完成。这意味着企业进行的品牌传播，如果能在客户脑海中塑造强烈的价值联想，就很容易在众多候选者中被客户识别出来，并帮助客户降低决策门槛，简化决策过程。

（2）不同品牌代表不同的价值锚点，客户会基于此对品牌背后的供应商设置"合理的期待"。事实上，在 To B 业务中，几乎没有任何一个产品或服务能完美满足企业客户的所有诉求，每个摆上桌面的选项都各有利弊。

帮客户建立合理的期待是对厂家的一种保护，因为把期待值管理到位的品牌会给业务带来诸多好处：让达成交易的可能性更大，让交易过程更短，同时使项目实施的过程更顺利，规避那些难以满足的"无理要求"。

（3）**预知花销**。不同品牌所代表的价值预期和价格预期也是不同的，当这种预期在客户心智中形成确定的认知后，可帮其制定合理的项目预算，企业也更容易在交易中给出客户满意的价格。注意，满意的价格不是一个绝对值，而是相对客户预期的价位落差。

To B 客户其实不喜欢混乱的价格战，因为所有以不合理价格达成的交易都会有风险，而这种风险落在客户企业内部会造成业务损失。

（二）品牌能为企业带来什么？

品牌能为企业带来如下好处。

（1）**忠诚的客户**。高光的时刻毕竟少有，低谷期才是决定企业生死的关键时刻。在高光时刻，忠实客户会为企业鼓掌欢呼；当遇到困难的时候，这些忠实客户也会对企业不离不弃，给企业起死回生的机会。客户忠诚包含两层含义，即交易忠诚和情感忠诚。交易忠诚来自优异的产品功能、品质、服务和价格，而情感忠诚来自客户内心的连接，当他们想要放弃与你的合作时，会感觉自己像是失去了一部分东西。

以我的职业起点 IBM 为例。这家走过 110 年的科技企业，如今在商业领域的光芒已不复当年，在华尔街这种以"增长"为唯一诉求的资本机构眼中，在众多已不再与 IBM 有生意往来的企业客户脑海中，在不计其数的科技从业者心目中，它依然是值得尊敬、有价值的科技品牌。IBM 依然连续 20 年被 Interbrand 评为全球最有价值品牌，且进入榜单的前 20 名。因为品牌的加持，不论投资人、商业伙伴还是普通从业者，都给予 IBM 巨大的宽容与支持。人们相信 IBM 依然是解决最复杂技术问题的先锋，都期待大象能重新起舞。这就是品牌的力量，它代表了众多品牌共鸣者的信仰与追求，超越了具体的产品与事件。

（2）**高额的利润**。强势品牌能为企业带来很高的溢价。对比国际领先的 To B 品牌，中国有些企业的技术和产品已经达到世界一流水平，但是国外成熟企业因长期经营品牌资产，所以品牌溢价越来越高，优越性越来越强。这导致即便我们能提供与那些企业质量相近的产品与服务，但由于品牌上的区别，我们在价格上也会很吃亏。做好品牌，塑造高价值形象，对业务增长及利润提升有显著的促进作用。

（3）**清晰的底线**。我认为这是品牌最重要的价值。品牌价值观为企业行为划出了底线。To B 业务属于风险厌恶型业务，品牌是企业与客户之间合作的基石，企业一旦辜负了客户，做出超越底线的事情，所产生的副作用会影响很久，企业想重新建立品牌会很难。品牌价值观对内塑造企业文化，这体现在员工的信念与言行上，而员工是客户与企业打交道的重要触点，也是企业持久发展、安身立命的根本。

作为 To B 市场人，我们肩负的任务也包括协助 CEO 守住品牌底线。

四、CEO 的质疑：为什么之前做的品牌工作没效果？

近年来我接触了大量 To B 企业创始人和高管，提到品牌，他们表示很重视，且羡慕那些优秀 To B 品牌的卓越影响力，所以他们也在陆续投入一些资源开展品牌工作，但在业务层面似乎没有明显效果。到底是哪里出了问题？

这里为市场人总结几个常见的品牌建设雷区。

雷区一：塑造品牌就是塑造名字、Logo、口号，以及打广告。

工作中，时常看到 To B 企业从老板到员工集体为新产品想名字、策划口号，无数次和设计公司开碰头会，反复讨论哪一种色彩才显得高端大气上档次……投入很多时间和精力之后，获得了令自己满意的新名字、新 Logo、新口号，也拍出了气势磅礴的企业宣传片，甚至还会投放电梯广告来提升品牌知名度。而这一切努力，在市场上似乎并没有激起预期的兴奋与共鸣。

营销大师菲利普·科特勒在《To B 品牌管理》中说：品牌化不仅包括创造独特的名字和标识。将这种表面的美化作为品牌化的全部，就像是只根据色彩丰富的封面来判断一本书的好坏。

打造品牌时，除了上述那些有形的传播元素，还需要通过品牌来表达企业承诺，即企业因何而来，为谁服务，带来什么价值，选择与谁同行，与别人有什么不同，以及企业的信念和价值观是什么。总之，打造品牌是为企业创建竞争对手难以复制的差异化，只有将品牌内涵精准传递出来，才有可能激发客户的关注和共鸣。

雷区二：品牌是市场部、公关部负责的宣传性工作，与业务经营没关系。

To B 企业 CEO 们通常将品牌职责定义为"对外宣传"，要求市场部、公关部搞定媒体关系，要能在各类大型媒体、门户网站、行业垂直媒体上发赞美稿、造势稿，以树立产品和企业的好形象。这体现出 CEO 是从战术角度考虑品牌管理的，在这种角度下，CEO 们往往会认为可以把品牌管理委托给市场部经理或广告公司，因为品牌管理看起来更像是对产品形象、广告企划这类问题的管理。但这样做会导致在拜访客户的业务场合中，销售人员感受不到品牌的影响力。

今天 To B 企业的品牌化，不只体现在传播方面，其还是企业战略的一部分。品牌的价值承诺需要体现在产品、服务、销售和组织等各个方面，目的是让客户对品牌有统一的认知和一致的体验。若达不到这一点，会带来诸多问题。比如，市场部在媒体上往往会过度赞美产品，试图让人们相信"我们的产品与服务比你想象的还要好"，而客户在与销售打交道或实际使用产品的过程中，得到的体验却与此不一致。企业有必要自我审视能否在业务层真正履行品牌承诺，如果不能，承诺就只是空洞的口号。这样不仅会白白浪费公司的资源，还会损害品牌信誉，甚至导致企业倒闭。

作为市场负责人，要引导 CEO 建立品牌战略思维，从公司战略角度去规划品牌价值和交付路径，积极推动品牌与业务行为保持一致。

雷区三：品牌的愿景、使命、价值观已经开会宣贯，也写进了介绍公司的 PPT，这就足够了。

对于影响品牌的重要元素，几乎所有 To B 企业都描述为愿景、使命、价值观。随着公司规模的壮大、业务的发展，隔几年这些元素还会更新一次，而且通常是由创始人、CEO 亲自制定的。这些激动人心的文字被设计成海报贴在公司墙上，作为企业文化被写进介绍公司的 PPT、编辑到公司网站上……品牌通常与企业文化水乳交融，休戚与共。

知名商业顾问、作家刘润在一篇文章中曾提到这样一件事：在一次私董会上，一位 CEO 请教如何才能解雇他所有的高管。解雇这些高管的原因是，他们在接受投资人采访时，关于品牌的愿景，每一位高管讲的竟然都不一样！CEO 面对投资人时信誓旦旦，说公司上下所有人都是一条心，都有伟大的愿景。但结果，这些高管一个都讲不明白。这让 CEO 很恼火，讲了这么多年，开了那么多次会，竟然在高管层面对品牌愿景都没有统一的认识。

费大力气搞出来的愿景、使命、价值观到底如何在业务层面用起来？怎么才能让所有员工真正理解并落实在行动上？

以世界知名的开源科技公司 Redhat 为例。它的品牌使命是"以开源之道，红帽致力于成为由客户、贡献者和合作伙伴组成的开放社区的催化剂，共同创造更好的技术"。它的价值观是"自由、勇气、承诺、责任"。2008 年吉姆·怀特赫斯特开始担任 Redhat 的 CEO，从他本人到每一位基层员工，内心都无比笃定开放的力量，在组织、产品、社区等各个品牌体验的触点上，无一不在践行公司使命、履行统一价值观。吉姆为此专门撰写了一本书《开放组织：点燃激情和绩效》，进一步强化了 Redhat 品牌与众不同的使命和价值观。这种从品牌理念到业务行动的一致性，让 Redhat 成为全球第一家价值 10 亿美元的开源公司，并将股票提高到公司创立时的 3 倍。

五、关于品牌，请带给你的 CEO 几个正解

品牌营销大师菲利普·科特勒认为，品牌是指其所代表的机

构或商品的内涵表达和相关联想,它是一种承诺,是总体感知,是关于一个企业、产品或服务,人们所能听到、看到、感觉到、思考到的一切。它在客户心智中创造联想和预期,它是传递特征、利益、信念和价值的捷径,可帮助客户形成认识差异性,减少复杂性并简化决策过程。

To B 企业的品牌建设过程,就是将产品与服务转化为对客户来说有意义和不一样的产品与服务的过程。我们要认识到,品牌不仅会影响客户,而且会影响企业所有的利益相关者,包括投资人、员工、合作伙伴、供应商、政策制定者、分析师、记者甚至社会公众。好的品牌形象绝不是一蹴而就的,这需要长期经营。

品牌由"品"和"牌"构成。"品"是内涵,是种子;"牌"是外显,是传播。牌是品这颗种子开出来的花。To B 企业建设品牌,要先夯实品,再做好牌。如果种子是劣质的种子,那么它开出的花不会好看。如果种子是假种子,那花再漂亮也只能是塑料花、假花,是没有生命力的。

企业品牌与产品品牌,是母与子的关系。企业在不同的发展阶段,可以采取不同的品牌架构策略,根据是子凭母贵还是母凭子贵,来决定资源的主要投入方向。

很多时候,为了持续增长,To B 企业会选择对现有业务线进行延伸,即开拓若干新产品。此时需要依据业务发展规划,以及企业品牌与现有产品、新产品品牌的依存关系,对所有产品品牌进行新的组合。

对于大多数初创企业来说,可以先着力打造产品品牌,以出色的产品知名度、美誉度为初创企业建立声望,进而带动企业品牌的影响力。未来在知名企业品牌伞下,不断衍生出新的产品。当今所有知名 To B 企业,都是在这条路径上一步步走出来的。

企业品牌和产品品牌的关系如表 21-1 所示。

表 21-1 企业品牌和产品品牌说明表

	企业品牌	业务/产品品牌
承载内容	所有与企业声望相关的内容，包括公司使命、愿景、理念、价值主张、远见与洞察、产品与服务能力等	产品与服务的功能特征及差异化优势
沟通对象	企业的所有相关者、包括客户、投资者、政府机构、员工、合作伙伴、媒体、分析师、社会公众等	潜在客户和已成交客户
品牌周期	企业品牌比具体的产品、商业模式甚至公司创始人的影响力拥有更持久的生命力	在快速变化的技术变革及外部竞争环境中，产品品牌的生命周期相对较短
品牌效用	企业品牌是企业战略的表达，是企业战略的"面子"，其可为企业塑造整体形象和声誉，降低客户决策风险，提升基于企业美誉度、信任度的溢价，表达企业社会责任	提高信息沟通的效率，帮助客户方便、快速地了解产品特征，选择适合自己需求的功能和配置

六、6 个步骤打造属于你的强势品牌

第一步：确定企业的核心理念。

首先，要清楚品牌的愿景、使命、价值观。比如，你拥有什么独特的资源或优势，要解决什么特定的问题，需要采取什么独特的方法，要带来什么价值，为什么是你来完成这个事……这是必须花时间考虑清楚的内容，因为这将是创建整个品牌内涵的核心。

第二步：了解你的服务对象。

你需要真正洞察客户，勾勒出完整的客户画像。你不仅要了解客户的业务痛点、采购动机和发展野心，还要了解企业采购决策小组成员各自的职责、采购顾虑与动机，以及通过与你合作期望达成的个人职业目标。当清晰定义并勾勒出客户画像之后，你就会明白如何成就企业客户和个人决策者。

第三步：决定品牌的价值主张。

价值主张是公司品牌营销战略的基石。在制定传播计划之前，

有必要清晰阐述你的产品、服务如何为客户提供不可替代的价值，并给客户提供选择你的强烈排他性理由。

要记住，你打造的价值主张，不仅要传递功能型利益，还要考虑目标受众的情感型利益、自我表达型利益和社会型利益。针对品牌的沟通更像是一段旅程，你要与受众进行深度沟通，并基于对方与品牌接触的体验不断与其发展信任关系。

第四步：创建有意义、有美感的名称、标识和引人入胜的品牌故事。

到了这个环节，你就可以引入第三方创意团队了。你可以提供给他们完整、清晰、准确的需求和品牌价值要素，请他们用创意和美学方法为你的品牌创建精彩的名称、Logo、口号以及打动人心的品牌故事。

品牌营销是科学和艺术的结合，是理性和感性的融合，你需要确保创意团队能正确理解品牌的要素和特质，设计出独属于你的品牌风格、调性和配色，在众多品牌中获得独树一帜的展示。

另外要记住，"真实"是撰写To B品牌故事的基本原则，同时不要期望故事达到完美的程度。"你不需要被看成是最棒的，你只需要被看成是唯一一个能做你所做之事的人。"这是杰里·加西亚的名言，这句话在品牌建设上同样适用。

第五步：让你的员工与你的品牌承诺保持一致。

前面介绍的一个案例中讲过，即使CEO不厌其烦地常年宣贯品牌理念，高管们也有可能依然无法理解并付之于行动。在To B商业环境中，员工是品牌价值传递最重要的触点，因此员工也被称为企业的"品牌大使"，他们对自己的工作、产品、供职企业和行业的看法，会表现在日常工作中。他们代表着公司的观点、价值观，会对客户产生很大影响。

所以，在对外推出新的To B品牌之前，作为市场部负责人，必须对全体员工、合作伙伴进行深度的教育和赋能，帮助他们深刻理解并认同企业的使命、愿景、价值观，让他们了解企业通过什么方式为客户带去怎样的价值，并指导他们在日常工作中践行这些理念和承诺。

共同的信念和目标也会使公司凝聚力更强，让所有人都奔着同一个方向前进，从而产生强大的驱动力。优秀且忠诚的人才产生的创新力和创造力，是企业获得持续增长的核心源动力，这也是品牌内化的价值。

第六步：开展强大、连贯、一致的品牌传播计划。

前面五个步骤完成之后，就要展开强大且连贯的品牌传播攻势，大声讲出你的品牌承诺了，以求引发市场关注和共鸣。通过你的产品、服务去真实履行承诺，就会逐步获得市场的信任与尊重，就会积累出属于你的品牌资产，即你的品牌在客户心智中形成独特的价值联想。

在品牌传播过程中，要保证客户体验的一致性和连贯性。在客户与品牌接触的各个触点上，不论是公关、广告、活动、销售拜访还是服务体验，都要是连贯的，都要传达清晰、完整、一致的品牌形象。

在这个环节中，通常需要第三方媒体及创意机构基于你的品牌内涵和价值主张，用富有创意的方式对你的品牌进行表达和呈现，例如新闻文章、品牌故事、创意视频、活动策划……让你的品牌更有感召力，更容易赢得市场的关注。

身为 To B 市场人，我们的工作不仅是传播企业品牌和文化，更是让公司的价值通过品牌得以真正实现。对于中国企业，品牌是一个全新领域，作为新一代市场人，可以与企业家共同打造一批优秀的中国 To B 品牌，让全球最有价值品牌榜单上出现越来越多的中国面孔。

22

用 MLG 升级市场职能,带动企业增长

——王琤

王琤 Convertlab 首席运营官兼联合创始人,曾任首席技术官。拥有近 20 年企业服务软件研发、咨询、实施、项目管理、产品管理、团队管理等经验。现在主要负责一体化营销云的咨询、实施和运营服务以及公司内部管理工作,已为百威英博、星巴克、山姆会员店、优衣库、阿迪达斯、福迪威、喜利得、Moka、酷家乐等多家大型企业提供了数字营销服务。曾在 SAP 中国工作 10 余年,管理近 300 人规模的产品研发团队和产品管理团队。

Convertlab 是一家 Martech 公司,专注于数字营销的整体解决方案。本文将分享我们在这方面的一些实践。

我们公司目前有两个品牌——Convertlab 和荟聚,其中 Convertlab 专注于 To C 数字营销解决方案,而荟聚则专注于 To B 数字营销解决方案,如图 22-1 所示。

图 22-1 Convertlab 和荟聚业务示意

对于 To C 企业的客户来说，相信大部分都会受到我们提供的解决方案直接或间接的影响。比如，你若是麦当劳、阿迪达斯、宝马、浦发银行等企业的客户，那么你跟企业"沟通、交流"时就会受到我们的影响，因为这背后都是我们的 To C 营销解决方案在驱动。国内超过一半的互联网客户已经被我们间接触达。而我们的 To B 业务也和大家有点关系，在荟聚服务的 To B 客户中有一半是 SaaS 企业。

一、企业增长模式应按需选择 SLG、MLG 和 PLG

如果我们抛开其他复杂的产品维度，仅从产品客单价角度来做划分，再去思考 SaaS 企业应该以什么样的方式实现增长并建立与客户的信任，我们觉得：0～2 万元客单价的企业适合使用 PLG（Product-led Growth，产品驱动型增长）；2 万～30 万元客单价的企业适合使用 MLG（Marketing-led Growth，市场驱动型增长）；

30万元以上客单价的企业则适合使用SLG（Sales-led Growth，销售驱动型增长）为最佳选择。中国SaaS企业客单价主流区间是2万～30万元，如图22-2所示。

图22-2　产品客单价与获客方式

我通过对国内外SaaS行业发展的研究发现，我国SaaS企业有一个和美国SaaS企业非常不同的地方，在SaaS时代之前，即在IT软件时代，美国和中国的企业其实采用的都是SLG，然而进入SaaS时代后，美国的企业快速进入了MLG时代，我国的企业要么仍然偏重SLG，要么关注PLG这样的概念。也就是说，我国的SaaS企业期待PLG带来的爆发式增长。然而现实的情况是，即使有了被市场认可的产品（Product Market Fit，PMF）并大量提高市场营销预算，也不一定能真正达到稳定、高速增长，所以我国的SaaS企业需要继续寻找可持续、可规模化、可盈利的商业模式。

爱因斯坦说过：我们不能用我们创造问题时的思维方式来解决问题。要改变我们的做法，首先要改变我们的想法。要实现快速增长，不应该忽视已经在国外证明有效的成熟的MLG。其实，MLG是符合国内大部分SaaS企业产品特点的营销模式。

二、如何评估 MLG 成熟度？

过去 6 年，Convertlab 与荟聚分别使用了 SLG 和 MLG 两种增长模式，并积累了一些经验，这里主要讲 MLG。排除渠道代理模式，荟聚 65% 的新客已经通过市场手段，如广告投放、线上线下活动、社交营销、内容营销等被获取到了，这明显高于销售自拓等方式。一个成熟的 MLG 最终表现出的特征应是在所有成交新客户中，通过市场手段获得的客户的比例明显高于其他方式。

当前我们还在持续追踪国内 To B 企业的 MLG 成熟度，即 MLG INDEX（营销驱动型增长指数）：

MLG INDEX = 通过市场营销成交的新客户数 / 成交的新客户总数

通过不断调研 SaaS 行业客户并追踪 MLG INDEX 发现，目前 SaaS 行业中各企业 MLG INDEX 差异较大：20% ~ 70% 是主流区间。

大多数企业尚处于从 SLG 到 MLG 的转变过程中。这里不断强调 MLG，并不是说销售不重要了，这其实是一个"谁来主导，谁来配合"的问题。随着 SLG 效率降低以及增长协同不断被关注，市场部与销售部的协同模式发生了巨大改变。

三、为什么是 MLG？

（一）To B 采购行为数字化

图 22-3 所示是一个典型的 To B 采购流程，中间带底纹的区域表示客户通过数字化方式了解产品的过程。在第一次联系售前时，客户其实已经掌握了大量信息，其中包括通过线上搜索、参加线下活动得到的信息，还包括各种分析报告。从定位问题到探索方案再到明确需求，最后到选择供应商下单，在这个过程中 88% 的客户

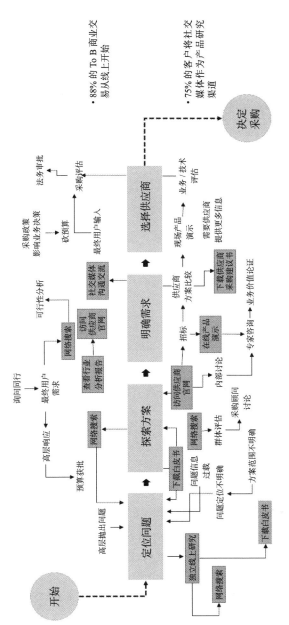

图 22-3　典型的 To B 采购流程

是从线上开始的，75% 的客户将社交媒体作为产品研究渠道。在客户接触销售之前的这段时间，企业就需要用市场化的方式思考，通过市场的手段经营客户。

（二）填补漏洞，效率优先

经典的营销漏斗还是很有价值的，可以将其简单地分为 3 层——顶部、中部和底部，如图 22-4 所示。

图 22-4　营销漏斗

在顶部阶段肯定是市场部负责，主要通过各种宣传推广和获客手段来吸引留资。

底部阶段由销售部负责，完成成交前的临门一脚。进行月度、季度复盘时，销售部都会被拉出来，围绕收入、合同、商机等进行总结、分析，所以销售部必须把这部分工作做好。

漏斗中部是一个什么样的状态，可能大家都不关心。现状是市场部认为这是销售部要做的事情。市场部通过数字投放以及线下活动已经拿到了客户的联系方式，而且把客户信息给到了销售部，销售部就应该自己去甄别、培育这些线索。

而销售部认为这是市场部要负责的，市场部给的线索与实际情况根本就不匹配，他们应该要好好甄别后再将线索给到销售人员。在 SLG 下，中部慢慢形成一个巨大的漏洞，双方都认为对方要对这部分负责，结果变成没人负责。我们的建议是，这部分应该由市场部负责，要用市场思维去解决。市场部要做的不只是挖掘线索（顶部），更是挖掘需求（中部），从顶部到中部是一个客户培育的过程。

四、To B 企业如何做好 MLG？

（一）获客篇

对于 To B 企业而言，增长主要来自两个方面——新客户的获取和老客户的增值。前者考验的是企业对价值链前端的运营能力，而后者考验的是企业在价值链后端的产品与服务交付能力，即保留老客户并进行向上销售和交叉销售的能力。获客是一项系统工程，而不是仅落在某个部门身上的指标。从营销漏斗的角度来看，从市场到销售，再到对已成交老客户进行价值挖掘，这个过程中的每个环节都有获客的可能性。

1. 品牌意味着能力、信任

过去，To B 企业的品牌感性价值可能主要存在于某些超级销售人员的身上。在与客户交流的过程中，销售人员必须展现专业的态度，有效且精确地传递品牌价值，进而与客户建立信任。但当搜索引擎盛行后，一个目标客户从公开渠道去寻找供应商时，知名度较高的那一家很有可能成为他们直接了解和研究的对象。

To B 客户更愿意选择有品牌力的服务商，品牌力意味着能力、信任以及更透明的信息。尤其对于很多预算相对宽松的中大型企业采购决策者来讲，其普遍心理是不求有功但求无过。如果为了省钱引进了一家名不见经传的小服务商，万一出问题影响了业务，那他们是会面对千夫所指、百口莫辩的情况，因此多花点钱引进品牌服务商会成为他们的首选。看似"理性"的决策过程,已经被无数的感性价值所驱动。

To B 品牌价值模型如图 22-5 所示。

图 22-5 品牌价值模型

完善品牌系统,除了能让客户产生信赖感,还能将重要信息与差异化价值向目标受众传达清楚。一个轮廓清楚、传达明确的品牌不仅能为产品、服务加分,还能让客户买单。例如,当终端消费者购买笔记本时看到 Intel 小贴纸,就会对购买的产品的品质更有信心,因为 Intel 是一家有品牌力的芯片制造商。

当前由于品牌接触点和利益相关者是多元化的,所以给目标受众带来一致性的品牌体验,在当前的环境下是非常重要的。因此,品牌战略需要一个跨职能团队来整合市场部门以外的团队,如产研、销售和客服等部门。这个跨职能团队需要长期对品牌进行管理与调整,并持续且清楚地向所有人阐明品牌是如何通过接触点被传达与理解的。

2. 构建完整的营销获客体系

To B 市场人都希望建立一套完整的营销获客体系,让客户通过能够触及的各种营销渠道找到自己。我们认为,To B 企业的市场获客方法主要包含 4 种——数字投放、内容营销、会议营销、目标客户营销，如图 22-6 所示。

图 22-6　To B 营销获客体系

1）数字投放

市场对数字媒介矩阵的探索也是基于企业的获客成交模式展开的。To B 企业要不要搭建数字付费媒介矩阵？这个问题其实没有标准答案，因为每个企业的业务和商业模式不同。很多 To B 企业的大客户会贡献 80%～90% 的利润，这类企业需要的是强销售模式；而有些企业的大客户的贡献率较低，这时候腰部客户的价值更为突出，数字媒介拉新就占据了更加重要的地位，成为重要的获客手段。

目前从各家 To B 企业的拓新数据来看，来自搜索引擎的新线索仍然占据着半壁江山。To B 企业直接获取线索的渠道确实没有那么多，只要目标客户还在依赖搜索引擎来寻找供应商信息，这个渠道就不能放弃。这时我们能做的就是，持续优化付费渠道的转化效果。每一家企业都需要一个 SEM/SEO 经理或者一个靠谱的供应商，以帮助其从关键词类型、关键词覆盖面、时间段、日消耗量、关键词价格等方面提供专业的建议。再配合对落地页的持续优化

（比如渐进式留资，可以降低客户留资的心理成本），或者借数据监测客户行为，让 To B 线索培育更有针对性。还可以通过 A/B 测试逐步优化 ROI，达到预期效果。

　　To B 企业的目标市场分得相对更细，因此每个数字付费渠道都会更容易达到增长上限，所以我们能做的就是：在新兴渠道上进行积极的小步尝试，根据数据反馈再看这个渠道是否为值得挖掘的流量洼地。比如，头条系产品在市场上的渗透率在不断提升，那么这类产品是否值得投入？很多 To B 企业因为没有尝试过，也没有对应的数据，所以一直在观望。对此我的建议是，选择精准受众，结合该渠道客户的使用场景，有针对性地进行投放创意设计，也就是进行阶段试验，根据结果再看是否值得加大投入。

2）内容营销

　　To B 企业获取客户注意力的关键在于与客户建立真正且长久的信任，而内容和品牌传递出的价值是获取信任的基础。企业客户不容易被说服，尤其是 To B 企业的客户。To B 企业的客户会在购买之前自己收集信息、体验产品，他们对你了解越全面，做决定时就会越理性，这就给了内容营销机会。

　　内容营销团队需要踏踏实实地包装产品和解决方案，然后在各个平台传播，尽量让客户看到。从严格意义上讲，内容就是一款 To B 企业市场职能产品。围绕任意一个企业的解决方案，我们都要策划一个对应的主题，并且围绕这个主题，沿着营销漏斗流转方向，在每个环节建立一个融独家观点、方法论、解决方案与工具、最佳实践案例这 4 个维度为一体的内容组合。只有这样才能帮企业在一个话题领域建立意见领袖的地位，从而实现客户从认知到流量再到线索的转化。

　　To B 企业除了要有成熟的内容营销策略、专门的预算、内部人力投入及可衡量的 ROI 指标外，还要发掘更多的外部 KOL 资源。这些资源可能是标杆客户（从已有客户中挖掘，可直接开展合作），可能是相关领域的专业人士（可以通过项目合作的方式切入），也可能是相关合作媒体（需要一定的观察、筛选和接洽时间）。

有了优质内容后，就要开始在搜索权重高的媒体渠道（百家号、知乎、搜狐、简书、行业垂直媒体等）进行分发传播了。虽然有些渠道不能直接跳转到企业官网，但是客户会顺着"酒香"走过深深的巷子，最后看到企业的官网或落地页。

说到传播渠道，就不得不说微信了。若是能将微信端和官网打通，就会与客户形成多触点的互动。企业还可以通过微信做反向触达。对于国内的 To B 企业来说，除了通过微信进行内容分发和触达外，还可以将微信公众号定位于"服务"，适当地开发一些服务型的交互功能，比如售后帮助、技术和知识分享（在线学习、视频直播）等功能。具体开发什么功能，需要根据已经成交或还在观望的客户的痛点进行研判，同时要保证这些功能对现有服务具有辅助和增值作用。

在市场加速内卷的情况下，天生具备去中心化、高客户黏性和长生命周期的短视频，已成为内容营销的主方向之一，其将贯穿品牌营销、传播、销售、运营等所有环节。在短视频平台上，品牌内容正在变得素材化，因为短视频的制作过程是去创意化的。一个工作室每天甚至可以生产近百条短视频，各条短视频只需要简单切换场景、演员和台词即可。

3）会议营销

一直以来，会议营销因为具有面对面推广产品、直接获取高意向客户、快速建立连接、推进成交、转化率高等特点，成为 To B 企业重要的市场营销渠道之一。

根据 Forrester 的调查，To B 企业平均将 24% 的预算用于会议营销。会议营销的效果是否能达到预期，往往与会议全流程的精细化、自动化、数字化程度有着密不可分的关系。如何将有吸引力的海报、会议内容通过多渠道推广出去？如何让客户实现快速在线报名？如何自动提醒会议时间及到场路线？现场如何扫码签到？会后如何引导客户下载内容？会议 ROI 如何准确评估？这些问题成为决定企业能不能玩转会议营销的关键因素。

量化传统线下活动的效果非常难，但数字化手段出现后，这个问题得到了解决。To B 企业可以借助数字化手段升级对线下会议的运营能力，为客户提供连贯且个性化的无缝参会体验，同时还可以在线收集客户需求，提供客户期待的营销方案，抓住活动后的"热恋期"，对高价值客户进行优先孵化，从而提高营销效率。

如果想让会议营销发挥更大的价值，还需要根据不同的营销目标，对常规营销活动和品牌活动进行组合或筛选。比如，对于第三方展会，营销重点应放在品牌打造和流量吸引上，而对于自办的闭门会，营销重点应放在线索获取、需求挖掘和销售促进上。

4）ABM

ABM 与传统的漏斗营销不同。只有提前划定客户群，并确保已掌握客户的姓名及联系方式，才能定向针对这些客户做营销，即实现 ABM 营销。ABM 这种方法适用于单价比较高、目标客户体量比较大、整个项目的评标和销售流程比较长且复杂的公司，否则投入产出比会很低。ABM 可以帮助销售人员提高工作效率、降低工作难度。在目标的选取上，ABM 要求对方为大客户、能够让企业获利、已有成功案例。

ABM 本身是一个好方法，但需要企业掌握一定的客户数据。这就不得不面对数据合规问题，对于这个问题，现在还没有完美的解决方案。但是我们看到，政府正在推动数据开放共享，以提升数据的价值，"数据"已被上升到生产要素的战略地位。未来在保证对数据充分访问控制和有效使用的情况下，也许会有更多的 ABM 数据营销产品出现。

3. 优化沟通工具，赋能销售拓新

市场部和销售部在企业里拥有一个共同目标：确保营销漏斗有源源不断的线索进入并可实现持续成交。在这个过程中，市场部就像是空中部队，销售部则是地面冲锋部队，因此两个部门一定要相互赋能、深度协同。

"工欲善其事，必先利其器。"如果市场部能够为地面冲锋部队提供足够专业的销售工具，协助销售部快速获取目标客户信息，那么销售部自拓的效率将大大提升。

社交媒体已经改变了人们连接和沟通的方式，如今我们找到一个KP的难度从某种意义上说已大大降低，但这要求销售人员的触觉要足够灵敏。参加行业活动，加入大咖社群，善用职业社交平台以及紧盯竞争对手的客户池……这些常规的销售拓新手段，相信身经百战的销售精英基本上都在用了，但是还不够，他们还需要一些新方法。

如果市场部通过一些工具，比如企业微信，给到目标客户一个产品解决方案或者活动报名页面，然后通知销售人员对此进行关注，那么销售人员不仅可以通过传播工具知道客户看这份材料用了多少时间，还可以在移动端查看完整的客户画像，通过人机结合的方式完成不同场景下的个性化沟通。企业微信还可以在客户注册报名后实时提醒销售人员跟进。这样销售人员就会更愿意配合市场部的工作。这样的模式会让市场部、销售部、合作伙伴、客户直接建立连接，形成利益共同体，并让销售人员真切感觉到公司整体资源的加持和赋能。

图22-7所示就是一个销售人员通过企业微信进行工作的典型例子。

从销售人员初次接触目标客户时所用的公司介绍，到目标客户产生需求时需要的相关案例、解决方案，都是可以同步到销售内容库的材料，这些其实都是市场团队日常工作中要用的工具。如果

图 22-7 应用企业微信进行销售

仅由销售自己来琢磨和创作这些内容，那效率就太低了。所以从这个角度看，优化销售部和市场部的沟通是非常必要的。

（二）培育篇

To B 营销不同于 To C 营销，其获客成本更高，客户转化周期更长。Forrester 报告显示，在 To B 领域，90% 的销售线索最终都会流失，导致这种情况的一个主要原因就是缺乏对客户的培育。

下面就来谈谈到底如何进行新线索培育和沉默线索激活。

1. 整理客户旅程地图

初次接触的潜在客户中，只有 5%～20% 做好了采购准备，大部分尚处于信息收集阶段。客户的认知旅程既具有随意性，又具有渐进性，这就使得客户的认知旅程异常复杂。但无论怎么复杂，都离不开如下 3 个核心阶段。

- 痛点认知：客户的痛点明显，但不知道有哪些对应的解决方案。对于这种情况，我们**需要介绍产品及服务的价值主张**。
- 解决方案认知：客户知道市面上有哪些对应的解决方案，但不知道是否有对应的产品。对于这种情况，我们**需要重点介绍产品及服务对客户的价值**。
- 产品认知：客户知道某个厂商有对应的产品，但不知道产品是否可靠。对于这种情况，我们**需要发掘潜在客户的具体需求，并给予满足**。

在客户认知旅程中会产生一系列问题，而搭建线索培育机制的关键就是回答客户的这些问题，把有用的信息以尽可能简单的方式提供给他们，帮助潜在客户找到问题的答案。建立客户旅程地图可以帮助我们了解未来客户与企业的基本互动方式和内容：他们的动机是什么？他们在不同阶段会有哪些不一样的问题？了解他们想要什么，才能戳中他们的痛处，并有针对性地塑造产品和服务价值。

1）设计线索培育机制

当我们整理出相对清晰的客户旅程地图以及对外沟通的内容后，就可以设计对应的线索培育机制了：在 MA 系统的帮助下，自动化重复执行标准化营销活动/流程，对营销效果进行实时追踪，从而加速线索在整个销售漏斗（MAL → MIL → MQL → SQL）内的流转效率。To B 领域各细分行业的业务特点及商业模式不同，影响决策人的关键路径也就不同。这里我们给出一个 SaaS 软件行业的线索培育设计思路以供参考，如图 22-8 所示。

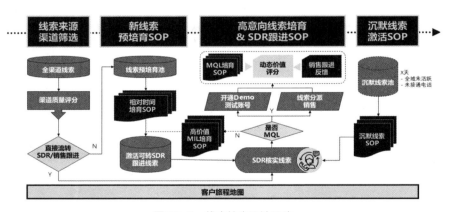

图 22-8　线索培育设计思路

2）线索来源渠道筛选

线索来源渠道众多，不同来源的线索，质量也参差不齐，判断新线索的质量可以基于来源特征信息进行。可以基于业务专家经验建立线索打分模型，或者基于转化效果对不同来源的线索进行分层，通过对转化效果的排序建立评分集。

通过百度 SEM、线下活动等获得的高评分线索，可以及时下发给 SDR；通过内容营销、线上直播等获得的低评分线索，即使知道了客户的手机号码,也需要先放入预培育池,通过后续的自动化沟通提升其质量;而通过销售人员分享的内容,以自拓形式获得的新线索,应该直接给销售人员。

3)新线索预培育

新线索预培育针对的对象是经过来源渠道筛选后的低评分线索。对于这些线索,我们应按照已经设定好的运营 SOP 多次进行触达,直至得到行为反馈。至于线索质量是否提升,取决于客户具体的行为类型。我们通过对客户行为数据的分析,对于判定达到可跟进状态(匹配到预定规则)的线索,直接分配给 SDR 进行电话跟进。若客户在培育过程中已经完成了对痛点、解决方案的认知,他们会主动咨询产品问题,并提出自己的具体需求。

比如,一位新客户关注微信公众号后,通过"菜单消息"功能下载了他所希望了解的场景解决方案。捕捉到该事件行为后,系统会自动发给他一条短信,通过更多有价值的内容引导其添加品牌的企业微信。

这需要一个资深 SDR 来配合吗?不需要。只需要企业微信在 MA 系统的支持下自动执行运营 SOP,让潜在客户逐步了解产品,建立对企业的信任即可。这一过程的示意如图 22-9 所示。

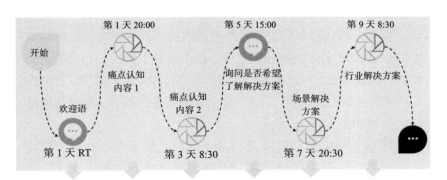

图 22-9　新线索预培育 SOP

虽然企业有了企业微信这样一个可以重复触达客户的触点，但困扰新线索培育的问题是：企业微信每天都在添加新客户，这就要求每天都要发内容。但为了保证所发内容不重复，前一天已经群发的内容，今天就不能再发了。而大部分 To B 企业的产品内容库是有限的。内容不够用了，怎么办？

理想的处理方法是：针对前一天添加的人，先把某一份产品介绍发过去；今天又加了一批人，针对今天添加的人，还是发前一天的产品介绍，而针对前一天添加的人发送其他内容。也就是说，解决上述问题的办法是引入"相对时间 SOP"。这样尽管每天都有新人添加进来，但市场只需要优化一套新线索培育营销内容就可以了。

国外大部分 SaaS 企业的电子邮件培育都是按上述方法做的，但在国内，电子邮件无法高效触达客户，且无法像朋友圈一样潜移默化地影响目标客户，这就导致 SDR 无法第一时间转化客户。

具体的沟通的方式是多种多样的，我们所要做的就是向潜在客户提供有价值的信息，帮助其建立对痛点、解决方案的认知，推进客户旅程地图前进。当线索升级后（比如从 MIL 升级到 MQL），原先的预培育 SOP 应切换到更高一级的 SOP。

4）高意向线索培育

这个阶段的线索一定是可跟进状态的，客户旅程的运营策略需要配合 SDR 的跟进流程来完成，这个阶段工作的核心目的是促使客户确认需求。可以为客户开通产品测试账号让其试用，也可以安排销售人员上门拜访，与客户进行面对面深入沟通，促使该线索转化为 MQL。

注意，MQL 的质量不是一成不变的，随着客户心理、对产品和环境的认知程度的变化，MQL 的质量也可能发生变化，这类变化会通过客户行为反馈出来。要想准确把握 MQL 的质量变化，需要通过动态评分模型将变化量化，即需要设计一套符合

MQL → SQL 阶段的 SOP。

下面以一款可以提供 15 天免费体验的 SaaS 软件产品为例，介绍可能会碰到的两个问题的解决方法。

❑ 新注册客户无法快速上手。
❑ 体验客户留存率低，流失严重。

此时可以按照图 22-10 所示的方式来解决。

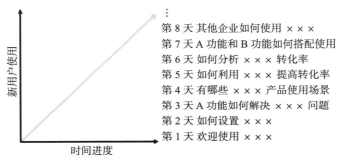

图 22-10 具体处理方法示意

以前都是市场部有了 MQL 之后，给到销售人员去跟进。但是 SaaS 企业的目标市场下沉到中小企业之后，所面对的客户群体的体量是几何倍数增长的，有可能无法通过销售一对一的沟通来过滤线索。此时可以通过标准化的内容进行客户培育，然后再将免费体验过产品或已对产品功能有了认知的线索给到销售人员做最后的转化。

5）**沉默线索激活**

即使最活跃的潜客也可能因为一些问题而突然沉默。怎么判断线索是否为沉默线索？在 To B 业务场景下，一个很直观的依据是，客户累积多天没有发生在线互动行为，或者多次没有接听电话。如果某线索评分是满分 100 分，那么根据图 22-11 所示对沉默线索进行分类，并减去相应的分值，然后针对最终分数对沉默线索进行分级。

行为类别	行为分层	减分值
全域未活跃	连续 3～7 天未活跃	-10
	连续 7～14 天未活跃	-20
	连续 14～28 天未活跃	-50
	连续 28 天以上未活跃	减至 0 分
未接通电话	连续 3～7 天未接通电话	-5
	连续 7～15 天未接通电话	-10
	连续 15～30 天未接通电话	-15
	连续 30 天以上未接通电话	-20
其他	异常/竞对/投诉	减至 0 分

图 22-11　线索资料评分扣分标准

有了线索资料评分扣分标准后，激活沉默线索的策略就不再是简单地将"×天未活跃"线索放到新线索培育 SOP 中了，而是根据客户属性、行为、标签等对不同沉默线索进行针对性处理。比如，按照职务分类，客户可能归为市场部、销售部等；按行业分类，客户可能归为工业制造业、化工原材料行业……根据不同类型的沉默线索，需要持续以个性化营销内容来推动其参与活动；根据客户的沉默周期，定制不同的激活策略，在客户沉默 30 天后、45 天后、60 天后分别推送不同的内容，以满足激活沉默客户的进阶需求。企业应实时动态评估激活策略，防止线索假性沉默流失。

2. 测试和优化线索培育流程

由以上内容可知，**To B 线索培育的 3 个核心要素是数据、SOP 和内容**。因此，我们应对营销活动中涉及的可优化内容、触达手段和流程进行测试，帮助企业准确、高效、及时地找到最佳线索培育方案，提升整体营销效率，如图 22-12 所示。

图 22-12　确定最佳沟通方案的过程

通过不断测试和优化线索培育流程，我们可以发现：

❑ 什么样的客户分组机制对于线索培育更有效。
❑ 在各个线索阶段，什么样的内容形式更有效。
❑ 什么样的自动化规则和策略能有效加速营销过程。

当然图 22-12 所示测试方法只是一个工具，测不出客户需求，我们还需要回归客户旅程地图，挖掘客户痛点，找到影响决策人的关键路径，建立目标客户的心理学知识库。有了 100 种已经被验证过的客户行为倾向知识，就会有 100 种提高和解决问题的方法。

（三）转化篇

销售人员是开枪的人，他们是好的射手，有非常好的射击能力，是签单的关键。销售人员解决的是最后一公里的问题，也就是说销售人员对客情，以及最精准、最复杂的需求的把握是最强的。这样意味着销售人员的工作成本是非常高的，时间成本也是非常高的，所以需要由 SDR 辅助其完成射击前的所有准备工作，比如帮他们准备弹药、找到开枪目标等。

我们其实一直在测算一个数字，SDR/销售的配比，也就是一个销售人员需要配几个 SDR。根据荟聚的实践，这个比例应该为 1:2～1:3，也就是 1 个 SDR 配 2～3 个销售人员。

国内大约已经有 30% 的 SaaS 企业建立了 SDR 团队，SDR 面向营销侧的职能是及时反馈各媒体渠道的线索质量，持续完成线索培育孵化以及量化 MQL/SQL 转化率；而面向销售侧的职能除了持续提供高质量的线索外，还需要配合销售人员及时跟进线索、量化 SQL 转化率、缩短成交周期。

SDR 在 To B 业务流程中的位置和价值如图 22-13 所示。

对于站在市场部和销售部之间的 SDR 要如何管理？放在市场侧管理？放在销售侧管理？独立管理？其实这些都是可以的。按照工作特点来说，市场工作的特点在于不是点对点进行的，而是点对面进行的，所有的事情都要讲究高效率。SDR 的工作也是一样，他们需要处理大量的潜在客户。如果想要反馈不同渠道的线索质量并以效率优先来考虑的话，那将对 SDR 的管理放在市场侧是一个比较好的选择。

下面针对 MLG（有 SDR）与 SLG（无 SDR）两种模式，以销售漏斗转化率为目标进行对比。在 MLG 下，最重要的是对整个销售漏斗的转化效率进行提升，从市场各渠道进来的线索到确认为 MQL 转化率为 10%，从 MQL 到商机转化率为 50%，从商机到最后的成交转化率为 60%。从图 22-14 所示可看出，1000 个线索就需要 2 个 SDR 配合 5 个销售人员。

如果没有 SDR 岗位，那么销售人员只能利用碎片化的时间来处理线索，这个过程是没有规律的，所以效率很低，1000 个线索至少要占用 8 个销售人员的全部时间。在线索数量大且质量不确定的情况下，销售人员就没有精力去与对应的客户一一沟通了。两种模式对比下，在成本方面，SDR 的人力成本普遍要比销售人员的低。在转化率方面，MLG 的转化率要高于传统 SLG 的。

22 用 MLG 升级市场职能，带动企业增长

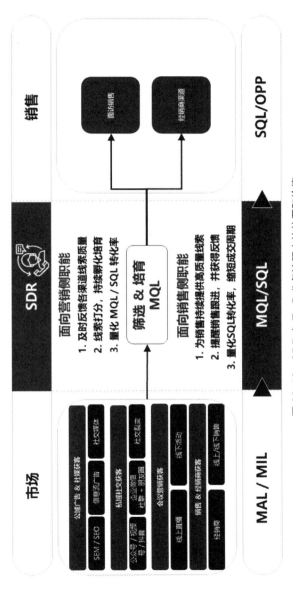

图 22-13 SDR 在 To B 业务流程中的位置和价值

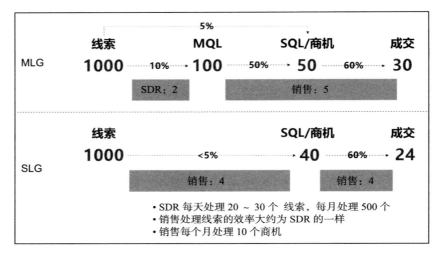

图 22-14 SDR 在增长和效率方面的作用示意

五、MLG 对组织的要求

大家通常把市场部和销售部作为一个整体来看。据我所知，很多 To B 企业的市场部还不是一级部门，市场部和销售部还是由同一个销售 VP 管理，或者由同一个高管来管理，这就是所谓的 SLG 模式，这种模式其实也没问题。但若是把市场部升级为一级部门，也就是采用 MLG 模式，会有许多好处。我们不妨先看看图 22-15 所示。

图 22-15 所示很好理解，根据动滑轮原理，若是把市场部作为一个一级部门看待，它起到的作用和销售部是一样大的，企业多了一个动滑轮，用力就少了，或者说用同样的力可以带来更多增长。

在 MLG 模式下，各个职能团队的价值定位会发生一些变化。图 22-16 所示是我对荟聚业务团队中各部门的定位。

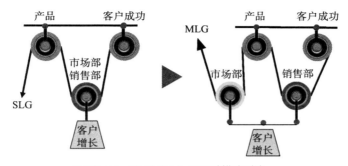

图 22-15 SLG 和 MLG 两种模式对比

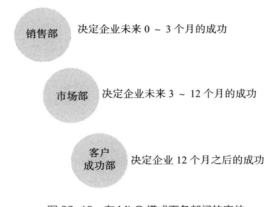

图 22-16 在 MLG 模式下各部门的定位

在 To B 企业中，销售部、市场部和客户成功部的定位如下。

（1）**销售部的工作是确保公司的收入，这决定了企业未来 0～3 个月的成功**。荟聚销售周期一般不会超过 3 个月，所以销售每天要想的都是未来 3 个月怎么确保公司的收入。商机问题是市场人员要解决的，销售人员只要关注销售效率问题就可以了。

（2）**市场部的工作是确保下一季度的增长，这决定了企业未来 3～12 个月的成功**。若市场部一直考虑当月成交的事情，那是不对的。市场部这个季度没做好，销售部下个季度的工作就会有问题，所以对于市场部应按季度考核 MQL 和 SQL 数量。

（3）**客户成功部的工作是确保客户的续约率，这决定了企业 12 个月之后是否成功**。客户成功部决定了 12 个月之后客户是否会续约，所以客户成功的工作重点是确保高续约率。对于客户成功部来说，第一年可以不盈利甚至亏钱，但续约率必须足够高，这是企业健康发展的基础。

六、总结

企业面向客户的增长过程，一定是一个分阶段、渐进式优化提升的过程。To B 企业中有着很多与"快速增长"冲突的挑战，而发展成熟的 To B 企业已经形成了一套客户培育和销售体系，如果全面颠覆，将会面临更多问题，所以增长以及建立信任的过程应该基于现有的组织及运营框架，融入更多的 MLG 增长思维，强化市场职能。

最后，提出几个问题，希望大家深入思考：
- ❏ 产品最核心的业务特点和商业模式是什么？
- ❏ 核心目标客户是大型企业还是中小企业？客户的痛点和产品的价值点是什么？
- ❏ 企业的目标客户画像是什么样的？如何利用并抓住 KP？
- ❏ KP 的决策流程是怎样的？市场与销售如何更有针对性地影响 KP 的关键决策路径？

只有清楚地给出上述几个问题的答案，To B 企业才可以真正实现 MLG，找到获客、培育、转化的关键方法。

23

To G 的市场增长怎么做？

——张辉文

张辉文 谷川联行市场总监，2013年进入谷川联行工作，主导或参与了线上渠道投放、内容体系搭建、数据营销等方面的策略制定和项目落地工作。擅长 To B 和 To G 数字化营销，在营销团队搭建和管理上也有一定的经验。

本文分为3个部分：G 端客户的特点，如何建立 G 端的客户流量池，如何打造 G 端客户增长闭环。

一、G 端客户的特点

作为 To B 营销负责人，大家应该都熟知在决策链条、销售路径、付款方式等方面 B 端客户比 C 端客户更复杂，而 G 端客户比 B 端客户更复杂。我总结 G 端客户有如下3个特点。

1. 决策链更长，关联部门更多

如果自下而上划分 G 端客户决策链，可以说跟 B 端区别不大，无外乎分为执行层、管理层、决策层。既然划分一致，那为什么说 G 端客户决策链更长呢？核心点在于政府部门的划分。政府本身有二重性，一个是基于政治权利的"准国家性"，一个是基于经济权利的"准企业性"。这两种特性始终贯穿在政府部门的事项决策中。

在政府决策中会涉及多个关联部门，而这些部门并不在核心决策链上，但同样会对最终决策产生影响，如图 23-1 所示。以我们谷川联行做的招商引资服务为例，除了核心的招商部门外，财政部门、招投标部门等都会在销售过程中有相应的角色。所以所有关联部门都是需要关注的。

图 23-1 案例中涉及的相关部门示意

2. 信息在决策链条上传递的通畅性更低

与 G 端的合作大多是难以标准化的，即使服务内容相似，但在不少细节上仍然存在较多差异。这种情况一方面体现在报价的不确定性上，另一方面体现在信息在决策链条中传递的通畅性降低上。这种情况往往是由于各链条层级相关人员的想法不同造成的。

举个例子。最近我们给某个地区的 G 端客户搭建招商引资系统，当我们把成型的系统给到对接人的时候，对方提出了几个需要修改的地方，还专门补了一句："领导看了可能还有其他的想法，你们再等等。"这类情况我们在服务中碰到不少。这个例子仅涉及1层汇报关系，如果是2层以上会更复杂。

3. 人事变动使得前两个特点的难度加倍

人事变动对洽谈阶段和续约阶段的影响无疑是最直接的，但这种情况是G端客户常见的情况。对于我们来说，要做到遇事先适应，不急不乱。遇到人事变动的情况，大概率之前的合作方案、谈判条件需要从零开始，要有足够的耐心和耐力去再次展开链条打通工作。

上面仅介绍了G端客户的3个特点，但并不是说G端客户只有这3个特点，如果站在政府的准企业性上看，一些B端客户的特点在G端客户中同样存在，只是上述3点是需要特别关注的。

二、建立G端客户的流量池

针对G端客户也能建流量池吗？大多数人的第一反应可能都是不行。因为很多人对政府人员工作习惯的印象是"以线下为主"，觉得与他们要建立联系，还是需要线下进行。在当下互联网环境中，没有哪个个体可以脱离网络，政府也在往数字化的道路上发展，而且越来越深入。从谷川联行的经验看，把G端客户集中在流量池中是可以实现的。

围绕G端客户流量池，我重点讲1个原则和1个承接载体。

（一）1个原则：扩基数、抓核心、直抵决策人

1. 扩基数

G端决策涉及部门众多，我们需要围绕业务需要，尽可能多地去和各相关部门建立影响关系，达到扩基数的目标。内容营销是达到扩基数的基础法门，对于内容营销，前边有专门文章介绍，这

里不再重复了。本文需要重点强调的是,要把内容营销做到极致,并且可以建立专门的引流通道。

如何把内容营销做到极致?我认为下面这两点最重要:一是内容素材既要不断扩充又要不断重复利用;二是扩大传播通道。

对于 G 端来说,由于合作客户的特殊性,每一条能传播的内容素材都显得特别珍贵,所以建立内容素材库是非常必要的。内容素材库可以包括客户案例、公司产品说明、行业热点和产品关联性说明等内容。内容的穿透力是通过"重复"体现出来的,这里说的重复不是祥林嫂式的念叨,而是更富创造力地对内容进行不同程度的调味。让旧内容产生新组合乃至新感知是合格的重复方式。

对于传播通道,我们要尽量做到全覆盖,从搜索引擎到官网,从公众号到社群,从自媒体到传统媒体,从销售微信号到行业大V,能覆盖的尽力覆盖。内容营销的一大难点在于引流通道的建立,没有引流通道,客户看了就走了,不会形成沉淀。从我的经验看,官网+微信是最有效果的模式。官网可以承接来自媒体和搜索引擎的流量,微信号、微信公众号、微信社群又可以把流量具体化。把官网和微信打通,就可以实现客户沉淀了,这会为之后的闭环打造创造可能性。

2. 抓核心

上面讲了 G 端客户的 3 个特点,如果我们希望面面俱到,攻克所有特点,不仅会因我们精力有限无法实现,也会让工作抓不住核心。什么是核心呢?我们认为在主要决策链上的管理层客户就是核心。

我们需要从最初的基础客户中辨别出管理层客户。那如何辨别呢?我们认为至少要做到两点:第一是把销售和运营数据打通,充分利用销售对接过程中沉淀的数据进行辨别;第二是深度运营,比如对于沉淀在微信号中的客户,需要运营人员通过技术性的聊天手段，把管理层客户聊出来。两种办法相互结合，效果更好。

对于管理层客户，运营的关键是进行维护，也就是保持其足够高的活跃度。处于这个层级的人，有一定的职位高度，常规的灌水、话题互动等手段并不适用，而且这些人不适合频繁打扰，因此活动营销是不错的选择。

对于活动运营，本书后面的运营篇会详细介绍，这里我只想强调一点：对于所有活动都要有应急方案，也就是要有备选计划。针对分享人选、分享内容、分享时间等都要做一个备选计划。

3. 直抵决策层

只要有能触达决策层的机会，就一定要抓住。不管是 G 端还是 B 端，自上而下进行推进一定是最轻松的。触达决策层的核心在于渠道，比如线下招商会、各类展会等，都是不错的渠道，有机会一定要参加，有必要的话可以考虑布展。比如我们曾通过在上海举办的进口博览会，邀请到几十位各地方政府部门的一把手到访我们上海的公司。触达决策层后，销售部门和市场部门的配合就显得尤为重要了。

（二）1个承接载体

流量池使用哪个平台最合适，CRM 还是微信？这个问题我思考了挺长时间。从我们公司的使用情况看，CRM 虽然字段齐全，职级划分比较清晰，但更偏重销售，对于营销人员来说可使用性不强。微信更适合营销人员使用，但是在数据方面存在一定问题，比如数据回传到 CRM 时操作流程复杂，这导致回传具有一定延后性，数据的不及时会影响销售人员的工作。另外，微信上得到的一些数据尚处于市场线索（MQL）阶段，并不适合销售跟进。

要解决以上的问题，营销自动化貌似是一种不错的选择，但对于大多数公司来说，采购这类服务也存在各种问题。我们目前采用的是 CRM 与微信相结合的方式，这种方式肯定不是最完美的，但对我们来说却是最适合的。这种模式需要运营人员在做数据填写时，有一定的数据敏感性，要既能及时回追数据，又能巧妙地把 CRM 和微信中的客户打通，比如采用标签或 CRM 字段做不同内容的触达。

三、打造 G 端客户的增长闭环

最后我们谈谈 G 端客户的增长闭环。对于闭环，本书中其他文章分享很多了，我个人觉得，如果用 1 句话说清楚增长闭环，应该是这样的：**通过将客户标签化来实现不同触达，进而刺激客户转化或者转发**。

我认为客户标签化是实现增长闭环的基础，没有标签化就没有增长闭环，或者说没有标签化的增长闭环是空中楼阁。要像管理核心资产一样管理你的客户标签。大家想想字节跳动旗下的各种产品，很多人说这些产品最牛的是算法。这些产品的算法的确牛，但算法牛的基础是标签，没有标签，算法什么都不是。

基于以上考虑，大家反思一下，自己的客户标签化做得如何？客户标签体系是一个复杂的系统，这里不细说，仅介绍建立客户标签的两个核心点。

（1）**客户标签化是为了个性化触达，但不要为了个性化而个性化**。客户标签化的目标是增强客户体验，一旦偏离了这个目标，就变成为了个性而个性了，进而造成标签不好管理、标签冗余。能表达清楚的标签就是好标签。

（2）**要对标签赋值**。标签赋值背后是对客户距离量化的过程。我们不能通过 1 次事件就判定客户处于什么阶段，应该通过多次事件的叠加来判断，否则很容易陷入误区。

在做好客户标签化的基础上，我们就能用不同内容触达不同客户了，这就是所谓的个性化内容营销。此时，良好的客户旅程和高质量、高精准的内容是两个关键点。客户旅程在很多营销自动化工具里可以快速画出来，如果没有营销自动化工具，可以使用手动这样的笨办法来实现。有时候，市场工作只能通过"笨办法"才能做好。对于高质量、高精准的内容这里不多说，仅提醒大家一点——内容素材库的丰富度决定了内容输出的质量。在触达客户后，让客户尽快完成转化或者转发动作才是我们做内容营销的根本目的。若是我们做的内容没有完成客户转化，甚至转发都很少，就要倒推回去找问题了。

运营篇

24

企业品牌峰会策划与实践

——张朝

张朝 观远数据市场总监,在 To B 品牌传播、市场营销、获客增长实践方面有颇多心得和经验。

品牌峰会作为 To B 公司的战略性活动,不仅是品牌心智打造和传播的最佳方式,也是公司商机拉新、促进业绩的重要方式之一。作为 To B 市场人,没有经历过品牌峰会的洗礼,其职场生涯就不算完整。

在峰会启动之初,针对品牌与业务进行的目标与定位梳理是非常重要的一环。

品牌侧:加强认知和心智占领。具体表现为如下几个方面。

- ❑ 借助公司年度品牌峰会,集中发声和传播,向行业、客户传递企业数据综合实力、行业地位以及战略方向。
- ❑ 加强企业 IP 形象,通过议程、传播来深化企业引领者形象。

- 借助各渠道的传播力,对标"客户成功",提升客户对企业的行业认知度和信任度。
- 打造雇主品牌和员工荣耀归属感。

业务:促进转化和客户成功。 具体表现为如下几个方面。

- 客情维护:通过品牌峰会邀请,让客户感受到被重视,从而提升企业在行业中的口碑。
- 新客吸引:通过宣传和行业口碑,吸引与企业未建立联系的客户参会。
- 树立信心:利用峰会传播和客户背书,传达企业价值主张和行业优势,提升客户与企业的合作信心。
- 促进增值和续费:用沉浸式产品体验和方案,提升产品增值续费率。

一、前期筹办的核心影响因素

要举办一场品牌峰会,需要基于公司战略需求,首先找到合适的时间和地点。在 To B 市场中,时机、人和经费是大会前期筹备的核心影响因素,如图 24-1 所示。

图 24-1 品牌峰会筹备的核心营销因素

（1）时机：在合适的时间去做正确的事情。可根据公司所处阶段、客户规模以及公司是否有比较大的新闻事件来综合考虑是否举办品牌峰会。品牌峰会往往具有延续性，所以还需要考虑本次活动及未来3年品牌峰会的总基调。

（2）人：品牌峰会单凭个人甚至某个部门是无法完成的，这需要公司所有团队参与并合理分工。在公司内部，你需要了解市场部成员的构成（市场部是筹办品牌峰会的主角），每个人的知识技能，能否一起承担一场品牌峰会，能否向上管理协调公司全部资源。如果市场部人员不足，就需要更多借助外部资源。对外进行公关时，需要考虑公司要传达的内容、演讲嘉宾邀约情况，以及邀约参会人数。如果企业之前做过很多其他活动，比如私董会，且赢得了客户口碑，那么一般来说客户邀约都不会有问题。

（3）钱：也就是市场费用。企业举办的品牌峰会必须有足够高的规格，因为这是对外塑造企业形象和维护客户关系的大会，对内还能激励员工。所以要抱着"不鸣则已，一鸣惊人"的心态去筹办品牌峰会。所以举办这类大会所需的市场费用还是非常高的。比如，对于一场500人的品牌峰会，市场费用小则几十万元，多则几百万元。这就要求你在筹办大会之前，需要确认企业是否有充足的市场预算去做这件事。

二、活动调研

确定要做品牌峰会后，接下来要做的就是活动调研了。为了使内容更有针对性，这里以我们举办的一场500人品牌峰会为例进行介绍。

（1）时间：对于举办的时间，需要进行多方位调研。当时我们准备在6月份之后举办大会，所以调研了6月份到10月份国内所有外部活动的时间安排，目的是防止和其他活动撞期，不然会给嘉宾邀约带来不利影响。因为我们要举办的是线下活动，所以需要选择靠近周末的日期举办，我们倾向于周五。

（2）**地点**：当时比较纠结的是在上海举办还是在杭州举办。后面从客户群分布、交通便利性、差旅成本等多方面考虑，我们最终把地点选择在了上海中山公园地铁口附近。

（3）**场地**：一场500人的活动，可选择的场地很多，酒店、会展中心、摄影棚都可以，但需要考虑这500人的交通便利性、餐饮住宿，以及该地点在本地是否有代表性等。

（4）**规模设置**：品牌峰会一般来说到场率为60%～70%。因为我们设置的参会规模是350人，所以定的邀约目标是500人。当时公司中的3个部门领了各自的指标，市场部领了200人，销售部领了200人，公司高层领了100人。

三、活动准备

明确工作事项、时间节点以及项目负责人，并制定对应的项目推进表和职责分工表。

1. 会议内容线

演讲嘉宾和分享内容应该是品牌峰会的重头戏。设置好大会的主题（要和企业业务相关联）后，要确保演讲嘉宾准备分享的内容和主题相关。要审核、协调所有演讲嘉宾的PPT，在必要的情况下要修改嘉宾的PPT。根据之前设置的时间节点，为活动策划留出充足的准备时间。

2. 会务线

会务方面涉及场地、场景搭建及报名签到等工作。这是常规的市场操作，往往也是投入比较大的地方，谈判空间也比较大。

（1）**场地**：一般品牌峰会的场地都会选在酒店，因为酒店设置齐全，能满足企业会务绝大多数需求。根据前期策划和酒店档期来确定会议厅、就餐规模、茶歇、场地使用面积及住宿等信息。

（2）**场景搭建**：场景搭建主要分为内场搭建和外场搭建。常规的内部场景包括舞台、灯光、音响及座位排序。其中座位排序和座位安排是一个艺术活，若设置过多的VIP专座，可能会因很多嘉宾没来，导致空位太多；若设置过少的VIP专座，又可能导致某些嘉宾来了因没有VIP座位而不高兴。外部场景就可以根据企业自己的需求定制，比如签到处、案例展示、产品体验区（如果是体验型产品，建议多设置几个体验区）、企业展示区及合作伙伴展台等。

（3）**报名签到**：活动前就需要想好活动的目的是什么，活动的定位是什么，门票是否需要收费。这里我建议大家设置收费门票，一来可以筛选一批无效客户，二来也可以提高活动的规格，从而吸引高质量客户参加。建议设置活动现场签到环节，因为这是一个仪式感十足的环节。

3. 宣传

好的活动也是需要传播出去的，媒体网站广告、SEM搜索推广、今日头条信息流、员工朋友圈以及社群等都是需要充分利用的传播渠道。传播内容的展现形式可以有如下几种。

- **峰会系列文章**：峰会亮点文章，嘉宾介绍类文章，观点提炼类文章。
- **峰会系列海报**：倒计时海报（见图24-2），嘉宾单人海报，定向邀请海报，会议长海报。
- **广告**：主要针对付费推广渠道，包括PC端SEM推广、移动端今日头条信息流推广。
- **高质量的文章和海报**：可专门生产高质量的文章和海报，并安排在高质量的微信群中传播。

图 24-2 倒计时海报

4. 邀约

做活动最难的就是邀约。下面还是以我们举办的客户大会为例进行介绍。

1）**演讲嘉宾**

我们的活动邀请了资本大咖、咨询公司领导、可提供背书的典型客户及观远数据自己的人。这次活动我们设置了 12 个环节，其中观远数据只有 2 个主题演讲，更多的内容交给我们的客户和合作伙伴去分享。活动之前我们做了一批调研，选出了客户最喜欢的议题，然后在邀约时分享给演讲嘉宾。这样的操作可以让演讲嘉宾选择要演讲的主题时有一些参考，可以加大邀约成功的概率。

2）**参会邀约**

在活动报名平台上，我们设置了付费报名和免费审核两种报名模式，其中付费报名设置了使用优惠码。当初我们为公司所有员工都设置了不同的邀请码，这样不仅可以激发员工邀约的积极性，还能通过后台看到每天不同渠道的传播量和注册量。

在参会受众层面，要明确活动目的和做好客户生命周期分层。在业务层面，我建议按如下方法完成邀约。

（1）销售人员未联系的目标客户群体：市场部通过渠道进行

邀约，目标是将其转化成销售线索。

（2）销售人员已联系的客户群体：销售人员通过定向活动加深与其的关系从而完成邀约，目标是促进完成销售转化。

（3）已成交客户：通过活动链接进行邀约，目的是促进完成续费以及增购。

3）媒体邀约

每个 To B 企业都会有自己的媒体库，大家可以根据自己公司的业务和行业邀请对应的媒体，这样不仅可以有效增加活动的传播量，而且可以让媒体帮忙分享和传播。要和嘉宾沟通好媒体的传播调性，协调媒体对演讲嘉宾做针对性的宣传，从而丰富关于活动的内容。

5. 活动相关物料

活动需要的主要物料如下。

- 视频传播物料：产品宣传片、客户采访视频、快闪视频。
- 打印物料：易拉宝、条幅、会议手册等。其中会议手册是非常值得做的，里面可以涵盖会议议程、嘉宾介绍、公司介绍、宣传二维码、餐券等，其中还可以设计一些留白供参会者做笔记。
- 其他物料：手提袋、产品手册及伴手礼等。

6. 差旅住宿

差旅住宿包括员工差旅住宿、客户差旅住宿、媒体差旅住宿、嘉宾差旅住宿等，其中会涉及很多细节，建议交由专人对接。

四、活动执行

活动执行主要涉及以下几个方面。

（1）人：活动前，要制定活动管理表，在活动前三天和相关部门开会，按管理表做好分工。在参会嘉宾这一块，要安排专人做好演讲嘉宾的接待，以及客户入座率观察和安排工作。

（2）**货**：主要指会议手提袋中的装填物和演讲嘉宾的 PPT。正式举办活动前要进行彩排，彩排时要播放演讲嘉宾的 PPT，这样不仅可以提前检查字体等内容是否合适，还可以帮助主办方对演讲时间进行精准把控。

（3）**场**：这部分主要涉及场地安保和清理工作。一定要注意对餐饮茶歇时间的把控，还要避免因少数人的不合作影响整个活动的氛围。

（4）**传**：这主要涉及如下几个方面。

- ❏ **视频直播/图片直播**：视频直播可以实时观看活动整体效果，照片直播可以确定活动现场颜值。
- ❏ **速记实时报道**：把演讲嘉宾演讲的内容实时编辑后传播出去，形成第一波传播。
- ❏ **新闻通稿**：活动现场的新闻通稿准备齐全后联系媒体发布。
- ❏ **嘉宾金句**：整理现场嘉宾金句，以图文的形式在朋友圈宣发。

对于上述过程，可以总结为图 24-3 所示。

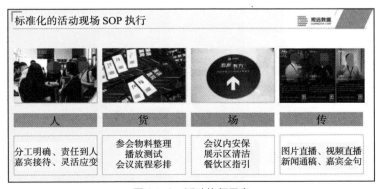

图 24-3　活动执行示意

这里补充一件事情，就是大家在做活动的时候一定要提前和酒店确定，你们要用的场地前一天是否有其他活动，因为这决定了你们搭建场景和彩排的时间是否够用。

五、活动后的重点工作

活动后要进行如下重点工作。

- ❏ 线下做活动，线上做传播：活动结束后需要安排大量的媒体进行造势和传播，实现多维度多平台扩散。
- ❏ 总结复盘：会后要对整个活动进行数据统计，对活动进行问卷调研，以求及时收集参会者对活动的反馈和建议。
- ❏ 感恩同行：会后可为参会者定制一些礼品，以表达主办方的感恩之心。比如我们的活动就为所有参会者定制了活动勋章，为演讲嘉宾定制了相册。
- ❏ 全员庆祝：会后一周内要组织一场复盘总结会，这个总结会的重点是总结本次活动的成功之处，同时为所有人员庆功。

最后做 3 点总结，希望对各位有用。

- ❏ **策划做加法，执行做减法**。在策划活动时，无论是人员还是费用，无论是对内还是对外，策划人员都必须充分展现做这次活动的决心和信心，尽量争取更多资源。而在活动执行时，要尽量做减法，对于不确定的事情要果断放弃，以确保活动正常进行。
- ❏ **心有细节，胸有成竹**。做活动最重要的还是关注细节，从活动报名、活动通知、现场接待、安排餐饮到会后调研，所有相关细节都需要在活动前策划好，做好活动的思维导图，确保胸有成竹。
- ❏ **情理之中，惊喜至上**。每个参会者都会对活动有一个预期，如果实际情况超过预期，则活动事半功倍。所以大家可以在活动创意上多用一些心思。

25

开发者大会的实战方法论

——汪丹

汪丹 InfoQ极客传媒总经理。2012年在中国传媒大学毕业后加入InfoQ。目前主要负责InfoQ极客传媒整体业务,统筹会议、媒体、商务、产品、TGO等团队的工作,为媒体业务在行业的影响力及整体营收负责。个人愿景定位在科技领域,致力于为技术人、技术企业提供服务和价值。

看本章内容之前,先来想想你参加过的开发者大会,哪些会议让你印象深刻?哪些会议让你认知有提升?再想一想大概是在什么场景下,你们团队会提到"我们也办一场峰会"吧?是在品牌建设、圈人的场景下,还是在收集线索的场景下?是因为看到其他家在办,所以自己也想办?带着这些问题,我们展开本章内容。我希望能够给大家做决策提供一些参考。

首先抛几个问题:

❑ 企业在什么阶段需要举办开发者大会?

❏ 举办开发者大会的初心是什么？
❏ 怎么吸引开发者的关注？
❏ 哪些因素决定了开发者会议的成功？

一、选择时机

对于第一个问题，我的答案是：举办开发者大会需要选准时机。什么是好的时机？这需要考虑如下几个因素。

（1）**企业在技术及产品方面的研发进展如何？** 需要自审企业的技术及产品在行业内的水准，技术应是领先的、可靠的、安全的，产品应是贴合客户场景的、直击客户痛点的、能够解决问题的。一句话，你要有能拿得出手、拿得出来的宣传内容。

（2）**企业的品牌基础如何？** 这又涉及以下几个问题。

❏ 企业或者产品在业内的知名度是怎样的？是否得到过业内专家的公开认可、意见领袖的点名、业内标杆客户的背书？

❏ 企业或产品在开发者群体中的口碑如何？是否有关键客户的追随？是否发布过在开发者社群中引起高关注度的技术话题？

（3）**企业的客户满意度及市场占有率如何？** 这又涉及以下几个问题。

❏ 是否得到了80%以上的客户对产品的正反馈？

❏ 销售人员在竞争某个订单时，是不是总能够打败友商拿下订单？

❏ 进行市场分析时是否能够看到企业在技术上的关键壁垒？

（4）**企业的运营机制如何？** 这又涉及如下几个问题。

❏ 是否有能力对接且服务好批量客户？

❏ 以客户为中心的运营机制是否准备好了？

若以上 4 个方面都做了充分的论证，那么就可以果断地做决策了。如果你们具有行业领导者的地位，是话语权的拥有者，甚至在行业标准制定方面你们也会有话语权，那么举办开发者大会是必然的选择。

二、保持初心

我们常说一句话，要做长期主义者，情怀要大于商业目的。那么，举办开发者大会的初心到底是什么？初心就是开发者大会的核心思想，这个核心思想非常重要，决定了整个大会的调性、风格、成败。抛开企业的品牌、商机线索转化上的束缚，站在行业的角度，站在目标受众的视角，去看业内的现状，去想客户的痛点，去找业内最好的技术或者解决方案。

举个例子，"第一届 QCon 全球软件开发大会" 2009 年在我国举办，时值互联网技术创新商业模式层出不穷。之所以有这场大会，是因为极客邦科技创始人霍太稳希望将 QCon 大会引入中国。他邀请了全球顶尖的技术大咖，像很多程序设计语言的开发者、敏捷宣言的签署人等，可以说 QCon 全球软件开发大会的举办时机选得非常准。霍太稳举办大会的初心也跟当时中国早期的开发者的需求精准匹配。这场大会解决了当时互联网技术高速发展为开发者们带来的很多挑战。

任何一个企业能够存在，能够成功举办大会，都是因为解决了某个行业、某部分群体的痛点和需求。所以我们要从"利他"的角度去思考大会要传递的核心思想。

三、吸引关注

如何才能吸引开发者的关注？

这个问题需要前置，我们前面提到了举办开发者大会的动机、初心，其实这时就已经在考虑如何吸引开发者、要给他们传递什么了。

办开发者大会之前，我们先看看想要触达的开发者是怎样的一群人，他们有什么特性。

（一）两个误解

首先要打破两个对开发者的误解。

误解一：开发者都不愿意花钱，抠门，愿意用免费的东西。

这个是 5 年前的观点，现在再说这个就有些牵强了。现在的开发者是愿意花钱的，当然他们不是不在意钱，但他们更在意自己的时间。比如，极客时间 APP 上，一个技术专栏出来后，很快就有上万人订阅；再比如，很多开发者都愿意支付几千元购买各种电子设备，以提高自己学习或工作的效率。只要能让开发者感受到在单位时间内可以获得更大的价值，他们就会愿意参与大会。

误解二：开发者不讲究美，穿着不讲究，吃饭不讲究。

其实简单也是一种美，之所以说开发者不讲究，可能是大家没有体会到简单的美好。与其将时间花在穿衣打扮上，不如将时间花在有意义的工作上，这不是一种大美吗？

我们在为开发者做事情的时候，需要想一想，怎么能够将事情做得更简单和直接，怎么能够一下子就让开发者获取超值的内容。

（二）InfoQ 对开发者的理解

大家都知道，InfoQ 具有多年的技术社区运营经验，那么我们是怎么理解开发者的？又是如何为他们提供各种各样的服务且赢得开发者的认可的？这里我也做了一些总结。

开发者的特性如图 25-1 所示。

1 自信
- 技术情怀
- 追求完美的代码
- 对前沿技术的热爱

2 直接
- 凡事不将就
- 对技术的极致追求
- 对内容的高要求

3 开放
- 乐于切磋
- 热衷技术交流
- 热爱社区

4 务实
- 效率至上
- 通过技术解决问题
- 擅于创新

图 25-1　开发者的特性

我们再看看开发者的诉求，这决定了可以通过怎样的内容吸引他们。我们可以把开发者分为两类——技术管理者、一线开发者，两类人的核心诉求是不一样的，如图 25-2 所示。

图 25-2　两类开发者的核心诉求和对应的内容策略

对于技术管理者，也就是企业的技术选型决策者，参加会议的目的更多是验证自己的想法，看看业内其他人的做法，想想自己的团队及技术选型有什么可以优化的。面向这部分高端的、在企业中有决策权和话语权的人，要以趋势和行业发展为大会主要内容。

一线的开发者大多是技术产品的使用者，这部分人都具有极客的属性，非常崇拜技术大神，有 KOL 站台的大会，他们多有参与的冲动和欲望。他们很务实，对于剖析真实技术案例、分享实践经验和坑点的大会，他们都会花时间到现场学习。

针对两类不同开发者，对应的内容策略如图 25-2 所示。

（三）InfoQ 开发者大会成功的奥秘

上述这些道理看起来很简单，但真正去实施的时候，困难重重。因为从所处的行业角度出发，并不是那么容易就能定位出趋势在哪里、哪些最佳实践是开发者真正感兴趣的。只靠团队的一己之力要做到这些，那就更难了。

下面和大家分享 InfoQ 这么多年是如何保障每场大会的高质量和好口碑。这要从我们的初心、定位、内容价值观、会议内容品控说起。

1. 明确的客户价值主张

面向有技能提升需求的企业和个人，应提供实践驱动的、质量高的、体验好的学习产品和服务，如图 25-3 所示。

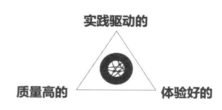

图 25-3　有技能提升需求的参会者的关注点

实践驱动、质量高、体验好，看起来是很简单的三个词，但在会议筹备的全过程中会起到关键性的牵引作用。比如，邀请的专家是不是来自一线，分享的内容是不是从真实的业务场景中提炼出来的，这些都属于实践驱动的范畴；嘉宾分享时是否讲解清晰生动，分享的内容是否实用，都属于质量是否足够高的范畴；而对于整个大会来说，从官网的设计、参会人群的报名流程、会前的通知、现场的签到、展览参观、交流、用餐、会议室的温度到座位安排等，都是由体验是否足够好驱动的。

2. 明确的内容价值观

通过为技术构建生命周期曲线模型,就可以定位出哪些是前沿技术,哪些是跨越鸿沟的被早期大众所接受的技术,如图 25-4 所示。

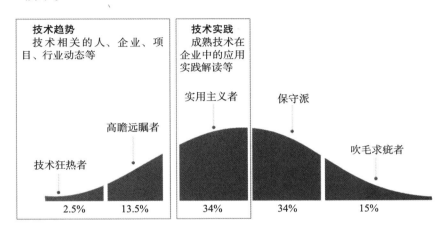

图 25-4 技术生命周期曲线模型

3. 使命及品控

我们是围绕"促进软件开发及相关领域的知识与创新的传播"来确定大会定位的。我们希望通过精心策划的内容,推动软件开发领域的知识与创新可以更广泛地传播,帮助参会企业提升内部的研发效能。大会的内容源于社区,所以在实践方面我们有一定的优势,我们希望能挖掘到国内乃至全球最前沿的技术、最有借鉴意义的技术的相关实践,然后通过大会分享给所有的开发者和企业。

定位清楚之后,就要开始找讲师、定话题了。这个过程主要涉及 3 个层面的人——联席主席、出品人、讲师。

(1)联席主席:需要是业内德高望重的人。他们要有高屋建瓴的见解和格局,能够纵览整个技术周期和行业。他们需要和我们一起设计大会的内容结构。注意,千万不要把联席主席当成"吉祥物"，认为他们挂名就可以了，这样做就失去设置联席主席的本质意义了。

（2）出品人：出品人极其重要，需要是分论坛领域内非常权威的一线的资深专家。他们决定着每一个专场的内容深度及透彻性。主办方要和出品人定期交流探讨，一起把控话题的方向和提纲的真实性和准确性。

（3）讲师：对每一位讲师都要严格把控，不仅要把控分享内容的质量，还要把控讲师的 PPT 思路、技术演讲的风格、在台上的仪态、和参会者的互动技巧等。要花时间和讲师做好沟通，甚至进行专业培训。

我们对要演讲的内容有严格的要求，必须遵循"3 个杜绝、3 个标准"的原则。

3 个杜绝：
- 杜绝产品导向、高频分享的话题。
- 杜绝没有亮点、内容不翔实、过时的技术和案例。
- 杜绝没有触及核心技术的业务型解决方案。

3 个标准：
- 观点明确，实践驱动。
- 专业声誉，不讲广告。
- 对平台、话题有敬畏心，重视参会者收益。

至此对大会的品控就介绍完了，下面我们用图 25-5 来进行总结。

对于厂商来说，如果想发起开发者大会，那么在演讲内容方面需要坚守如下几个原则。

- **干货第一**：观点明确，吸引力强，可帮听众积累知识和经验。
- **实践第一**：以实践为出发点，确保内容是有深度的，内容中要有总结、有方法论，能解决开发者实际工作中的具体问题。

- **少产品宣传**：开发者大会不是厂商宣传的舞台，不要试图在演讲时做任何形式的广告。
- **不要面面俱到**：内容应聚焦于某一个点或者某几个点，然后结合演讲人在专业领域的实践经验进行展开，始终紧扣主题而非面面俱到。

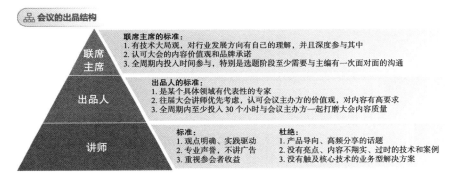

图 25-5　大会品控模型

四、成功因素——InfoQ 北斗七星

下面进入最后一个问题：**哪些因素决定了开发者大会的成功？**

极客邦做了很多年的开发者大会，像 QCon 全球软件开发大会、ArchSummit 全球架构师峰会、AICon 全球人工智能与机器学习大会、GMTC 全球大前端技术大会、CNUTCon 全球运维技术大会及 PCon 全球产品经理大会，这些会议的背后都离不开"InfoQ 北斗七星"，如图 25-6 所示。

第一颗星：专家。

成功的开发者大会需要 3 个关键角色——联席主席、出品人、讲师，他们对内容生产的参与程度和具体的参与方式直接决定了会议内容的品质。对于这部分内容前面已经讲过了，这里不再赘述。

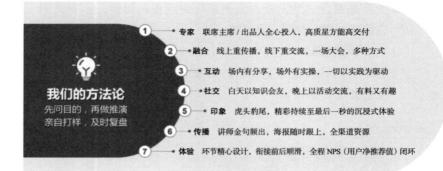

图 25-6　InfoQ 北斗七星

第二颗星：融合。

线上线下相结合，线下的规模做得再大，那也是有限的。在做好大会现场工作部署的同时，需要提前埋伏好线上的全周期传播。线下重交流、线上重传播。

第三颗星：互动。

会场内若只是讲师在做单向输出，那么说明本场大会在内容消化和流通方面没有做到位。要想避免这种情况，需要让讲师在分享时多关注参会者的反应，结合参会者实际感兴趣的话题，去引导一些交流，这样场内的知识流通效果会更好，参会者的收益也会放大。当然，这个环节也需要做一些专门的设计。除了讲师自身的发挥之外，组织层面也要有所准备，比如开场前就告诉参会者大会有充分的答疑时间，大家在听讲的过程中，有任何问题都可及时进行线上反馈等。总之，需要有一些设计让参会者能去思考和提问。

第四颗星：社交。

总是待在会场听分享，是一件很费脑子的事情，所以主办方需要给参会者创造各种各样的社交环节，促进参会者彼此之间的沟通。也就是说，要在场地内给大家一些构建"志同道合"圈子的指引。这类似于上学期间的"读书一角""英语一角"等，可让参会者在会场内根据指引自发地进行交流、互动。

第五颗星：印象。

通过活动的亮点让参会者留下好且深刻的印象非常重要。亮点能够在开发者社区中形成积极正向的传播。可以从两个方面设计大会的亮点。

（1）**技术"大神"**：上面提到过，一线的开发者大多是技术、产品的使用者，有极客属性，非常崇拜技术"大神"。所以如果能请到技术"大神"来分享，那大会就会自带亮点了。如何判断一名讲师是否达到了"大神"的段位？一是看其在相关领域内是否有专业性和权威性，衡量标准包括但不限于年龄、工作履历、职位、作为第一作者的出版物的口碑等；二是观点，对于所选主题是否有充足的经验和思考，对于相关领域问题是否有自己独特的观点和洞察。

（2）**峰终定律**："一场大会体验的好坏基本取决于两个时刻——最高峰时刻和结尾时刻，其中结尾时刻会直接影响客户的记忆和观感。"这是由诺贝尔经济学奖获奖者、心理学家丹尼尔·卡尼曼提出的峰终定律。举个例子，因为人都是感性的，若让你来评判一场大会是不是精彩，你不会把对大会所有瞬间的感受加起来然后取平均值，而会基于高潮和结尾处的感受来综合评价。要提高开发者对大会的满意度，需要从如下3个方面入手。

- ❏ 避免出现较大的负向峰值。
- ❏ 提升正向峰值。
- ❏ 保证客户离开前有好的体验。

提升正向峰值的逻辑就是让观众在听演讲时有豁然开朗、醍醐灌顶的感觉。通过精心安排的晚宴、交流活动，或者用心准备的礼物等可以让开发者在离开时提升满意度。

第六颗星：传播。

这里所说的传播，更多指的是参会者的自传播。在设计大会现场的各个环节时，需要认真琢磨如何让参会者、讲师、合作伙伴自传播，哪些内容、布展、参会流程、体验是能够打动参会者的。对每个环节都要进行深度思考。一场用心准备的大会，是能被参会者感知到的。

第七颗星：体验。

所有与大会相关人员的体验和感受，我们都需要关注。我们不仅需要重视来到现场的客户、领导、讲师、参会者的体验，还要重视媒体、渠道、供应商、会议工作组等相关人员的体验。客户、领导、参会者，不用多说，我们基本都会接待得非常好。

关于讲师的体验，其好坏不仅取决于前期的内容沟通过程、现场的接待过程及伴手礼，还取决于分享完后的相关环节：在表示感谢的同时，如果将参会者对讲师内容的评价、具体的反馈、打分情况等都真实地反馈给讲师，我相信企业在讲师心目中会有加分。

关于媒体、渠道、供应商等大会共创者的体验，是大多数企业会忽略的。这些群体支撑着大会现场的效果、场景、环境和传播声量。所以要让大会成功，就要保证这些人有好的体验，要让共创大会的这些关键角色都明白大会的意义，要让他们意识到自己的使命和所承担角色的重要性。

当然，还有一个很重要的群体——会议工作组的人，不论是领导还是负责内容、公关、传播、组织等具体工作的一线同事，大家的体验都是至关重要的。大会前的动员会不能少，会中的复盘和阶段性的小庆功不能少，一切仪式感的设计都能派上用场。办过大会的人都知道，筹办大会期间会议工作组的人都很辛苦，这时候企业若能针对会议工作组的人花点心思，可能最终大会呈现出来的效果就不一样了。

好了，我们做开发者大会的看家本领已经和盘托出了，剩下就是大家在实践中去探索和体验了。最后，分享一句话："为你热爱的、追求的，大费周章。"

26

To B 大会的传播方法论

——朱强

朱强 To B CGO 创始人兼 CEO，虎啸奖评委，国际 4A 资深创意人，支付宝认证讲师，ABM 增长研究院理事，To B 营销专家。专注于 To B 领域高管社群运营与 To B 内容营销。

To B CGO 举办过多场大会，都取得了不错的成绩，很多人都好奇我们是如何做到场场成功的。本文就来解读我们做 To B 大会的一些心得体会。

一、人们接收信息的习惯

我们先来看看人们接收信息的习惯。我认为人们接收信息的过程可分为 4 个阶段。

（1）**获知片面信息**："啊？发生什么啦？"

（2）**寻求更多信息**："为什么会这样啊？"

（3）**得到情感满足**："原来如此，这太棒了／太感人了／太让人气愤了！"

（4）**主动分享**："我要让更多人看到！"

比如，我们曾在某次大会之前写了一篇宣传文章——《再见！To B 市场部》，人们读这篇文章的体验过程如下。

（1）**获知片面信息**："啊？To B 市场部要没了吗？"

（2）**寻求更多信息**："为什么啊？在获客困难时，To B 市场人没有屈服，努力尝试新的获客方式，为了获客可以'做牛做马'，最终熬了过来。"

（3）**获得情感满足**："这就是我们自己的真实写照啊！"

（4）**主动分享**："我要转发出去让更多同行看到！"

大家看到了吗？我们基本上就是按照这个习惯来接收信息的。所以我的传播方法论就是，根据人们接收信息的习惯，对信息（此处把"信息"换成"内容"也行）反复打磨，打磨到极具传播性，然后选好渠道，按照良好的节奏传播出去。

大多数市场人的短板不在传播，而在信息的打磨，他们不知道怎么把信息（内容）打磨得极具传播性。如果能先把这件事做好，那传播的工作会轻松很多。

二、我的信息打磨方法论

怎么打磨信息（或内容）呢？接下来就来介绍我的方法论。根据人们接收信息的习惯打磨内容的方法如下。

1. 单一信息，穿透脑海

确保第一时间吸引目标受众的注意力，直接穿透脑海，让他想立刻一探究竟。如果是推文，那这个单一信息就是标题；如果是视频，那这个单一信息就是开头前 3 分钟；如果是音频，那这个单一信息就是开头前 30 秒。打磨这个单一信息有两个原则。

(1) **信息极简**（见图 26-1）。

- **用最易懂的词汇**。能用让 1 万人都懂的词汇就千万别用只能让 100 人懂的词汇。对于 To B 圈的大会主题，人们特别愿意用"数智化浪潮"等词汇，这就是典型的只能让 100 人懂的词汇。按我的理论，直接换成"换代"会更好，这样可以确保能听懂的人更多。
- **用最少的字数**。能用 5 个字就千万别用 8 个字，确保目标受众在最短的时间内接收到你的信息。To B 圈内的大会宣传推文的标题特别喜欢用很多字，如"数智化浪潮：第八届 CIO 峰会隆重开启"，按我的标准，应直接换成"CIO 掀不起浪潮"。
- **用最单一的内容**。别想着一开始就把所有内容全塞进目标受众脑海，这是不可能的，开头只释放一条最有吸引力的内容就够了。

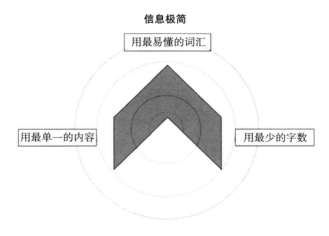

图 26-1　信息极简示意图

(2) **极具吸引力**（见图 26-2）。让内容极具吸引力的原理就是顺从大脑接收信息的偏好。大脑喜欢接收感性信息，不喜欢接收理性信息。

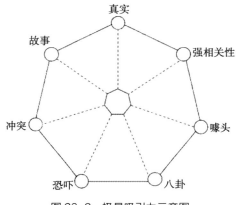

图 26-2　极具吸引力示意图

- **强相关性**。不管是什么类型的信息，只要跟目标受众相关，目标受众就一定有兴趣看。当然了，这个相关性也有强弱之分，比如"金牛座的 25 个特点"对我这个金牛座来说仅算中等程度的相关，但是"社群运营死于昨天"这种信息，我马上就会看！
- **噱头**。人是特别愿意凑热闹的动物。有噱头就有兴趣，比如"某某公司年薪 200 万录用应届毕业生"就很容易带来阅读量。
- **八卦**。八卦说到底刺激的是人们猎奇的本性，每个人都会对新奇的事物感兴趣。这里需要特别提醒大家的是，不要认为八卦专指情感八卦，实际上八卦范围很广，比如还可包括职场八卦（某某企业高层调动、某某 CEO 低调离职等）、技术八卦等。
- **恐吓**。会让人产生担忧、恐惧的内容也会获得更多关注，比如"必须知道的诱发癌症的 5 个坏习惯"。

- **冲突**。人们都喜欢带有一定冲突性的内容，比如"正义人士正面对抗不道德行为""员工直怼做事不公的 CEO"等。
- **故事**。大脑天生喜爱故事，所以我们应尽量用故事来呈现内容。另外，一切内容都是可以故事化的，只是大家没有意识到而已。
- **真实**。"起底×××内幕""×××纪实"类似这样的真实内容，其本身就很吸引人。

2. 释放更多信息

当你完成第一步打磨之后，这一步其实就简单很多了，大家只要遵循一个原则就可以：**按照受众对信息关注的程度来释放信息，最受关注的放最前面，其他内容依次往后排**。比如大会的信息，最受关注的就是演讲嘉宾是谁、演讲内容是什么、在哪里开会等，如图 26-3 所示。

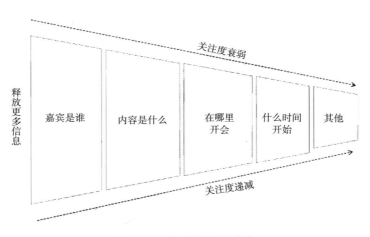

图 26-3　内容受关注度排序

3. 满足情感

要确保目标受众在接收更多信息之后能得到情感上的满足，

要打动他，征服他的心，他才会愿意把信息分享给更多人。情感可以是虚荣心、归属感、缓解焦虑、荣誉感、成就感、幸福感等，如图 26-4 所示。

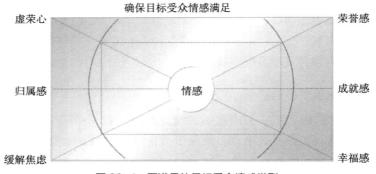

图 26-4　要满足的目标受众情感类型

4. 引导分享

如何引导客户完成分享，实现消息裂变式传播？我认为可以从如下两个方面进行。

（1）**感性驱动**。其实这一条在上面已经介绍过了，满足目标受众情感需求之后，他们就会愿意分享。

（2）**理性驱动**。解决完目标受众愿意分享的问题后，还要解决"他们愿意马上分享"这件事。这就需要用即时性利益来驱动他们，这种利益多种多样，但总体可以分为如下两类。

❏ **即时性**。这种利益必须在分享之后及时获取或是在很短的一段时间内获取。

❏ **关联性**。这种利益一定跟目标受众高度关联，否则很难产生驱动作用。你无法用几包面巾纸驱动企业高管转发你的信息。

关于引导目标受众主动分享的过程和方法，可以用图 26-5 来完整展现。

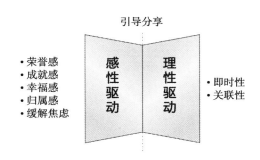

图 26-5 引导目标受众分享方法论示意

三、让大会的每个环节都成为内容

下面我们来讲大会的传播方法论。其实在我看来,大会的传播,就是把打磨好的与大会相关的所有内容按照一定的顺序传播出去。

对上述内容达成共识后,要做的第一件大事就是**让大会的每个环节都成为内容**。

大会本身就是一种内容,需要打磨到极致。打磨的方法:从目标群体出发进行洞察,从洞察中提炼普适性主题,根据主题做视觉设计、演讲内容设计、大会环节设计。一环扣一环,最终让呈现出来的大会打动人心。

比如 To B CGO 的重生大会,我们从 To B 市场人群体出发找大会方向。To B 市场人经历了裁员、获客渠道被封等事件,最终挺了过来,这种死而复生、不屈不挠的精神是我们找到的方向。我们将这种方向提炼成普适性[○]主题——重生。考虑到人们一提到重生就会想到凤凰,所以大会视觉根据凤凰来设计。演讲内容也围绕着"重生"后的 To B 市场人所需要学习的板块来设计,然后邀请相应的演讲嘉宾。这样一环扣一环,从里到外、从始至终,才使得

○ 所谓普适性,就是这个主题能让所有人一眼就看懂。

大会能打动参会者。

接下来就是庖丁解牛般分解大会的各个环节，将各个环节都打造成极具吸引力的内容。这里多说一句，很多时候人们不知道怎么宣传大会，不是因为大会不好，而是因为挖掘不出太多可宣传的内容。

大会通常都会涉及下面这些内容。

- **场地**：主会场、餐厅、赞助商展厅。
- **物料**：购票礼盒、胸卡、手写信、明信片、盲盒、用餐卡、圣诞树、荧光棒等。
- **人员**：嘉宾、主持人、工作人员、志愿者、脱口秀演员、乐队成员等。
- **餐饮**：中餐、晚餐、热餐、冷餐。
- **娱乐项目**：开场点灯仪式、脱口秀、乐队表演、DJ 表演。

上述每个环节都能单独制作成传播性极强的内容，重点就在于怎么制作出来。所以这时候就要用到"朱氏传播理论"，下面我们拿 To B CGO 重生大会的整体宣传内容为例来给大家做个拆解。

（1）**单一信息，穿透脑海**。既然是推文，首先关注的肯定是标题，请记住"朱氏传播理论"第一步落地的两个小原则：**信息极简和极具吸引力**。"信息极简"很好理解，也很好操作，但是"极具吸引力"不太好操作，需要大家反复练习才可以实现。下面看看我是怎么做的。

我发布了 3 篇内容，具体如下。

- 《再见！To B 市场部》，这是明显的恐吓，让人觉得 To B 市场部要完了。
- 《有销售，没市场》，这是冲突、对立，火药味够浓，目的是引发大家的兴趣。
- 《一个被内定辞退的 To B 市场总监》，这明显是八卦文，勾起客户的好奇心。

开头传达的"单一信息",可以按照自己的喜好和需要随意设计。

（2）**释放更多信息**。受众最想看什么,就先把什么放前面。对于参会者来说,嘉宾、内容、时间、地点,这是他们最关注的。

（3）**满足情感**。其实《再见！To B 市场部》这篇推文写下来,满足了很多种情感,无论是 To B 市场人的归属感、大会带来的惊喜,还是其他感情,基本上都满足了。

（4）**引导分享**。如果第三步做得好,已经可以驱动一部分人转发了,但是这只是感性驱动,还不够,必须有理性驱动。这篇文章里设置的理性驱动要素就是转发、点赞、送门票。

下面再来看看针对大会拆解出来的各个环节,我们都做了哪些内容。

- **场地（大会场地）**:《不要办大会!》
- **娱乐项目**:《他们说 To B 人不会玩》
- **人员（嘉宾）**:《Battle 即将开始！Bonnie 出战！》《Battle 即将开始！赵岩出战！》
- **场地（VIP 晚宴场地）**:《不要去五星级酒店办 VIP 晚宴》
- **人员（脱口秀演员）**:《To B 行业容得下脱口秀演员》
- **人员（参会者）**:《To B CGO 大会参会企业名单》
- **物料（盲盒）**:《大会盲盒,人手一份》
- **人员（媒体合作伙伴）**:《天下 To B 媒体是一家》

四、让大会的每个人都愿意传播内容

大会传播要做的第二件大事：让大会的每个人都愿意传播内容。

其实相对于渠道的传播,我更注重人的传播,我总是想方设法鼓励每个人心服口服地来传播。在大会的传播方面,我们主要驱动4类人来传播大会（你必须把大会要传播的内容打磨到极致，再进行这一步，否则事倍功半），如图26-6所示。

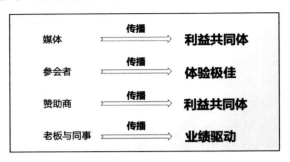

图26-6　我看重的传播大会的4类人

1. 老板与同事——业绩驱动

做大会，首先就是动员自己企业的老板和同事共同为大会宣传。动员有两种方法——自下而上和自上而下。

（1）自下而上：需要平常跟销售部、客户成功部甚至研发部打好关系，但本质上还是要阐明这场大会对大家的业绩有什么帮助，否则再好的关系也很难驱动。协调好各个部门之后，大家再反向影响老板，让老板意识到这场大会很有价值，对业绩会有帮助，驱动他主动宣传。

（2）自上而下：按我以往的经验，在策划大会的时候就应请老板参与进来，这样他可以充分理解大会的价值，这也会驱动他主动传播，进而引导甚至下令全体员工共同传播。

当然了，无论是哪种动员方式，在进行协调的过程中，难免会遇到困难。我们做传播，就像管道工人疏通管道，要"扛着"信息，一点一点疏通拥堵的传播管道，以求把信息从这头成功送达另一头。疏通的过程中也许会突然跳出来一个"预算紧缺"，你解决后，又遇到一个"同事不配合"……直到最后，经过一路的磕磕绊绊，才会将信息送达目的地。

2. 赞助商——利益共同体

做大会，千万别认为这个大会仅跟你们公司有关，要从参会者群体角度出发，思考除了你们公司需要从这个群体中挖出生意外，还有哪些企业、生态伙伴也需要从这个群体中挖出生意。有需求的企业、生态伙伴都是你们潜在的赞助商。

找到赞助商，洽谈好合作细节之后，一定要协调其传播大会的内容，因为大家是利益共同体，大会的传播做不到位，参会者到场率不够高，大家的收益都会受影响。

3. 参会者——体验驱动

驱动参会者传播靠的一定是体验，只有大会体验做到一定程度，参会者才会愿意主动传播大会内容。对大会体验的设计主要从横向维度（大会运动线）和纵向维度（五感）展开，如图 26-7 所示。

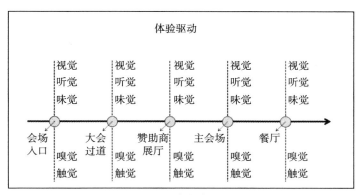

图 26-7　大会体验驱动示意

我们可根据图 26-8 所示维度来设计体验相关环节：主办方 CEO 在签到的时候站在会场门口迎接参会者并与之握手；参会者到了展位区还会有人过来采访，到了室内会场门口可以领取盲盒，进入室内会场还能看到小提琴表演。这一系列的体验叠加在一起，最终会驱动参会者主动传播大会内容。

4. 媒体——资源置换

驱动媒体来传播大会内容本质上靠的是资源置换，媒体人员有自己的 KPI，也有对内容进行报道的需求，更有增强自家媒体影响力的需求。如果你能用自己的曝光资源、内容资源等满足媒体人的需求，那么他们很愿意帮助你传播大会内容。

讲到这里，基本上我就把要讲的都讲完了，下面再补充一些需要注意的细节。

- **大会传播内容的先后顺序**：开始阶段的传播一定不能求全，一定要从一个简洁但非常有力量的信息开始传播，争取用最短时间穿透受众脑海，然后逐渐释放更多信息。
- **大会传播内容的密度排布**：在关键时期内发布内容的密度必须足够大，一波接一波，切忌"细水长流"。受众对大会的期待、活动的热度，都需要在短期内达到高潮，战线一旦拉长，热度就难以维持了。

管 理 篇

27

中小 To B 企业市场部搭建指南

——谭彬

谭彬 星环科技市场总监，拥有工学、军事学、管理学、文学 4 个专业的学位。长期供职于 IT 行业，在两家 10 万人规模的外企和国企工作近 10 年。

我入职星环科技的前 32 个月里，做的事情多且杂，但基本都与市场部相关。现在回想起来，我的工作犹如在拼图，一块块图片逐个补齐，现在差不多可以拼成一幅比较完整的画面了。一家拥有 500 人的软件公司，其市场部的工作内容和人员组织架构搭建工作已经初步完成了。

坦白地说，在此之前，我并不是非常清楚在一家成熟的公司里，市场部是如何构成的，也不知道市场部具体的工作内容和职责是什么，毕竟我之前的工作主要涉及的是技术、管理和商务，即使和营销相关，也是产品营销和技术营销。这些和市场营销差别是非常大的。

虽然读 MBA 的时候有市场营销等课程，但是这对在企业中实际落地应用的帮助并不是很大。所幸这两年我在老板的指导和同行的帮助下，快速完成了从信息吸收到落地转化的过程。

创业公司或者中小型公司由于受业务和规模的限制，在市场部的配置方面和大型成熟公司存在较大差异。姑且不说身兼多职，仅在资源有限的情况下，如何制定工作的优先级，两类企业就有明显差别。所以即使是成熟公司的市场宣传经验，在中小型公司中也不一定能够直接应用。

为了避免引起不必要的误导，我把本文的适用范围圈定得小一点：**To B 领域的 IT 创业企业**。C 端和 B 端客户决策流程差别很大，这对市场部的行为影响也是非常大的，所以 To C 企业不在本文的讨论范围内，但是这并不意味着本文讨论的某些内容不适用于 To C 企业。

一、组织架构

一个组织的建立，必然离不开人。人员费用开支，是一个部门的第一笔开支。所以我们先从人说起。

我觉得一家公司市场部最基础的人员配置如下：

- 1 位活动执行人员。
- 1 位媒体关系与内容撰写人员。
- 1 位设计人员。
- 1 位团队领导者。

其他应急性的工作可以由实习生来解决。随着工作内容和职能的增加，市场部可以不断加人。

从组织架构和职能角度来看，市场部的工作分成市场活动、品牌（媒体）与内容、技术市场与产品市场三部分。在大公司里，这些工作通常是由 3 个部门负责的。市场活动划分在市场部；品牌（媒体）与内容划分在公关部；至于技术市场与产品市场的内容很多公司不会单列出来，比如 Intel 把这部分工作放在研发体系里，而某些 IT 企业会由售前和研发部门覆盖。（因为这部分内容对人员有一定的技术背景要求，符合条件的人较少。）

除了上述三部分工作，其实市场领域还有另外两大部分工作——数字营销和战略市场。上边没有列出来这两项，并不是说创业公司不需要它们，而是我认为，在创业初期不需要为它们单独成立团队，把相关工作拆分到不同团队里会是更好的选择。比如，前期由市场部利用 SaaS 工具进行数字营销工作，当公司发展到 C 轮或有一定规模的时候，再设立数字营销岗位。

至于战略市场，那就是另外一个故事了。创业公司面对的市场变化极快，这就要求公司的变化速度最好超过市场变化的速度，至少要跟上这个速度。在创业公司中，创始人是公司变化的掌舵人。创业公司之所以是创业公司，就是因为创始人发现或创造了一块新的市场，他们的灵敏嗅觉引领着公司发展。所以战略市场在创业公司里通常由创始人负责。

二、市场活动

在加入星环科技的前 32 个月中，我参与的大大小小的活动超过 200 场。我为什么参与这么多活动？我认为市场活动有诸多好处：

（1）传递公司希望传递的信息。

（2）在行业和目标客群中树立或加强品牌和产品的影响力。

（3）帮助一线人员快速拓展业务。

那么成功举办市场活动有什么技巧呢？我们从以下 4 个方面来介绍。

1. 举办地点

从举办地点来看，市场活动分为线上活动和线下活动两种。

IT 企业，特别是小型 IT 企业，做线下活动的比较多，做线上活动的很少。等公司发展到一定规模之后，线上活动的比例才会逐步上升。线下活动的好处很明显，比如很容易分辨对方是不是目标受众，面对面的沟通容易鉴别出对方是否为有效销售线索。若对方是有效销售线索，就可以马上建立联系。另外，线下活动对品牌宣传也有好处。但是，线下活动会受时间和空间的限制，而这会直接影响覆盖的人群。

线上活动则不受时间和空间的限制。做一场线上活动，任何人都可以通过网络接入。线上活动的缺点也很明显，比如，除非做成小型会议或者让用户完成会前注册，否则很难与用户进行一对一沟通。另外，对于创业型公司而言，如果品牌不够强、会议主题没有足够的吸引力，就无法吸引到足够的用户参与线上活动。

对于创业公司及其他中小型 To B 企业，建议早期还是以线下活动为主，当具备一定实力，比如有一定体量的客群后，再通过线上活动来进行分裂传播，以求覆盖更多人群。

2. 主办方

从主办方的角度看，活动可分为外部活动和自办活动。

外部活动包括综合性会议、行业会议（一般由行业协会主办）、技术会议（各类技术峰会、沙龙等）。企业参与这类活动的方式基本上分为两种：因为企业具有一定的影响力，所以被邀请参会；因为要借助大会的影响力，所以掏赞助费主动要求参会。

对于小型创业公司来说，除非创始人有足够的行业影响力，否则大部分是通过赞助的方式进去的。外部活动每年都有很多场，即使是同一个领域的大会也会有不少。辨别某场活动是否值得参加，是市场人员需要具备的技能。

毫无疑问，花钱的事情都是要看 ROI 的。花钱去赞助会议的目的是什么？开拓新行业，宣传新产品，巩固已有的行业影响力，展示实力，纯粹做品牌，有目标客户参会，考虑好目的之后再选择不同的参与方式。每个主办方都会声称有业内某著名大咖来参加，但是企业的预算是有限的，所以不可能每场都参加，更不可能每场都成为铂金赞助商。准确评估会议的含金量，做到恰到好处的资源投入，也是市场人员需要具备的技能。

自办活动分为综合性会议（比如客户大会、答谢会等）、行业会议、区域会议（全国巡展、区域培训等）、技术交流会、公司展会 / 标杆客户参观会、培训，等等。在过去的 32 个月里，我们部门靠 1.5 个全职人员成功举办了如下活动。

- 2 届客户大会（第一届 800 人，第二届 1000 人）。
- 4 场行业会议（一场 300 人，其他为定向闭门会议）。
- 39 场全国巡展（覆盖 19 个省份 21 个城市 5000 余人，其中近 30 场出席人数超过 140，4 场超过 300）。
- 1 场技术交流会（线下限制 100 人，线上数百人）。
- 若干次公司展厅参观，若干次培训。

之前以为自己办活动是理所当然的事情，直到和很多同行交流后才发现，并非如此。同行们都惊讶于我们自己可以举办大会，而我则惊讶于他们自己没举办过大会。这大概就是半路出家的好处，没有思维的限制。通过尝试我发现，举办大会并不是只有成熟公司才可以，创业公司也可以。

自己举办大会的好处很多，具体如下。

（1）**秀实力**。前面已经说过同行的反应了。其实在客户和合作伙伴的心目中也有类似的想法。大部分人都认为创业公司客户数量不够多，实力不够强，所以无法举办大会。正因为如此，如果你能够自己办一场有一定规模的会议，并且获得成功，那么就可以在客户和合作伙伴心中提升你的公司形象。

比如我们曾经办过一场券商基金行业会议，由于我们议题设置得很有前瞻性，销售人员也很给力，从全国各地来了很多客人。当时有客户就来问我们，是不是已经把这个行业的客户做得差不多了，市场份额占比是不是很高。其实当时我们在这个行业的市场份额还不到10%。大会之后，销售人员再进行市场开拓明显容易不少，拿下了不少标杆客户。

（2）**成本低**。很多人都认为自己举办大会成本太高，其实恰恰相反。比如上边介绍的我们举办的券商基金行业会议的成本，只有我们赞助同类型会议成本的一半。一般来说，全国巡展都只有半天的会议，成本通常只有场地费、物料费、人员差旅费，在二三线城市做这样一场活动只需要几千元。当然，这是指所有流程都由我们自己操办。若是由专业的会务公司操办，还需要加入会务公司的费用，这个费用可能是自己操办一场活动所需成本的10倍。最早的时候我们也用过会务公司，这种方式最大的好处是省心省力，唯一的缺点是贵。对于创业公司来说，节流是必要的（虽然没有人要求我们节流，但是本着能省则省的理念，还是要尽力去省钱），所以可以自己操办就尽量自己操办。但是千万不能以牺牲活动档次为代价，也就是说活动的气势必须要做足。毕竟来的都是你的潜在客人和合作伙伴，如果大会很寒酸，别人会觉得你们公司经营不善，那就适得其反了。

举个例子。我们曾在长沙举办过一次半天的会议，场地选在了某五星酒店，费用为4000元（可以容纳100多人），物料费1100元（6个易拉宝300元，印刷品800元），礼品3500元（按150人份算，还包括抽奖所用奖品），不算差旅费的话成本为8600元左右。

酒店自己谈，物料礼品淘宝订。如果找会务公司，需要付不菲的服务费，另外各种物料也会比自己准备贵很多，同时还需要支付会务公司人员的差旅费。大公司受制于采购流程，未必可以采用自己操办的方式,但是创业公司可以。

(3)**内容可控**。这是自己办活动最大的价值所在。你们可以根据活动目标定制会议演讲内容,自己的场子自己做主。比如我们,虽然一直在做全国巡展,但是每个地区的内容、每一轮的内容都是不一样的,目的也是不一样的,有的是为了招募合作伙伴,有的是为了推广新产品……至于行业会议,那就更好了,我们可以把自己的产品案例充分融入整个会议中(并不是从头到尾都讲自己的产品,那样的会议没有人愿意参加)。

(4)**数据库更新**。这其实属于数字营销的范畴。通过会议和互动,可以不断补充和优化客户数据库和客户画像。这些工作都有现成的SaaS工具可帮助完成。如果是参加第三方会议,只能收集到部分客户的信息,而这些信息是否有效还很难说。

当然,自己办会也有缺点,最主要的问题就是要解决客人从哪里来的问题。解决这个问题的办法有不少,比如找第三方公司帮忙进行电话邀请。但是我不建议每场都这样做,一是因为成本高,二是因为第三方公司不能非常透彻地理解公司情况,也不能准确理解公司的产品和目标客户,电邀效果自然不能尽如人意。

我们建议这样做:若是自己的销售人员给力,那就自己邀请客人;如果销售人员不够给力,那就找一个给力的合作伙伴一起做;如果这两点都做不到,那么你的公司未来发展堪忧……当活动做到一定数量后,市场部的数据库就会很充盈了,此时销售人员就完全可以自己来做电邀了。

通过实践我们得出这样的结论:一位经过培训的实习生进行电邀的成功率为10%～15%。

3. 活动结束之后的评估

对于外部的活动,需要评估收到的销售线索是否有效、会议质量是否够高、下一年大会是否需要参加、会场设计水平是否足够高等。

对于自办的活动,需要评估会议人数是否达到预期、参会人员反馈是否够好(包括对产品、案例及会议本身的反馈)、销售人员实现的成单和潜在成单是否够多等。

4. 人员配置

从人员配置来看,早期的公司配置一个干活麻利、遇事机灵的年轻人即可。

比如我们公司早期的时候,只有一个实习生跟着我做,他完全可以应对当时的各种工作。我们公司在成立第四年的时候才设立市场活动专员这个岗位,前面都靠实习生和商务助理来兼职应对各种问题,公司规模扩大了以后才需要有经验的人员做复杂的协调和沟通工作。

三、品牌建设与内容

与品牌相关的工作不像活动那样 ROI 明显,在活动中,老板很明确地知道自己花了多少钱,还知道这些钱达到了什么效果,比如加深了客户关系、产生了商机。

品牌建设的效果与公司领导的观念密切相关。如果公司领导重视,那么这块内容就比较好推进,如果不重视,甚至都不愿意配合,那么这块工作推进起来就很困难。比如,公关已经联系好某著名媒体来对老板做专访,结果老板不愿意抛头露面,公关能怎么办?无论是大公司还是小公司,做品牌相关的工作时都会遇到同样的困扰。

从我的经验来看,对于创业公司而言,无论领导支持程度有多高,下面这几件事都是必须要做的。

❑ 持续产出内容。

- ❏ 建立媒体关系和软文发布渠道。
- ❏ 建立公司自有媒体体系。
- ❏ 建立公司的视觉体系。
- ❏ 关注第三方机构评价（如研究报告、榜单）。

如果领导愿意支持更多，那么可以再多做一些事情。

- ❏ 建立 EDM 分发机制（隶属于数字营销模块）。
- ❏ 对客户进行画像（隶属于数字营销模块）。
- ❏ 进行舆情监控。
- ❏ 落地 SEO（隶属于数字营销模块）。
- ❏ 建立内部实时通信机制。
- ❏ 进行社群运营（隶属于数字营销模块）。
- ❏ 进行广告投放（隶属于数字营销模块）。

在 C 轮之前我们只做了上面所说的必须做的工作，在 C 轮之后逐步展开了第二部分工作。

换个角度看这部分工作，其实只做了两件事——持续产出各种内容和通过网络渠道把内容分发出去。相比之下，市场活动主要是将这里产出的内容通过线下及线上的渠道传播出去。

下面我们针对品牌建设的相关事宜进行详细介绍。

1. 持续产出内容

之所以把持续产出内容放在第一位，是因为没有内容，后面的其他工作都无法展开，内容是所有后期工作的基础。有了内容，你才可以通过不同形式进行传播。

很多公司的市场部把工作重点都放在了传播上，而非制作内容上，这是一种错误的做法。我之前和媒体以及同行交流的时候，他们都惊讶于我们的市场部同事可以把技术内容说得头头是道。这其实源于我对负责媒体关系的同事的要求和其他公司的不一样，我要求我们的市场部同事必须具备持续产出专业内容的能力。做媒体关系固然重要，但是和媒体老师谈什么更重要。作为一家并不是很有钱的创业公司，没有那么多预算可供市场部使用。在这样的情况下，如何在众多公司的市场人员当中脱颖而出，吸引媒体老师？是否懂内容成为重要的影响因素。我们靠这个思路被多家主流媒体报道过。一家公司应产出的内容有很多种。

（1）**新闻**。比如产品发布的新闻、某某领导来参观的新闻、某某知名客户签单或者战略合作的新闻等。这些内容实习生都可以撰写，可长可短。

（2）**案例**。这个类似于通讯稿。这类内容的核心思想是"××客户遇到了××问题，在用了我们的产品后，构建了××解决方案，带来了××效果"。案例的效果比新闻好，案例既可告诉大家××是你的客户这件事，又可用"现身说法"的形式告诉大家，××用你的产品得到的效果很好。隐含的下一句话就是"你要不要考虑用一用啊"。案例可长可短，可以是纪实故事，也可以是概要性文章。

（3）**技术文章**。行业发展趋势报告、产品白皮书、解决方案白皮书、技术分析文章等都是技术文章的展现形式。这类文章通常要和 CTO 或技术团队联合出品。但是切记，不能完全由技术团队撰写，因为他们写出来的文章很可能因过于专业而显得枯燥，甚至让对方看不懂，那就一定不会得到读者的认可。

2. 内容投放

有了内容以后，接下来的工作就是投放了。常规的投放方法，因为相关的图书或者文章很多，所以这里就不再重复了。这里重点介绍如何构建企业的自有媒体渠道。

通常创业公司的老板觉得有了官网和微信公众号，然后安排一个专职人员负责运营就足够了。这种想法是不对的。如果哪天微信公众号的玩法变了，或者大家都不用微信公众号了，该怎么办呢？而且，微信公众号局限在微信生态圈里，如果你的客户想通过搜索引擎来了解与你相关的内容，那么他是看不到你在微信公众号上发的内容的，这就会白白损失一大批客户。

我的思路是，既然内容已经完成制作，同时自有媒体的投放成本几乎为 0（除了人力成本），那么完全可以把相关的自媒体渠道都打通，根据设定好的规则，将不同的内容投放在不同的渠道，让内容的价值最大化。

自媒体打通以后，只需要招募一个实习生负责排版就可以了。如果企业预算比较充裕，还可以招募一个有经验的新媒体运营人员，让他负责对不同的渠道进行优化，尽可能覆盖更大的人群。

现在自媒体渠道非常多，仅针对长文章的自媒体渠道就有微信公众号、头条号、搜狐号、一点号等。所以，要对这些渠道分类运营，因为不同的渠道有不同的玩法。比如，在头条号上，要更注重标题和关键词的设置；在微信公众号上，内容和标题都很重要；至于微博，因为每天发布的消息不限条数，所以非常适合做活动推广。

如果多媒体内容做得好，还可以考虑腾讯视频、抖音等新渠道。如果想要优化搜索引擎关键词，那么与搜索引擎相对应的自媒体号一定要开通，比如做百度搜索优化，就要开通百度百家的账号，因为百度搜索对百度百家的内容格外友好。

除了上面这些以单向投放内容为主的渠道外，百度贴吧、知乎、百度百科等渠道都需要运营。

3. 视觉体系

对于创业公司来说，视觉体系也是不容忽视的部分。

除了公司成立之初就会做好的 Logo 之外，公司的整个视觉色也是必须要确定的。比如你的公司主色调采用了科技蓝，那么公司的所有物料用色都要围绕着已经定义好的色系和几种蓝色来展开。

Logo 的颜色也是有相关规范的，不可以在这个场合用蓝色，在另一个场合用黄色。不要认为公司中所有人都知道并会自觉遵守 Logo 使用规范，我们在实践中发现，不少同事会根据自己的需要随心所欲地变换 Logo 的颜色，这容易引起外部人员对企业品牌色的混淆。

比如，To B 的 IT 创业公司青云（QingCloud），其品牌色是绿色，除了物料全部是绿色系外，其公众号上排版用的也都是绿色系，这说明青云负责这方面工作的同事非常注重细节。To B 领域的创业公司一定要从创业之初就注意这些细节问题。

可能你觉得对于一个初创公司来说，上述这些不是很重要，因为别人连你是谁都不知道呢，根本不会关心你的视觉设计。道理是没错，但是谁又能肯定在未来的某一年，你的公司不会如 IBM、Tiffany、爱马仕一样成为著名的公司呢？

视觉色系定好后，公司简介手册、白皮书、易拉宝、PPT 等一系列印刷品、宣传品就可以有一套完整、规范的形象了。

4. 第三方合作机构

对于创业或中小 To B 企业来说，第三方机构的评价非常重要。

我们有个合作伙伴，一直比较低调，产品做得不错，销售们也很勤恳，客户也挺多，但是和大多数技术公司一样，他们没有投入资源在品牌宣传上。这导致很多客人没有听说过这家公司。这给销售们开拓市场带来了很大困扰。

从 2020 年开始，这家企业开始在宣传方面投入大量资源，其中一部分业务是和业内知名的咨询公司合作。自此这家公司频繁出现在各类分析报告、榜单上，知名度一下就上去了。加上这家公司做事本来就比较踏实勤勉，所以业绩开始大幅度增长。自己说自己好是不够的，得让别人说你好，特别是在品牌还没有完全建立起来的时候。

5. 对内宣传

除了上述那些对外宣传的工作外，对内宣传的工作也很重要。成熟的公司里有内网，上面会有各部门的新闻，以及各类针对全公司的简报、大老板给所有员工的信等。

创业公司因为人员较少、机制简单，组织架构扁平化明显，所以大部分人都认为没必要做内部宣传。我不这么认为。大家都知道，创业公司非常需要用"前景"这张大饼维系员工的工作热情，也就是需要不断有好的消息发出来，以激励团队拼搏。早期员工可以从老板那里不断获得一个又一个好消息。但是当公司发展到B轮融资之后，规模很有可能超过200人，这时候组织架构再扁平，也需要一定数量的中层来支撑。我们都做过信息传递的游戏，队头的人表述的信息通过多个人传递到队尾后，会发生很大变化。所以这个时候想靠创始人为每个员工做精神激励，那是不现实的，而由每个中层承担这个责任又有可能发生偏差（这和中层自身的意识、沟通技巧等有关），进行专门的内部宣传就很有必要了。

对于那些在全国各地做项目的同事，以及分散在各地的销售，平时很少有时间回公司，对内宣传可以让他们直接感受到公司积极向上的氛围，并因为是公司的一分子而自豪。

这个工作我们持续在做，我们主要以邮件的形式进行。邮件的平均打开率为1.2人/次，这意味着每100个员工会打开某封邮件120次。是不是很让人震惊？

6. EDM

对外开展的EDM属于数字营销的一部分。

最新的报告显示，现在EDM的打开率为5%～10%。据我们的统计，我们盲发的电子邮件打开率一般为10%～15%，而定向投放的电子邮件，比如发给与我们有深度业务关系的客户，单封邮件打开率最高的超过90%，甚至有些客户会进行二次转发。

从成本角度来说，EDM 是必须要展开的营销方式，因为其成本是非常低的。比如，1000 个企业客户算是一个中等规模的 To B 企业的客户数量了，即使按照每个客户发 5 封邮件算，那一共才 5000 封邮件，每封邮件一般也就 2 分钱，也就是说投放一次也就 100 元的成本而已。

四、技术市场

顾名思义，技术市场既要懂技术也要懂市场。可是世上哪有两全的事呢？在大部分 IT 公司里，很少有这个岗位出现，具体原因如下。

（1）一般大家会认为，市场部的人是不需要技术背景的，只需要会搞活动、做公关就行了。所以即使招到一个既懂技术又懂市场的人，你让他待在一群不懂技术或不懂市场的人中间，他会觉得无所适从，会觉得看不到职业发展路线。

（2）很多 IT 公司本质上并不是产品公司，而是解决方案公司，这类公司本身就不掌握核心技术，所以在这样的公司中根本不会设置技术市场相关岗位。一般 IT 公司里会有售前、架构师、解决方案专家、产品经理等岗位，但是甚少有类似技术市场工程师或产品市场工程师的岗位。

对于一家创业公司，我觉得一开始有没有技术市场相关岗位影响并不大，但是一定要有人承担这个岗位对应的职责，可以由研发体系或售前体系中的人员承担，也可以由架构师承担。那么下一个问题来了：技术市场要做什么？

我们都知道市场相关人员主要是做影响力的，所以技术市场显然就是做技术影响力的。为什么要做技术影响力呢？我们看两个简单的例子。

❑ 初期小米手机的发展离不开发烧友的支持，他们喜欢各种刷机以及 DIY 操作。

❏ 人们对互联网公司的印象往往都是产品迭代很快、技术很牛，所以都默认大型互联网公司的企业级产品是高水平的。

类似的例子还有很多，这里就不一一举例了。

一家优秀的技术产品公司一定会有一群坚定的技术粉丝簇拥着。这里所说的粉丝包括个人粉丝和合作伙伴。做技术影响力的目标就是让这个群体不断壮大，从而使企业的根基更牢固。

我觉得从某种程度上来讲，技术市场和流量明星是类似的，即通过"技术"吸引越来越多的粉丝追随。拓展技术市场的方式有很多种，比如发布白皮书、发表技术文章、在各种技术论坛上演讲、组织各类技术沙龙等。通过一遍又一遍的宣传，让广大的"技术人群"觉得你的产品和技术是最厉害的，是非常值得关注和追随的，从而保证他们在进行产品选型时第一时间想到你的产品和解决方案。

但是对于创业公司而言，品牌的影响力都比较小，更不用说技术影响力了，这时就需要通过各种工具来不断强化产品技术在目标人群中的影响力。通常目标人群以技术决策者和技术人员为主，但是我们也不能完全忽视非技术决策者。

除了上面提到的对外影响外，对内的技术宣传同样不容忽视。创业公司通常都会有看家本领，但是并不是每个招募来的人员都非常了解这一点，特别是新入职的同事。对于新人，创业公司往往采用老带新的方式帮其快速熟悉工作。这就会让新人的认知局限在老人的认知范围内。毫无疑问，老人的水平也是参差不齐的，所以为了使新人充分理解公司的技术优势，对内进行专业技术培训就非常有必要了。

仅有培训是不够的。因为培训的有效性很大程度上取决于讲师的水平和培训的内容。比如，我曾看到某技术人员作为培训讲师，在给新人培训时完全沉浸在自己的技术世界里，其所讲的内容听众听不懂，而且因为不知道和自己的工作有什么关系，所以完全不关心讲师所讲技术的实现原理。这是无效的培训，是在浪费讲师和听众双方的时间。

那么如何确保讲师能带来一场有效的培训呢？我一般会问讲师 4 个问题：

（1）我们的产品都有哪些？

（2）能为客户解决什么问题？

（3）能为客户带来什么价值？

（4）和友商相比，我们产品的优势是什么？

如果讲师能够在培训中解决我提出的问题，那么我就认为这个培训是合格的。如果讲师没有办法回答，我会要求讲师继续调整 PPT 内容。

我们做了几十期培训（不仅有针对企业内部人员的培训，还有针对外部客户的培训），涉及多个行业和各种类型的客户，所有培训反馈都不错。在没有任何考核或者激励手段介入的情况下，每次培训，全公司都有 20% 左右的同事会参加，有的同事甚至一期不落。要知道我们培训的时间定在每周一晚上，这并不是很友善的时间，而这恰恰说明我们培训的内容是有价值的。而我们之所以能做到这一点，就是因为我们每次都要求讲师回答我上面提出的 4 个问题。

技术市场相关工作落到具体执行层面就是 PPT、白皮书、网页落地页、视频等，由于篇幅有限，这里就不展开阐述了。

To B 企业的游戏化管理

——任光辉

任光辉 花名"村长大大"，游戏化管理软件 Niceteam 创始人，游戏化营销软件禧多多创始人。

95 后已经成为职场主力军，00 后也开始进入职场。面对 95、00 后的员工，如果您是管理者，有没有"恨铁不成钢"的感觉？

不是员工一代不如一代，而是管理的方式需要从员工的体验出发，适应新生一代的需求。如何运用基于行为学的游戏化管理方式，持续激励 95 后、00 后员工，从而提高组织的效率，带来业绩良性增长，是本文要探讨的。

一、团队管理存在的问题

2016 年，游戏化管理在国外就已经很热了，奈飞、谷歌、微软这样的大公司都在内部推行游戏化管理。可是，国内游戏化管理却少有人问津，虽然有盛大这样的公司进行尝试，但大多以失败告终。

2019年年初，阿里巴巴前总裁卫哲在《组织创新》课程里谈到，游戏化管理是最适合95后的管理方式，这门课程带来了游戏化管理的热潮。著名的商业顾问刘润老师在他的《五分钟商学院》课程里面，也重点推荐了游戏化管理。由此可见游戏化管理的重要性。

我所在企业现在服务的客户有近300家，而我本人也有幸成为得到APP智囊团的一名成员，专门负责游戏化管理问题的咨询和答疑。所以在游戏化管理落地方面我非常有经验。

在落地游戏化管理的时候，我发现企业不论大小，不分行业，都面临各种数不清的问题。现阶段，面对以95后为主体的团队，管理者最头疼的问题就是目标总是无法如期达成，工作总是虎头蛇尾。

不论处于哪个时代，也不论规模大小，业绩增长都是企业的第一经营目标。目标关乎增长，工作任务关乎增长的效率。面对这个问题，中小微企业的管理者一般有下面3种解决方法。

（1）**盯着员工干，陪着员工一起干**。这种方法有一定效果，但是你一转身，员工就会掉链子。更糟糕的是，不少管理者会说："放下，让我来。"这样做的结果是，你放弃了很多陪伴家人的时间，替员工干了数不清的工作，但员工还是什么都不会干，也不想干。

（2）**洗脑、打鸡血式的员工内训**。你期望通过几天的培训去改变员工，让员工拥有梦想，敢定目标，勇于承诺。但是，很多员工在激情散去后，又变回原样，甚至离职。

（3）**植入股权分红，通过入股和员工共进退**。几万、几十万的费用花出去后才发现，你的公司所处发展阶段并不适合股权制。这就像把飞机的引擎安装在小摩托车上，只会加速公司的死亡。

看着这些创业者不断地碰壁，我感觉有必要，也有责任把游戏化管理方法传播给更多中小微企业的创业者，让其员工工作像玩游戏一样充满乐趣，彻底解决团队执行力的问题。如果你也有打造团队执行力的需求，或者正在面临上述困惑，那么你就有必要和我一起来深入了解一下，游戏化管理到底是什么。

二、什么是游戏化管理？

（一）游戏和游戏化

刘润老师在他的《五分钟商学院》中说：游戏指的不仅是电脑游戏、网络游戏、手机游戏，足球是游戏，象棋是游戏，跑步也是游戏，就连奥运会都是游戏（所以叫 Olympic Games）。但不管何种游戏，都有一个特征——让游戏者欲罢不能，让旁观者如痴如醉。

游戏是怎么做到这一点的？就是因为大多数游戏都有一种被称为 PBL 的机制。P 就是 Points，点数；B，就是 Badge，徽章；L 就是 Leader board，相当于排行榜。举个例子。篮球有什么好看？首先有点数。进一球得 2 分，罚球命中得 1 分，三分线外投中得 3 分。有了得分规则，10 个人就开始拼命抢球，乐此不疲。然后是徽章。最有价值球员、最佳第六人、年度最佳新秀、最佳防守球员，这些五花八门的荣誉，提供多维度的激励，让人疯狂。最后是排行榜。每支队伍会被从各个维度进行排名，这可激励队员的集体荣誉感。点数、徽章、排行榜，就是篮球真正魅力的来源。网络游戏也一样。

把游戏里面能激励玩家的元素落地到企业管理、个人和组织学习、客户营销中就可得到游戏化管理、游戏化学习和游戏化营销。在真实的商业世界中，有非常多的游戏化应用案例。

❏ 得到 APP 在运营过程中就大量运用了 PBL 机制：得到学

分就像游戏里的经验值一样,客户会把大量的时间用在挣得到学分上。这是游戏化学习的典型代表。
- 拼多多通过使用 PBL 机制,实现了客户转发裂变:在砍价中,每砍一刀就有一次点数的变化。这是游戏化营销的典型应用。

本文的核心是介绍游戏化管理,所以就不对游戏化学习和游戏化营销展开介绍了。

上面我们谈到,谷歌、微软、奈飞和盛大都在践行游戏化管理,但是盛大的实践最终失败了。为什么?游戏化管理首先要解决的问题是目标管理,这是一把手工程,应当由总裁办处理,而盛大把这个工作放到了人资办,从而导致最后的管理方向发生偏离。

虽然盛大的游戏化管理最终失败了,但是不可否认,其在践行游戏化的几年中,还是取得了不菲的成绩。在盛大,员工要通过升级来实现自己加薪或升职的目标。升级所需的经验值分为岗位经验值和项目经验值。岗位经验值就像游戏里的每日经验一样,只要不犯错误,时间到了经验值就会随着增长;项目经验值就像打副本,你要有多余的精力接额外的项目,这样项目经验值就会涨。盛大每年都会设立 700 多个项目,通过这套方法,这些项目全部完成了。你看,应用游戏化的工作模式是不是非常高效?

那么,到底什么是游戏化管理呢?我查阅了很多资料和文献,其中对游戏化管理的定义五花八门。我比较认同《游戏化思维》这本书给出的定义:**在非游戏的管理场景中运用游戏元素和游戏设计技术**。注意,游戏化不仅涉及游戏元素的应用,还涉及游戏设计技术。具体如何设计?我们会在后面谈到。

(二)游戏化管理的 3 个误区

人们谈到游戏化和游戏化管理,如果没有注意应用游戏设计技术,往往会进入下面 3 个误区。

误区一：游戏化就是把 PBL 机制应用到管理中。

每次谈到游戏化就会有人说，游戏化我们搞过，就是把点数、徽章、排行榜拿到工作场景中。这其实只是表面的游戏化，用不了多久，参与者就会觉得没意思，也就无法得到持久激励员工的结果。

正确的游戏化是在 PBL 机制中提炼出可激励玩家的底层逻辑，然后把底层逻辑落地到管理中去。比如，针对新手玩家和老玩家，在任务难度上就要进行不同的设计。若是为了简便，直接采用中等难度，那么就会导致老玩家感觉太简单，新手玩家感觉太难，然后一起放弃。

注意，游戏化管理不是对 PBL 机制的套用，而是找到 PBL 机制产生激励的底层逻辑，这套底层原理是符合人类行为学的。把这些底层原理运用到管理中才是游戏化管理。

误区二：游戏化管理就是积分化管理。

还有人会认为游戏化管理就是积分化管理。现行的积分化管理，就是对一项工作任务进行估值，员工完成该任务就会获得对应积分的奖励。这其实不是管理游戏化，而是工作货币化。

积分化管理有两个问题：容易引发分高的工作有人做，分低的工作无人管的情况；不同工作的积分是由在位者来制定的，这必然会使在位者面临是否公平的质疑，进而挫伤大部分人的积极性。

游戏化管理所给出的 PBL 激励是随机的，带有不确定性。不在事前让员工知道干完某项工作能够得到多少激励，而是在干完之后给予一个随机的激励，就像微信拼手气红包一样。不确定的激励，不仅可以避免工作货币化，还能带来翻倍的激励效果。

误区三：游戏化管理可以替代绩效考核。

对于绩效考核，无论 KPI 还是 OKR，都是面向结果的考核方式。而结果是过去式，是滞后的。游戏化管理是把目标分解为任务，并设置完成任务所需的流程节点，对这些节点进行量化，并给予 PBL 激励。换句话说，游戏化管理是对完成目标过程中的行为进行激励，采用的是一种即时性激励机制，目的是保证任务高效完成。但是具体结果怎么样，游戏化管理是无法准确把控的。所以游戏化管理并不能替代绩效考核，它是绩效考核的有效补充。结果足够好，该发奖金还是要发的。

讲到这里，我要给游戏化管理下一个定义了。**游戏化管理，就是在企业管理中，运用游戏元素和游戏设计技术，让每个人、每一步行为都受到激励。**如果没有经过缜密的设计，仅套用 PBL 机制，那只是表面的游戏化，并不能带来长期有效的激励效果。

（三）游戏化管理可以带来的收获

阿里巴巴前总裁卫哲先生在《组织创新》课程中讲到，游戏化管理是适合 90 后、95 后、00 后的管理模式。通过游戏化管理，不仅可以快速培养优秀店长，还可以批量复制业绩冠军，让企业的营业额得到 30%、50% 甚至是翻番的爆炸式增长。

我在做私董会时结识了张总。他在一个三线城市经营一家摄影公司。为了提高业绩，他每个季度都会开展销售竞赛，并用旅游度假、苹果手机等作为赢家的战利品，以求激励团队斗志。你猜效果怎么样？效果很好，这些战利品让公司的优秀销售人员就像打了鸡血一样充满斗志。但是，张总慢慢发现，赢得比赛的几乎永远都是那几个优秀销售人员。排名在中间或垫底的大部分销售人员，因为几乎没有获胜的可能，所以慢慢失去了对比赛的兴趣。也就是说，张总重金准备的战利品，对大部分人没有起到激励作用。要解决这个问题，首先要看清楚问题的本质。在张总的设计中，只有冠军才能获得战利品，从而把大部分员工排除在外。真正的激励，应该让每个人都获得激励，每一步都获得激励。

我为张总的公司植入游戏化管理后，设定了新的比赛规则。限于篇幅和规则的复杂度，这里就不具体展开了，简单来说就是，我们设定了打一个电话得多少经验，找到一个潜在客户得多少经验，成交一个客户得多少经验，并设定了徽章、排行榜，每天自动更新排名。

引入游戏化管理后效果如何？每个员工都受到了鼓舞，大家都在组队冲击任务，谁也不会掉以轻心。一个月后，张总公司的业绩从 45 万元增加到 60 万元，提升了 30%，利润也获得了 9% 的增长。这就是游戏化管理的力量。在这个过程中，所有员工都拼命学习业绩冠军的经验，并将这些经验积极落地。

（四）游戏化管理的核心

简·麦戈尼格尔在《游戏改变世界》一书中提到，一个好的游戏化产品，需要具备 4 个重要的元素——**目标、规则、即时反馈、自愿参与**。下面以《王者荣耀》为例，看看这 4 个重要元素是如何体现的。

- **游戏目标**：推塔获得胜利。
- **游戏规则**：5 个人一个团队，分为上路、下路、中路、打野。大家最熟悉的 PBL 机制就属于规则范畴。
- **即时反馈**：在游戏里面体现为打死小怪获得金币，被对手攻击血量降低。
- **自愿参与**：每个玩家可以选择自己喜欢的人物，在游戏内担任不同的角色。

对应到企业管理中：

- 获得投资回报率，是企业的经营目标。获得劳动报酬，是大部分基层员工的工作目标。
- 企业中包括技术部、销售部、售后部、行政部，按照规则，各部门有不同的分工。规章制度是规则，绩效考核，不论是 KPI 还是 OKR，也是规则。
- 企业对员工工作的反馈，往往是以月为单位的。游戏化管理和传统管理的核心区别就在反馈机制方面。这部分内容后面会重点讲。
- ❑ 企业是创始人和投资人自愿出资成立的，员工是自愿加入的。但是，员工加入企业后，所做的工作就需要上级指派了，若是没有对应的机制，员工就会从初期积极主动工作，变成消极被动工作。这是因为员工的目标和企业目标没有融合。这个问题的解决方案，后面也会讲到。

对比企业管理和游戏化的 4 个原则，我们会发现，目标、规则、即时反馈和主动参与都有可以优化的地方。在《游戏改变世界》一书中谈到，上述 4 个元素中最重要的是即时反馈，它是一个游戏化产品成败的关键。那么，什么是即时反馈呢？

斯坦福大学做过一个著名的"棉花糖"实验。实验者让孩子独自在房间里面对一支棉花糖，并告诉孩子，如果你忍不住了可以吃掉它，但如果你 15 分钟内没有吃掉它，就会得到两支棉花糖作为奖励。这个实验中，三分之一的孩子没有吃棉花糖。然后斯坦福大学跟踪研究这些孩子的成长。他们发现，没吃棉花糖的孩子适应性强，具有冒险精神，受人欢迎，甚至成绩也比吃棉花糖的孩子高 20 分。而吃掉棉花糖的孩子孤僻、固执、易受挫、优柔寡断、成绩差。

难道一支棉花糖会影响人的一生吗？其实不是。影响人的一生的是你延迟满足的能力。与延迟满足对应的就是即时反馈心理。什么是即时反馈？就是哪怕你知道等一等可以得到更多的好处，但还是希望当下就要。

比如最经典的游戏《俄罗斯方块》，相信你一定玩过。你有没有想过，一个仅有黑白界面，而且最终结局一定是 game over 的游戏，为什么会让你一局接一局地玩下去呢？因为，每消除一行方块，你立即就会得到 100 分奖励。这就是游戏的即时反馈。游戏让人上瘾的魅力，就来源于即时反馈。

卫哲先生说，95后的员工是移动互联网的原居民，他们是玩着游戏长大的一代，已经通过游戏养成了即时满足的心理。可是，传统管理是月薪制，一个月发一次工资。做得好一些的公司或店铺可能会每周发一次奖金，偶尔做活动的时候会每天早上发奖金，但是这些都远远不够。员工会觉得，一个月、一星期，实在太长了，等不及啊。怎么办？难道95后、00后，就像选择吃一支棉花糖的孩子一样，没有希望了吗？答案是否定的。但是，改变一个习惯是非常难的，我们可以顺应这个习惯，让员工在工作中不断得到即时激励，让他们立即吃到棉花糖。

三、游戏化管理的设计应用

如何通过游戏化管理，让员工得到即时反馈呢？下面以解决"目标总是无法如期达成，工作老是虎头蛇尾"这个具体问题为例展开介绍。

（一）建设合理的目标体系

1. 把员工的目标和公司的目标融为一体

薛兆丰老师讲过一个渔村的故事。

1个人出海1天可以打4条鱼，4个人出海1天可以打24条鱼。4个人出海，可以比1个人出海每人多得2条。于是，第一个出海的人，就找来3人一起出海。大家非常努力，愉快地工作着。

有一天，有一个人身体不舒服，没有像平时一样出全力。这一天，他们只打了22条鱼，在分鱼的时候，每个人分到了5.5条鱼。这个时候，问题就出现了，身体不舒服的人发现，他今天偷懒，只是少分了半条鱼。于是，在身体恢复之后，他继续偷懒，套利他人的劳动成果。其他人自然会发现这个现象，也偷懒套利。大家分到的收益最终降到了每人4条鱼之下，团队的价值消失了。

怎么解决这个问题？4个人互相监督，不准偷懒，保障集体利益。可是，当4个人变成40人、400人，无法实现针对每个人的有效监督了，怎么办呢？

传统管理方案中解决偷懒套利的方法是绩效考核，考核每个人在具体岗位上的贡献，按照交付的结果分配给他报酬。可是绩效考核是建立在已有数据基础上的。比如，这一天出海时遇到了鱼群，本可以打到更多鱼，可是绩效规定的是完成30条鱼的任务。在分配机制没有改变的前提下，负责撒网人的就会在打30条鱼后不再多出力继续撒网。

通过上面这个故事可知，绩效只对结果进行评判，并不能调动每个人的积极性，不能有效鼓励员工干得更多、干得更好，反而会让员工想办法偷懒套利。要解决这个问题，首先要把公司的目标和员工的目标融为一体，其次是激励员工的行为，最后才是对结果进行评判。

公司的目标是获得更高的投资回报率，只有这样公司才能换更大的船，招募更多的船员，创造更多的价值。员工的目标是什么呢？马斯洛需求理论把人的需求分为5个层级——生存需求、安全需求、社交需求、尊重需求和自我实现需求。员工所处的阶段不同，他的核心需求也会随之变化。对于实现了财富自由的人，我们可以和他谈自我实现。比如，乔布斯邀请百事可乐总裁约翰·斯卡利加入苹果时说的"你是准备卖一辈子糖水，还是跟着我们改变世界"就是这方面的典型代表。

但是，当走访了100多家公司，调研了5000多名员工后，我们发现：很多员工发了工资后也不舍得吃一顿火锅；想给父母买件礼物，都需要使用花呗或者京东白条。也就是说，大部分员工尚处于生存需求的阶段。获取劳动报酬，分到更多的鱼，才是大部分基层员工的核心诉求。

在我们公司，会让员工在每个月的月初许下一个"星愿"，比如送父母、送爱人、送小孩或者送自己一件 100 元礼物。礼品怎么获得？就和在游戏里面积累金币一样，公司会倡导一些行为，这些行为都对应着金币奖励。金币积累到一定数量，就可以在月末换取礼品。

这个礼品只有 100 元，金额虽然不高，却是员工生存状态提升的一种象征。这个礼品不仅能把公司的目标和员工的目标融为一体，还能把员工、家人的目标和公司的目标融为一体。礼品的获得需要积累点数，点数是通过哪些具体行为得到的呢？这个后面会谈到。

2. 公司需要设置合理的业绩目标

先给大家分享一个真实案例。某公司的 CEO 吕总，在某年公司年会上激动地宣布，当年公司收入首次突破 600 万元。该表扬的表扬，该发奖的发奖，大家欢欣鼓舞，甚至有人热泪盈眶。然后吕总宣布，明年的业绩目标是 1300 万元。他也知道这个目标很激进，所以同时公布了诱人的激励方案：巨额奖金，送车，送出国旅行。

令他没想到的是，本来非常热烈的会场，却突然安静下来。而在他的猜想中，此处应有掌声。吕总感觉很尴尬。难道激励方案不够诱人？不是。吕总给出的方案其实非常诱人，但是这种让人感觉根本无法获取的奖励（因为任务完不成），不会有任何激励效果。吕总只想到激励的渴望度，却没有考虑到目标完成的可能性。

我们在谈目标如何如期完成前，首先要考虑目标设定得是否合理，员工是否有意愿去完成。北美著名心理学家维克托·弗鲁姆提出了著名的期望理论：

$$激励水平 = 可能性 \times 渴望度$$

打个比方，很多人都喜欢篮球。篮球筐是场上所有运动员投球的目标。如果架设篮球筐的篮球架还没有你的人高，你会觉得打篮球好玩吗？我估计很多人都会觉得没意思，太没挑战性了。但是，如果这个篮球架有几层楼高，你会怎么想呢？你也会觉得没意思。篮球架的最佳高度一定是看着觉得高，但跳一跳够得着的高度。对于这样的目标，人们才会以高度的热情去追求，这就是所谓的"篮球架原理"。

基于"篮球架原理"，我们得出设置业绩目标时要解决的两个问题。

首先，要解决"可能性"问题。容易达成的目标不足以引起参与者的兴趣并让参与者为之努力；具有适当难度的目标可以维持参与者付出更多努力的状态，因为他们可通过完成该目标产生满足感；超过个人能达到的目标会让参与者产生失望的情绪，从而降低参与的兴趣。那怎么才能确定什么样的指标是员工"跳一跳才能够得着"的呢？确定指标时，要确保80%的员工能完成最低销售指标。如果大部分员工都完不成，那就不是员工有问题，而是指标有问题。

其次，解决"渴望度"问题。投资回报率是公司的目标，奖励和薪酬是大部分员工的目标。不论是奖金奖励还是游戏化激励，都必须让员工清晰明确地知晓奖励是什么。千万不能是"大家好好干，我不会亏待大家的"这样模糊的概念，因为这不会激发员工的渴望。需要面向业绩，制定简单易行的规则。

（二）面向业绩，设定简单易行的规则

真正能够把员工目标和公司目标糅合在一起并激励员工的只有业绩。公司的业绩目标，需要每个销售齐心协力才能完成。设定合理的目标是执行的前提，但是仅设定了目标，是无法保证目标达成的，企业还需要把目标分解成简单易行的具体任务，并设定相应的 PBL 规则。

1. 任务分解

任务分解就是把公司要求的目标变成员工可执行的任务。

举个例子,你的目标是完成 200 万元的业绩。业绩怎么来?业绩 = 客流量 × 转化率 × 客单价。若你公司的平均客单价是 1 万元,那么要完成 200 万元的业绩目标,就要成交 200 个客户。你又查了一下数据,发现公司的成交转化率是 20%,那么成交 200 个客户就需要 1000 个面访。面访量是怎么来的呢?打电话打来的。若是电话邀约的成功率是 5%,那么就需要拨打 2 万个电话。2 万个电话分到 22 个工作日中,就是每天打 910 个电话。你有 22 个销售人员,所以每人每天需要拨打 42 个电话。

所以你需要下达的任务不是每个人完成 10 万元的业绩,而是每人每天保质保量地拨打 42 个电话,并保障 5% 的面访率、20% 的成交率和 1 万元的客单价。这就是把目标"翻译"成任务,把任务翻译成实现结果的过程。这个翻译技能是管理者应具备的最基本的技能之一,也是最难掌握的技能之一,因为这需要对达成目标的逻辑有深刻理解。

2. 如何进行分解?

任务分解需要从两个维度展开,一个是空间维度,一个是时间维度。

1)从空间维度分解

从空间维度分解常用 WBS 法。所谓 WBS(Work Breakdown Structure,工作分解结构),就是把目标分解成任务,再把任务分解成日常工作,然后把日常工作分配给每个人。使用 WBS 分解时要注意如下几点。

- ❏ 每项任务、工作或者日常活动,只能指派给一个人,其他人可以参与,但只能由一个人负责。
- ❏ 所有人的日常工作加在一起应该能得到工作、任务的总和,不能缺漏。
- 针对每项任务、工作、日常活动，都要为其定义可交付的成果。

2）从时间维度分解

经验丰富的管理者，在把目标翻译成任务前，会先把大目标根据时间轴分解为阶段性目标。

日本著名的马拉松选手山田获得过两次世界冠军。他说，每次比赛前他都会仔细勘察路线，然后定下若干阶段性目标，比如途径的一家银行、一棵大树、一座高楼等。比赛开始后，他先全力以赴冲向第一个目标，实现后冲向第二个。整个赛程被分解成若干个小目标，跑起来就轻松多了。这其实就是从时间维度分解任务的一种方式。

比如上面提到的给客户打电话，你可以根据客户的生活或工作习惯，在周一到周五加大电话量，周末和节假日减少电话量。这样有助于用不断达成的小目标激励团队，也可以用环比或者同比的数据调整任务。

运用游戏化管理，就是通过规则的设计，提升每个任务环节的数据指标，以达到提升业绩的目标。具体怎么做？就是给小目标设置 PBL 机制，让员工得到一个个即时反馈。比如，添加一个准客户微信可以得到 50 个星芒，成交一个客户可以得到 100 个星芒，获得当日最高业绩可以得到 200 个星芒……星芒就是点数，也是在我们开发的游戏化管理软件 Niceteam 的名字。

3. PDCA 任务循环系统

把目标分解为可以执行的任务就一定可以确保任务如期达成吗？答案是否定的。下面举个例子。

某公司的赵总收到一个客户关于摄影师拍摄照片质量的投诉，投诉句句在理，针针见血。赵总对此非常重视，立即召开管理层会议，研究对策。讨论了几个小时后，大家提出不少改进提议，赵总也给出了很多要求，并依据WBS原则制定了学习考察的任务。之后赵总专门开会和员工传达考察任务和相关决策，并要求大家积极行动起来。

会议之后，赵总对大家的态度都很满意。直到有一天，赵总找来总监问："上次开会时，我让你们去考察，你们去了吗？感觉怎么样？"总监说："啊？我正忙着改进服装搭配的事情，这事我给忘记了。"赵总非常生气，这么重要的事情，怎么能忘记呢！

为什么会这样？是总监笨吗？是因为他缺乏执行力吗？还是因为没有对任务进行WBS分解？都不是，是因为赵总公司缺少一套任务管理系统。总监设置了任务，但是没有及时回看、检查。怎么办？可使用PDCA循环来确保任务的完成。

首先是做计划（Plan）。一定要遵循3W原则——Who（谁），What（什么事情），When（何时），也就是确定"谁在什么时间之前做什么"。

其次是行动（Do）。有了计划，分配给责任人，让具体任务符合WBS原则，这样执行起来就会变得责任明确、优先级清晰。

再次是检查（Check）。每一个交代出去的任务，就像一个扔出去的回旋镖，最终必须回到你手上。这是PDCA的关键。工作做完之后，提交到发布人这里审核，确保每件事情都要接受检查。对于某个具体任务，最终只能有完成或放弃其中的一个结果。

最后是处理（Act）。你可以立即复盘，也可以进行迭代，或者是把未解决的和新出现的问题转入下一个PDCA循环。

对于每个任务，执行人都不想忘记，但是PDCA循环并不会主动提醒员工，怎么办？这里推荐给大家一个工具——Niceteam。大家可以在Niceteam中创建一个任务，并设好任务内容、执行者和截止时间。Niceteam针对具体任务有强制化的提醒功能，会在任务开始和任务结束时，强制提醒你想起这件事情。

4. 给员工公开的赞赏，让他得到即时反馈

我先来讲个故事。

吕总的公司开了十几年，他对公司的管理了如指掌，圈子里面的人脉也特别广。在员工眼中，他几乎是神一样的存在。每次员工向他汇报工作，他总能一眼看出不完美的地方，并把对方问得哑口无言，冷汗直流。大家不得不佩服吕总总能一下子就说出问题的本质。

但是，最近几年，吕总圈子里之前和他们同级别的公司，不少都获得了跨越式发展，销售额进入了 500 万元/月的水平，但他的公司的销售额依然在 300 万元/月左右原地踏步，甚至有业绩下滑的迹象。为什么会这样？为什么人脉广且有十几年经验的老板带领的团队，反而止步不前了？

因为吕总违反了用人的一个重要定律——波特定律。英国行为学家波特说：总盯着下属的错误，是一个领导者的最大错误。

管理者过于关注员工的错误，就会打击员工的"进取心"，从而导致员工拘泥于现有的一切，不敢有丝毫的突破和逾越。员工不敢创新，仅靠老板一个人面对巨变的商业环境，就算他再厉害，也是不行的。

管理者要允许员工犯创新类的错误，比如技术部在新产品研发上失败了，这是必须允许的；但不能允许员工犯低级错误。

相对于允许员工犯错，我们更应该注意表扬员工。很多时候，我们认为对员工要求严格是对他们的真爱，却忽略了他们内心的感受，他们需要更多的鼓励和表扬。好孩子，好员工，都是夸出来的。

我为企业做内训的时候，会让员工填写一个调查问卷，其中包含这样一个问题："最近7天，我因为工作出色而获得过承认和表扬吗？"填写"否"的员工最多。我清晰地记得，某企业老板岳总看到他下面几个分店的经理填写的表格后，眼睛瞪得大大的，气呼呼地说："这都是胡说八道，我前几天还表扬王某了。"

岳总的这句话本身就存在3个问题。

- 前几天是几天前呢？是一个月、几个月，还是一年前？具体时间你都不记得，员工就更不记得了。
- 你说的表扬，和员工认为的表扬是一样的吗？你可能觉得"还行吧"就是表扬了，可是员工需要的可能是"你真棒"这样的直接赞美。
- 你是公开进行的表扬吗？私下的表扬，激励效果是有限的。赞美就要大声地表达出来，当着更多人的面，让所有的人看到、听到。

进行游戏化管理时，当员工做了分外之事、优秀之事、特殊之事时，老板和管理层应立即进行打赏。打赏时，要写明打赏的原因，并以公告的形式第一时间通知到每一个员工。什么是分外之事？就是本职工作之外，帮助他人做的事情。什么是优秀之事？典型代表就是创新、创造新的纪录这样的事。什么是特殊之事？一般是没有功劳，但是员工却付出了很多心血的事。

（三）培养员工"主动要"的精神，让他主动参与

管理人员不可能天天盯着员工。但是，如果员工做了好人好事，你因为不知道而没有及时打赏，怎么办？办法就是把可进行打赏行为的人群扩大。我们可以让员工去打赏他发现的应该被打赏的对象。这样不仅可以培养员工主动发现别人优点的能力，还能拉动员工之间、部门之间的融合，有效打破部门墙。你可以想象一下，每天都会被同事打赏，这样的工作是不是很舒心？

看到这里，你应该已经明白了，游戏化管理其实就是依托大数据，对销售团队的行为进行管理。我们通过4年的探索和在300多家企业中的实践，形成了一套简单易用的游戏化管理系统解决方案：**员工选择星愿→干好工作得星芒→收到打赏得星钻→星钻兑换星愿**。上面这些内容其实就是对这套方法论的完整分析，希望对大家有启发，也欢迎大家尝试游戏化管理。

29

中小 To B 企业生态体系建设实践

——倪海燕

倪海燕 敏捷科技 CMO，在敏捷科技先后担任过营销管理总监、信息中心主任、董办主任、人力资源副总、市场副总等职务，近三年主要分管生态、品牌、公共关系、内容及增长等工作。敏捷科技是一家专注数据安全的公司，致力于给企事业单位提供数据加密、防数据泄漏、数据溯源、防勒索、数据安全态势感知等与数据安全和数据管理相关的产品，以及与商业秘密保护体系规划、等保合规建设等相关的信息安全服务。目前已服务了包括中车、一汽、长安在内的近万家企业，积累了大量制造、医疗、金融、公检法等领域数据安全应用场景及项目的实践经验。

新的国内外市场形势对企业产生一定程度的影响，市场环境中的不确定因素也增加了很多，有一些企业采取裁员降薪、降低销售预期等方式来应对这些不确定性。而作为数据安全这个细分赛道中的佼佼者，敏捷科技的客户范围却从传统制造领域扩展至金融、医疗、党政军、公检法等领域。能在市场经济低迷的大环境下取得业绩的逆势增长,除了因为敏捷科技一直坚持以创新为导向及"行业深耕、区域细作"的营销策略外,还与敏捷科技开展生态体系建设有着极大的关系。

本文将重点谈谈敏捷科技生态体系的建设路径。

一、企业规模与生态体系的关系

许多伙伴可能会有这样的疑问:生态不都是大厂在做吗?

在实践中我们发现,企业规模并不是决定能否建设生态体系的唯一因素,中小企业完全可以结合自身特点打造生态体系,只是规模不同,打法不同而已。比如大厂更偏向于技术生态,注重技术赋能产业。大厂做的基本上都是输入型集成生态,倾向于做大蛋糕,其生态伙伴就是蛋糕原材料;而中小企业做得更多的是输出型生态,力争成为大厂生态中的控标项。因为中小企业具有机制灵活的优势,所以可以及时匹配内外资源,快速响应伙伴需求,这对生态建设是非常有利的。

敏捷科技决定做生态时分析了自己的业务定位、核心优势、生态打法等。

- ❏ 技术过硬:敏捷科技的技术团队在数据加密原创技术研究与开发方面已经坚持了近18年,产品报错率低于万分之一,产品打开延时不超过5%。
- ❏ 产品应用广泛:目前已经服务了514家上市企业、35家央企、2000余家单项冠军企业等,典型客户有30余家,且都是世界500强企业,在全国主要省市都有销售和服务队伍。
- ❏ 市场空间大:目前企业建设数据安全是大势所趋,我们的技术可以为更多企业赋能,为更多的伙伴和客户提供服务。

❑ 满足个性需求：《数据安全法》落地实施后，数据安全的市场需求越来越旺盛，客户对数据安全的需求越来越多元。大厂不足以满足全部客户的个性化需求，需要专业技术服务商、咨询服务商、系统集成商等生态伙伴提供支撑。

综上可知，决定中小企业能否做生态的核心因素是其是否具有前沿产品和技术、应用场景是否足够丰富。

二、生态伙伴的选择

敏捷科技在生态发展中主要以产品输出为主，我们在生态伙伴选择方面会更关注伙伴的产品与我们自己产品的结合点、团队工作风格与我们团队的匹配度以及对客户的态度。从结果上看，我们更关注合作落地，无论是数字方面的还是活动方面的。目前根据业务特性，我们把生态伙伴大致分为以下几类。

1. 安全生态类

安全生态类合作伙伴主要包括以下几个。

❑ 数据安全厂商：数据安全产品要想稳定、可靠，需要长时间的技术积累以及足够丰富的应用案例。所以对于这类厂商来说，要想快速占领市场、激活存量客户，必须要有数据安全这个细分领域的顶级产品为其赋能。敏捷科技在数据加密这个细分领域中已经是翘楚了，所以我们能把这类厂商吸纳为生态伙伴，帮他们实现收益最大化。

❑ 头部安全厂商：这类厂商市场占有率很高，因为他们基本都遵循一个原则，即只要客户有需求，不管我有没有产品都要拿下。所以这类厂商都有自己的生态体系，在产品选型上要求也很高，一般都根据他们对产品的规划来，并进行严格的测试认证。但因为这类厂商的项目规模都很大，产品线丰富，所以聚焦不足，需要一些核心产品作为项目控标项，这时就需要像敏捷科技这样专精于某一细分领域的中小企业进行补足，在我们为他们提供服务的同时，他们也进入我们的生态，成为我们的合作伙伴。

❑ 创新型安全厂商：这类厂商有一定的客户资源，产品技术前瞻性也很好，但产品应用范围不够广，许多客户因为成本等原因暂时不想尝试其产品。将这类厂商纳入我们的生态后，他们就可以用我们的产品作为敲门砖，与客户建立比较好的连接。

安全行业是一个技术壁垒很高的行业，在行业中又包括网络安全、主机安全、数据安全、物理安全等上百个细分行业。就目前来看，这些行业发展都很好。在安全行业中，专注于不同细分行业的企业通过协同发展、合作共赢获取的收益远大于通过竞争获取的收益。

2. 业务生态类

业务生态包括的合作伙伴主要是各行业信息化产品解决方案的提供商。

以制造业和设计院为例，敏捷科技的客户的供应商主要是操作系统、中间件、办公软件等产品的厂商。对于这类厂商，我们接触的主要是他们负责信息中心的部门。我们经常要与他们一起做一些接口开发以及产品适配类的工作。我们一般先和他们做技术融合和对接，再各自针对制造业和设计院类企业做技术培训，实现区域销售拉通。

一般我们会先从我们总部所在地江苏开始做区域销售拉通，并同步进行产品技术融合。做业务或技术工作的读者应该都知道，我们需要经常和业务生态类合作伙伴开拉通会等。

3. 信创生态类

信创生态中的合作伙伴指与信创相关的合作伙伴，比如专注于操作系统、中间件、办公软件等产品的厂商。敏捷科技主要与信创生态类厂商完成产品的兼容适配，发布联合解决方案。我们会与信创生态合作伙伴展开深度合作，共同在信创领域进行创新与发展，为客户提供更加完整、优质、安全、稳定的产品解决方案与服务体系。

4. 方案集成生态类

我们希望通过与这类合作伙伴共同产出解决方案，从而提供超越客户预期的服务。这类合作伙伴主要是没有独立产品的特一级集成商和区域集成商，我们通过提供产品以及整体解决方案将敏捷科技纳入他们的生态体系中。

三、生态合作实践及具体成效

在生态体系建设过程中我们有成功，也有失败。我们针对之前的实践进行复盘总结，得出这样的结论：**要想保证生态合作成功，需要统一生态内各合作伙伴对生态的态度及目标期望，要明确产品融合度。**

就拿目前我们合作的 A 公司为例。A 公司是国内某细分行业的龙头企业，在合作之前我们双方对彼此都有一些了解，都知道各自是细分赛道中的优秀企业。后来在一次行业市场活动中，我和他们分管销售的副总交流，发现我们两家的客户重叠很多，由此推断出我们有合作的点，就约定进行合作。

合作初期我们更多是做数学题，就是帮 A 公司分析他们的业务模式和客户。比如他们的客户中如果有 20% 的人增购了我们的产品，那么可以为我们双方带来多少收入和利润等。数字算出来后大家都信心倍增，马上投入战斗。培训、销售交流会、区域交流会、联合市场等活动轰轰烈烈地搞了起来，但执行一段时间后发现收效甚微，报备的客户都很少。

于是，我们双方再次坐下来沟通，商讨怎么把这件事更好地落地。通过深度沟通发现，我们双方采用的基本都是代理模式，而我们两家公司内部都没有设置销售刺激政策，也没有在老客户中进行推广，只有新客户有需求才会产生一些报备。这就导致我们双方之间建立不了黏性，业务衔接和服务做得也不够。所以我们重新梳理了伙伴公司的需求，包括业绩增长需求、老客户黏性增强需求、销售个人收入增长需求、新产品功能简易需求、股东对企业新产品上市需求等，并从各层面、各角度绘制了伙伴生态合作诉求图谱。通过上述过程，我们重新找到可能合作的点，具体如下。

- ❑ 针对常规客户，将我们产品的明星功能拆分出来后纳入伙伴产品的主线版本，作为他们产品的新功能，用于老客户升级项及新客户竞争控标项。
- ❑ 双方建立商务、技术、销售联络地图，保证培训、服务、区域销售的衔接环环相扣，因生态合作产生的所有业绩都作为销售业绩，和公司的业务考核模式一致，甚至给予额外奖励。
- ❑ 各自开展培训并进行考试，保证双方技术人员都能完成各自的产品及售前交流。
- ❑ 重大项目商务全程状态跟进，协调各自内部资源，保障项目落地。
- ❑ 初期各自梳理出 10 家核心客户，针对这些客户进行业务体系沟通交流，确定双方产品有更多落地机会。
- ❑ 每个区域的销售人员需要保证 2 个月当面交流一次。

形成这样的共识后，我们签订了知识产权保密协议、合作保密协议、商务协议并开展联合开发工作，最终完成产品赋能。之后我们开展了产品培训、方案撰写、白皮书更改、报价策略等一系列工作。在商务环节中，我们开展报备工作，项目统一报备总部，辖区销售人员负责配合跟进，每个辖区每个月都需要召开一次工作交流例会，保障项目顺利推进。

四、生态发展的核心竞争力

我们认为，我们的生态合作做得好是因为如下几个关键点：开放、利他、诚意服务、及时反馈。

1. 开放，利他

在实践中我们总经理一直跟我们强调要有吃亏心态，他要求我们不要太计较商务细节。这并不是说他希望我们要做赔本买卖，而是要求我们在合作时保持开放的心态，不藏着掖着。我们希望通过充分的资源共享来实现共同获客获利。比如，我们的电话销售获取到非我们企业的商机，都会无偿共享给伙伴，因为我们相信，我们共享了自己的资源，对方也会对我们开放。

我们也愿意帮生态伙伴吸引一些业务流量，所以针对每个区域，我们基本上都会开设一个生态试点。比如敏捷科技的总部在江苏，那我们就会让江苏区域的销售人员和江苏区域内的生态伙伴的销售人员共同创建一个长期有效的链接，包括所有的交流会、市场活动等，我们都会通过这个链接进行共享，目的就是激发共有的流量，促成我们双方的合作共赢。再比如，我们可以用产品的一些功能为合作伙伴赋能，让他们和友商相比具有更强的市场竞争力。因为产品融合对技术适配要求比较高，所以要实现功能对外赋能，就需要双方的理念基本是一致的，如果我们初期考虑太多投入产出比问题，后期融合的效果就不会太理想。

2. 诚意服务

合作伙伴把市场给到我们，那我们就需要服务好合作伙伴，至少不能给合作伙伴带来麻烦，这是我们一直坚持的初衷。有些情况下，合作伙伴提供的市场，以我们现有的能力无法很好满足，这时即使这个市场很重要，我们依然会选择放弃，原因就是我们不能给合作伙伴带来麻烦。

不同的生态类型，有不同的合作思路，同时对应着我们需要提供不同的服务。比如，有些客户在进行产品选型的时候，会针对几款产品进行测试。在测试过程中，他们会判断这些产品跟企业的适配度，以及这些产品背后的团队的服务能力。在这种情况下，对于我们来说，就是要充分配合合作伙伴完成测试，甚至在商务条款上面也充分考虑并尊重对方的诉求。我们认为这也是一种服务，并希望合作伙伴因此切实体会到我们的周到服务，认识到我们团队很靠谱。

再比如，一些企业暂时没有具体需求，这就说明他们可能发展到了某个瓶颈，从而导致增长速度比较慢。对于这类企业来说，需要引进新产品来激活存量客户，并提高竞争力。所以针对处于这种生态中的企业，我们会提供一些轻量化的产品，因为这类产品可以快速帮助他们提高竞争力，找到新的增长点。

我们认为，前期不能急功近利，不能操之过急。在构建生态的前期阶段（这个时间段可能很长），一般不会得到很直接的结果，因此必须有一个相对平和的心态，要坚持积累和输出，这样才能形成一些切实可行的生态操作思路。生态合作要遵循的整体原则就是：**尊重时间，懂得业务；满足伙伴，满足需求；持续沟通，持续共享。**

3. 及时反馈

最后我需要强调一点：**及时反馈、跟进很重要。**

我们专门安排了商务人员负责处理合作伙伴的反馈，并随时跟进问题处理结果。我们还建立了伙伴联络地图、沟通机构及投诉通道，商务人员每周都必须对生态伙伴报备的项目与对方的商务人员或业务人员进行沟通，以便于第一时间匹配合适的资源，确保落单。这样即使偶然发生产品不完全满足合作伙伴需求的情况，也会因为我们的及时反馈和跟进，让合作伙伴认为和我们合作是靠谱的，这个事可行。

以上是我们做生态的一些思路，生态建设是没有固定模式和模板的，我们也一直在摸索。比如前期的时候，我们也曾想自己独立完成获客目标，但是在后来的获客过程中发现，合作伙伴可以为我们提供很多帮助。之后经过深度研究又发现，合作伙伴之所以愿意帮我们，是因为他们看中了我们能提供的价值。直到这个时候我们才意识到，我们需要构建生态。而且生态内的小伙伴会相互帮助，也就是说我们希望合作伙伴赋能给我们的时候，我们需要先考虑如何赋能给他。

我们相信当下是一个生态融合的时代，没有哪一家企业可以独立做好客户服务，所以需要有更多的生态伙伴加入，共同护航中国新基建，助力数字经济的发展。

附录　本书英文缩略语对照表

序号	英文简称	英文全称	中文名称
1	ABM	Account-Based Marketing	目标客户营销
2	ACV	Annual Contract Value	年度签约价值
3	BAF	Benefit，Advantage，Feature	作用，优势，属性
4	BDR	Business Development Representative	业务发展代表
5	BLM	Business Leadership Model	业务领先模型
6	CEO	Chief Executive Officer	首席执行官
7	CFO	Chief Financial Officer	首席财务官
8	CIO	Chief Information Officer	首席信息官
9	CLTV	Customer LifeTime Value	客户终身价值
10	CMI	Content Marketing Institute	内容营销研究所
11	CMO	Chief Marketing Officer	首席营销官
12	CMP	Content Marketing Pyramid	内容营销金字塔
13	COO	Chief Operating Officer	首席运营官
14	CRM	Customer Relationship Management	客户关系管理
15	CTA	Call To Action	行动召唤
16	CTO	Chief Technology Officer	首席技术官
17	CX	Customer eXperience	客户体验
18	DMP	Data Management Platform	数据管理平台
19	EDM	Email Direct Marketing	电子邮件营销
20	FAB	Feature，Advantage，Benefit	属性，优势，作用

(续)

序号	英文简称	英文全称	中文名称
21	GTM	Go To Market	市场推广
22	ICP	Ideal Customer Portrait	理想客户画像
23	IPO	Initial Public Offering	首次公开募股
24	IR	Information Retrieval	信息检索
25	IWON	Internet Word Of Mouth	网络口碑
26	KOC	Key Opinion Consumer	关键意见消费者
27	KOL	Key Opinion Leader	关键意见领袖
28	KP	Key Person	关键决策人
29	KPI	Key Performance Indicator	关键绩效指标
30	LTV	Life Time Value	生命周期价值
31	LSI	Latent Semantic Indexing	潜在语义索引，又称潜在语义分析
32	MA	Marketing Automation	营销自动化
33	MIL	Marketing Identified Lead	注册线索
34	MLG	Marketing-Led Growth	市场主导型增长
35	MQA	Marketing Qualified Account	市场合格的客户
36	MQL	Marketing Qualified Lead	市场合格线索
37	MRD	Market Requirement Document	市场需求文档
38	OGC	Occupationally-Generated Content	由职业人士生产内容
39	OKR	Objectives and Key Results	目标与关键成果
40	PDCA	Plan, Do, Check, Act	计划，行动，检查，处理
41	PGC	Professional Generated Content	由专业人士生产内容
42	PLG	Product-Led Growth	产品主导型增长
43	POC	Proof Of Concept	商机验证
44	PQL	Product Qualified Lead	产品部确认的线索
45	PR	Public Relations	公共关系，简称公关
46	PRM	Partnership Relationship Management	合作伙伴关系管理
47	PV	Page View	页面浏览量或点击量
48	ROI	Return On Investment	投资回报率
49	RQL	Rejection Qualified Lead	不合格线索
50	SAL	Sales Accept Lead	销售部认可的线索

（续）

序号	英文简称	英文全称	中文名称
51	SCRM	Social Customer Relationship Management	社会化客户关系管理
52	SDR	Sales Development Representative	销售开发代表，主要负责商机、线索运营
53	SEM	Search Engine Marketing	搜索引擎营销
54	SEO	Search Engine Optimization	搜索引擎优化
55	SERP	Search Engine Results Page	搜索结果页面
56	SLG	Sales-Led Growth	销售主导型增长
57	SFA	Sales Technology Automation	销售技术自动化
58	SMART	Specific、Measurable、Attainable、Relevant、Time-bound	具体的、可量化的、有机会达到的、相关的、有时间限定的
59	SOP	Standard Operation Procedure	标准作业程序
60	SQL	Sales Qualified Lead	销售合格线索
61	TAL	Target Account List	目标客户列表
62	TCO	Total Cost of Ownership	总拥有成本
63	TDK	Title，Description，Keyword	标题、描述、关键词
64	TEAM	Target，Engage，Activate，Measure	目标挖掘，吸引参与，激活，度量
65	UGC	User Generated Content	用户生产内容
66	UV	Unique Visitor	通过互联网访问、浏览这个网页的自然人
67	WBS	Work Breakdown Structure	工作分解结构